Beck'sche Reihe
BsR 361

Spätestens seit dem Nationalsozialismus hat die Medizin ihre politische Unschuld verloren. Nur wenige wissen, daß schon vor der Machtergreifung zahlreiche und anerkannte Ärzte mit Forderungen nach konsequenter Eugenik, der Propagierung sozialdarwinistischer Theorien im „Deutschen Ärzteblatt" oder als Mitbegründer einer „Gesellschaft für Rassenhygiene" den ideologischen Boden für die mörderische Politik der Nazis mit vorbereiteten. Ärztliche Standesvertreter verleugnen bis heute die politische Verantwortung der Medizin. Aber die Diskussion über Abtreibung, Entwicklung der Gentechnologie, Katastrophenmedizin, Sterbehilfe oder Gesundheitsvorsorge sind auf der medizinischen Ebene des angeblich „unpolitischen" Arztes allein nicht führbar. Renate Jäckle zeigt, welch katastrophale Folgen die obrigkeitshörige Übernahme politischer Vorstellungen einer menschenverachtenden Diktatur in der Vergangenheit hatte und zieht Konsequenzen für die heutige Debatte.

Dr. med. *Renate Jäckle* arbeitet freiberuflich als Wissenschaftsjournalistin und als Buchautorin.

RENATE JÄCKLE

Die Ärzte und die Politik

1930 bis heute

VERLAG C.H.BECK MÜNCHEN

Mit 3 Abbildungen im Text

CIP-Titelaufnahme der Deutschen Bibliothek

Jäckle, Renate:
Die Ärzte und die Politik : 1930 bis heute / Renate Jäckle. –
München : Beck, 1988
(Beck'sche Reihe ; 361)
ISBN 3 406 33028 2
NE: GT

Originalausgabe
ISBN 3 406 33028 2

Umschlagentwurf: Uwe Göbel, München

Gesamtherstellung: C. H. Beck'sche Buchdruckerei, Nördlingen
Printed in Germany

Inhalt

Am 5. September 1987 habe ich in Bad Aibling den 90jährigen jüdischen Kollegen Richard P. Scherman kennengelernt. Richard P. Schermans ständiger Wohnsitz befindet sich seit 1936 in den USA, nachdem er aufgrund des „Berufsbeamtengesetzes" vom 7. April 1933 aus seiner Stelle als Tuberkulose-Fürsorgearzt bei der LVA-Oberbayern entlassen worden war. Richard P. Scherman, dessen Vater vor 1933 Direktor des Völkerkundemuseums in München war, hat mir sein Leben erzählt. Zwischendurch hat er gefragt, warum ich mich, als Nichtjüdin und erst nach 1945 Geborene, für die damalige Zeit und für das Schicksal jüdischer Ärzte interessiere. Und er hat gesagt: „Sie sind sehr spät dran. Sie müssen sich beeilen, bevor die nächste Welle rollt."

Einleitung: Warum dieses Buch?

Der „Historikerstreit" – wie die Diskussion um den Versuch mancher Historiker, die deutsche Geschichte von 1933 bis 1945 umzuschreiben, genannt wird – macht natürlich auch vor der Medizin nicht halt; im Gegenteil: Hier hat er direkt nach 1945 begonnen, als Alexander Mitscherlich und Fred Mielke über den Nürnberger Ärzteprozeß berichteten, der vom 9. Dezember 1946 bis zum 19. Juli 1947 dauerte und dessen Urteil am 20. August 1947 verkündet wurde. Für ihre Prozeßberichterstattung wurden Mitscherlich und Mielke von honorigen Medizinkapazitäten als Nestbeschmutzer diffamiert. In seinen Lebenserinnerungen hat Alexander Mitscherlich 1980 geschrieben: „... war es kein Geringerer als der Berliner Chirurgie-Ordinarius Sauerbruch, der mich als unbotmäßigen Privatdozenten scharf attackierte. Er und andere, z. B. der internistische Papst Rein in Göttingen ... unterstellten mir, ich hätte Tatsachen verfälscht. Dabei hatten wir nichts anderes getan, als Gerichtsakten, in denen die Beziehungen der genannten Größen zu den damaligen Machthabern sichtbar wurden, wortgetreu zu veröffentlichen ..."[1]

Der damals noch relativ unbekannte Privatdozent Alexander Mitscherlich und der Medizinstudent Fred Mielke nahmen an dem Prozeß als ärztliche Beobachter teil, weil sich, so Mitscherlich 1960, „keiner der damals prominenten Ärzte Deutschlands bereitfand, seine Zeit für diese qualvolle Unterrichtung über das zu opfern, was gerade noch unter dem Deckmantel der Eugenik oder anderer ärztlicher Forschung unmenschliche Wirklichkeit war."[2] Der erste Bericht über den Ärzteprozeß erschien noch während des Prozesses unter dem Titel „Das Diktat der Menschenverachtung" und löste eine kurze, emotionsgeladene Diskussion innerhalb der Ärzteschaft aus – eine Diskussion, die von Entsetzen über die in den Konzentrationslagern von Ärzten begangenen Verbrechen geprägt war, in der allerdings auch sehr rasch die Bereitschaft aufkam, diese Verbrechen als Tat perverser Einzeltäter darzustellen. Forscher, deren Namen sich in den Dokumenten fanden, protestierten, und Mitscherlich schrieb 1960: „Ihre Betroffenheit, in Amt und militärischem Rang so nahe dem schieren Verbrechen gewesen zu sein, das aber erklärtes Kriegsziel war, ist einfühlbar. Keiner, der dem Apparat Hitlers mitgedient hatte, schob in seine Verteidigung den einfachen Satz ein: Es tut mir leid! Hier deutete sich bereits an, was man als Isolierung der Schuldigen, Abschieben der Schuld auf den krankhaften Verbrecher bezeichnen kann und was der Verstärkung jener Einsichtslosigkeit diente, von der ich allerdings heute wie damals glaube, daß sie – wenn es dabei bleibt – das Ende unserer geschichtlichen Existenz zur Folge haben muß. Die Anschuldigungen gegen uns nahmen schließlich ein groteskes Ausmaß an, und man konnte in der Folge manchmal glauben, wir hätten das alles, was hier verzeichnet ist, erfunden, um unseren ehrwürdigen ärztlichen Stand zu erniedrigen."[3]

Ihr plötzliches Ende fand die gerade begonnene Auseinandersetzung 1949, nachdem Mitscherlich und Mielke ihren Abschlußbericht „Wissenschaft ohne Menschlichkeit" im Auftrag der Arbeitsgemeinschaft der Westdeutschen Landesärztekammern und entsprechend dem Beschluß des 51. Deutschen Ärztetages 1948, des ersten nach Kriegsende, vorgelegt hatten. 10000 Exemplare – zur Verteilung an die Ärzteschaft bestimmt – waren an die westdeutschen Landesärztekammern gegangen und – mehr oder weniger – in der Versenkung verschwunden. Alexander Mitscherlich (Fred Mielke war 1959 jung gestorben) schrieb jedenfalls 1960 über die Reaktion auf die Ausgabe von 1949: „Im Gegensatz zum ‚Diktat der Menschenverachtung' blieb jetzt die Wirkung völlig aus. Nahezu nirgends wurde das Buch bekannt, keine Rezensionen, keine Zuschriften aus dem Leserkreis: unter den Menschen, mit denen wir in den nächsten zehn Jahren zusammentrafen, keiner, der das Buch kannte. Es war und blieb ein Rätsel – als ob das Buch nie erschienen wäre. Nur von einer Stelle wissen wir, daß es ihr vorlag: dem Weltärztebund, der, wesentlich auf unsere Dokumentation gestützt, in ihm einen Beweis erblickte, daß die deutsche Ärzteschaft von den Ereignissen der verbrecherischen Diktatur abgerückt sei und sie wieder als Mitglied aufnahm."[4]

Ende 1979, in der Zeit der bundesweiten Vergangenheitsbewältigung mit Hilfe der amerikanischen Fernsehserie „Holocaust", veröffentlichte die Fernsehbeilage mtv der weitverbreiteten Ärztezeitschrift Medical Tribune einen kurzen Artikel unter der Überschrift „Ärzte hofierten das Dritte Reich". In dem Beitrag stand, daß Ärzte im Vergleich zu anderen gehobenen Berufen die meisten Mitglieder in NS-Organisationen wie NSDAP, SA und SS gestellt hätten. Außerdem seien sie bei ihren Bemühungen, die eigenen Reihen von Kommunisten, Sozialdemokraten und Juden zu „säubern", oft über das von offizieller Seite gesteckte Soll hinausgegangen. Zu dem Artikel wurde ein Foto veröffentlicht. Unter dem Bild stand nur: „SS-Ärzte bei Unterkühlungsversuchen im KZ Dachau".[5] Diese Unterschrift löste eine Flut emotionaler Leserbriefe aus, weil es sich auf dem Foto nicht um SS-Ärzte, sondern um Offiziere der deutschen Luftwaffe gehandelt hatte. Viele der schreibenden Ärzte bestritten, daß es überhaupt Unterkühlungsversuche gegeben habe. Nach mehreren Wochen beendete die mtv die Diskussion mit den Worten: „Die Redaktion ist betroffen. Aus der (zugegeben) nicht ganz richtigen Bildunterschrift entwickelte sich eine Leserbriefkampagne, die uns nahezu alles zieh: der Fälschung, der Geschichtsklitterung, der antideutschen Hetze, der Feindpropaganda, des Verrats, der Lüge. In diesem emotionsgeladenen Schwall der Beschimpfungen gingen jene Briefe unter, die den Kollegen empfahlen, wegen einer nicht ganz richtigen Bildzeile doch auf dem Teppich zu bleiben. Vergeblich!"[6]

Der erste sozusagen außer(ärzte)parlamentarische Gesundheitstag in Berlin 1980 verstand sich als Gegenveranstaltung zum gleichzeitig in der Nähe tagenden 83. Deutschen Ärztetag. Während der Ärztetag mit der Diskussion um das „Blaue Papier" (Gesundheitspolitische Vorstellungen der deutschen Ärzteschaft) eine neue Runde in den Angriffen auf das Solidarsystem der gesetzlichen Krankenversicherung eingeläutet hatte, wollte der Gesundheitstag mit seinen rund 15000 Teilnehmern bewußt die Grenzen des Ärztestandes überwinden und andere Professionelle des Gesundheitswesens einbeziehen. Der Gesundheitstag suchte gezielt die Konfrontation mit der herrschenden Standes- und Gesundheitspolitik und ihren Machtstrukturen. Dies gelang vor allem mit dem Thema ,,Medizin und Nationalsozialismus. Tabuisierte Vergangenheit – Ungebrochene Tradition?“ Nach 35jährigem offiziellen Schweigen wurde von außen eine Diskussion über die Rolle der Medizin und der Ärzteschaft im breiteren Rahmen eröffnet – gegen heftige Proteste aus der Ärzteschaft. Anschließend hieß es im Deutschen Ärzteblatt: ,,Jüdische Emigranten, die man anläßlich des Gesundheitstages 80 nach Berlin eingeladen hatte, dienten dabei der politischen Verdächtigung des Ärztestandes, dessen Ansehen zu beeinträchtigen deutliches Anliegen der sich um den jungen Professor Dr. Stephan Leibfried (Universität Bremen) und Dr. med. Karl-Friedrich Masuhr, Berlin, scharenden Gruppe war“ (DÄB 77 [1980], 1615–1616).

„8. Mai 1945“ – ein Kommentar im Deutschen Ärzteblatt

Im Mai 1985 besuchte der deutsche Bundeskanzler Helmut Kohl gemeinsam mit dem amerikanischen Präsidenten Ronald Reagan zum vierzigsten Jahrestag des Endes der Nazidiktatur den Soldatenfriedhof in Bitburg, auf dem auch rund 50 Angehörige der SS beerdigt sind. Diese auf Wunsch des Bundeskanzlers spektakulär inszenierte Versöhnungsgeste über SS-Gräber hinweg, gegen massiven und anhaltenden Protest von Überlebenden aus Konzentrationslagern, war ein entscheidender Versuch einer Generalbereinigung der jüngeren deutschen Geschichte. Es wurde versucht, den Schlußstrich unter die ,,deutsche Vergangenheit“, sprich also den Faschismus, zu ziehen, um endlich wieder mit aufrechtem Gang gehen und altbewährt deutsches Nationalbewußtsein pflegen zu können. Im Mai 1985 war auch das Deutsche Ärzteblatt mit dabei. Das Standesblatt, das wöchentlich allen Ärztinnen und Ärzten in der Bundesrepublik aufgrund ihrer Zwangsmitgliedschaft in den öffentlich-rechtlichen Landesärztekammern automatisch zugeschickt wird, veröffentlichte einen Kommentar zum „8. Mai 1945" (DÄB 82 [1985], 1381).

Darin wurde zuerst einmal an die „vielen kriegsgefangenen Ärzte, die sich in schwerer Notzeit, ungeachtet eigener Gefahr, für Leben und Gesundheit der Kriegsgefangenen selbstlos und tapfer eingesetzt haben" erinnert. Für sie stehe der Chirurg Otmar Kohler, der „Arzt von Stalingrad". Diese Ärzte hätten, „wie die vielen gefallenen Ärzte, ein Beispiel aufopfernder ärztlicher Pflichterfüllung gegeben". Es folgte die Erinnerung an die „namenlose Mehrheit der Ärzte, die auch im ‚Dritten Reich' Humanität geübt und ihre Patienten, Zivilisten oder Soldaten, nach allen Regeln der ärztlichen Kunst betreut haben, ohne Fehl und Tadel".

Dann erst erinnerte der Kommentar an die „rund 350 Medizinverbrecher des ‚Tausendjährigen Reiches'", die das Ansehen der deutschen Medizin dieses Jahrhunderts befleckt hätten und sprach nebelhaft von „Greueltaten, die immer unvorstellbarer werden, je weniger von uns Heutigen in der damaligen Zeit gelebt oder diese vor nun vierzig Jahren beendete schlimme Zeit bewußt miterlebt haben". Abschließend hieß es: „In diesen Tagen ist so viel von ‚Aufarbeitung der Vergangenheit' zu hören und zu lesen. Auch die Erinnerung an die Medizin von 1933 bis 1945 gehört dazu. Jeder einzelne, jeder an seinem Platz, möge an dieser Erinnerung messen, wo er selbst, wo die Medizin *heute* steht, vierzig Jahre nach dem 8. Mai 1945."

Die Opfer der deutschen Medizin des „Tausendjährigen Reiches" kamen in dieser Erinnerung mit keinem Wort vor. Weder die hunderttausende von Frauen, Männern und Kindern, die zwangssterilisiert, noch die (bis heute in Zahlen ebenfalls kaum exakt anzugebenden) einhunderttausend bis zweihunderttausend Menschen, die im Rahmen der sogenannten Euthanasie umgebracht worden waren. Es fehlte ein wenigstens kurzes Erinnern an rund zehntausend, im Gegensatz zum „Arzt von Stalingrad" namenlos gebliebenen Kolleginnen und Kollegen, die nach 1933 das faschistische Deutschland verlassen mußten, in den Selbstmord getrieben oder mit Millionen anderen Menschen in den Konzentrationslagern ermordet worden sind. Es fehlte in diesem Kommentar zum „8. Mai 1945“ auch ein Besinnen darüber, inwieweit *gerade* aufopfernde Pflichterfüllung mit dazu beigetragen hatte, daß so viele deutsche Männer, unter ihnen auch Ärzte, in die mörderische Schlacht um Stalingrad gezogen und schließlich, so sie überlebten, in Kriegsgefangenschaft gelangt waren. Es fehlten die zwanzig Millionen Menschen, die allein in der Sowjetunion dem verbrecherischen Krieg des Deutschen Reiches zum Opfer gefallen waren.

Es fehlte die klare Aussage, daß Ärzte, *hinterher,* wenn ein Krieg „ausgebrochen“ ist, zwar versuchen können, unter der „unsichtbaren Flagge“ der Humanität still ihr Werk zu verrichten, wie es der Schriftstellerarzt und Chirurg Peter Bamm formuliert hat; daß aber gerade deshalb Ärzte, von Berufs wegen, sich *vorher,* laut, offen, deutlich, verweigernd, gegen die Barbarei des Krieges hätten stellen müssen. Vorher! Bevor der Krieg dann irgendwann, irgendwie „ausbrach“, der rund sechzig Millionen Menschen das Leben gekostet hat und schließlich in Japan mit den Atombomben auf Hiroshima und Nagasaki endete. Es fehlte sehr viel in diesem Kommentar im ärztlichen Standesblatt, das im Prinzip im Mai 1985 nichts anderes getan hatte, als wieder einmal die längst widerlegte Mär von den „nur“ 350 Medizinverbrechern herunterzubeten, und der namenlosen Mehrheit der deutschen Ärzteschaft erneut einen „Persilschein“, eine Unbedenklichkeitserklärung für die Zeit des Nationalsozialismus auszustellen.

„Die Vergangenheit wird bewältigt“

Es wirkte daher fast wie eine kleine Sensation, als der 90. Deutsche Ärztetag im Mai 1987 in Karlsruhe eine Debatte über die Medizin im Nationalsozialismus führte, an deren Schluß der Präsident der Bundesärztekammer, Karsten Vilmar, unter anderem sagte, es gehe nicht darum, „daß wir Probleme unter den Teppich kehren wollen ... Wir haben uns als Ärzteschaft mit diesen Dingen zu beschäftigen, und vor allen Dingen erst einmal mit den eigenen Bereichen. Ich bin sehr froh, daß wir diese

Debatte geführt haben. Ich bin sicher, daß wir auch noch Weiteres tun werden, um hier Aufklärung zu bewirken."

Nach langanhaltendem Applaus – der eine oder andere Delegierte sprach gar von einer Sternstunde im Ärzteparlament – wurde mit breiter Mehrheit vom Ärztetag ein Antrag verabschiedet, der den Vorstand der Bundesärztekammer aufforderte, das Thema Medizin und Nationalsozialismus in geeigneter Form weiter zu diskutieren und aufzuarbeiten. Ausgelöst hatte die Debatte ein groß aufgemachtes Interview: „Die Vergangenheit wird bewältigt", das der Präsident kurz vorher im Deutschen Ärzteblatt (84 [1987], S. 847–859) veröffentlicht hatte und das in Stil und Inhalt auf dem Ärztetag von Delegierten der Listen demokratischer Ärztinnen und Ärzte heftig kritisiert worden war.

Das Interview war eine polemische Reaktion auf einen Beitrag über die fragwürdige Rolle der Ärzteschaft und der ärztlichen Standesvertretung im „Dritten Reich" (und die Verdrängung nach 1945), der bereits im August 1986 in der renommierten englischen Wissenschaftszeitschrift The Lancet erschienen war. Im Standesblatt hieß es nun nahezu steckbrieflich, „ein Arzt namens Hartmut M. Hanauske-Abel, der bis vor kurzem in der Kinderklinik der Universität Mainz tätig war (danach offenbar im Kinderkrankenhaus der Harvard Medical School in Boston/USA und derzeit vermutlich in Skandinavien)" wolle „die Ärzte der Bundesrepublik Deutschland außerhalb unserer Grenzen diskreditieren". Im Prinzip erzählte das ganze mehrseitige Interview – neben Ausfällen gegen den Verfasser des Lancet-Artikels und gegen die Internationalen Ärzte für die Verhütung des Atomkrieges (IPPNW), denen Hanauske-Abel angehört – nur ein weiteres Mal die alte Geschichte von den „höchstens 400 Ärzten", deren Taten im Nationalsozialismus „unter dem Eindruck mancher Kriegsentwicklungen zu Verbrechen gegen die Menschlichkeit entarteten". Und damit wurde der namenlosen Mehrheit der deutschen Ärzteschaft erneut bescheinigt, sie habe ohne Fehl und Tadel im „Dritten Reich" Humanität geübt. Außerdem wurde der „wiedererstandenen demokratischen Berufsorganisation" attestiert, sie sei nach 1945 sofort ,,mit rückhaltlosen Mitteilungen über verbrecherisches Verhalten von Ärzten an die Öffentlichkeit" getreten.

Als Zeuge für Letzteres diente dem Bundesärztekammerpräsidenten 1987 ausgerechnet Alexander Mitscherlich, der noch 1980 in seinen Lebenserinnerungen geschrieben hatte, er habe ,,buchstäblich für die Ärztekammer die Kastanien aus dem Feuer" geholt: ,,Ich habe oft genug in den folgenden Jahren erkennen müssen, daß mir wegen dieser Veröffentlichung und noch mehr wegen der zweiten, ausführlichen Dokumentation ‚Medizin ohne Menschlichkeit' der Ruf eines Mannes mit mangelndem Standesbewußtsein anhaftete, ein Ruf, der eifrig unterhalten wurde, um in akademischen Entscheidungen späterer Zeit, z. B. bei Berufungen, als Vorurteil immer weiter gegen mich zu wirken. Meine medizinischen Kollegen haben mich damals nicht nur als Vaterlandsverräter beschimpft, sondern verschiedentlich auch versucht, mich beruflich zu diffamieren. Das Verhalten der Kapazitäten grenzte an Rufmord."[7]

Wie nachtragend deutsche Ärzte sein können, wenn jemand als ,,Nestbeschmutzer" auftritt, hat 1972 der damalige Vorsitzende der Deutschen Gesellschaft für Innere Medizin, Professort Herbert Begemann, erlebt. Der im Mai 1987 siebzig Jahre alt gewordene, anerkannte Hämatologe, der heute ein führender Repräsentant der bundesdeutschen Sektion der Internationalen Ärzte für die Verhütung des Atomkrieges (IPPNW) ist, wollte Alexander Mitscherlich bitten, 1973 den Festvortrag zur Eröffnung des jährlich in Wiesbaden stattfindenden Deutschen Internistenkongresses zu halten. Im Vorfeld der Kongreßvorbereitung wurde ihm daraufhin von dem Heidelberger Internisten Professor Gotthard Schettler gesagt, daß die deutschen Internisten bei einer Rede Alexander Mitscherlichs geschlossen den Saal verlassen würden. Herbert Begemann konnte damals aus anderen Gründen sein Vorhaben nicht verwirklichen.[8]

Auf dem 90. Deutschen Ärztetag in Karlsruhe, im Mai 1987, hatte also das Interview des Präsidenten der Bundesärztekammer, von Delegierten der Listen demokratischer Ärztinnen und Ärzte heftig kritisiert, nach 40jährigem Schweigen im Ärzteparlament, eine Diskussion über die ,,Medizin im Nationalsozialismus" ausgelöst, an deren Ende der Präsident der Bundesärztekammer seine von allen Delegierten lange applaudierte Rede hielt, die ihm in den Tagen danach zahlreiche wohlwollende Pressestimmen einbrachte. Wer nun allerdings gedacht hatte, die Debatte, die Rede und der mit breiter Mehrheit verabschiedete Antrag würden endlich eine fundierte Diskussion *innerhalb* der Ärzteschaft auslösen, sah sich rasch eines Besseren belehrt. Im August 1987 veröffentlichte das Deutsche Ärzteblatt (84 [1987], 1451–1456) unter der Überschrift: „Vergangenheitsbewältigung darf nicht kollektiv ‚die Ärzte' diffamieren", eine kurze, „ausgewogene" Leserbriefdiskussion. Das Schlußwort hatte der Präsident. Vilmar wiederholte, leicht variiert, seine Interview-Äußerungen und warnte vor „Fanatismus und Intoleranz". Das war es auch schon.

Kritische Beiträge von renommierten Medizinhistorikern, in denen das Interview in aller Schärfe widerlegt wurde, wurden der Ärzteschaft vorenthalten. Beispielsweise ein offener Brief mehrerer Mitarbeiter des Instituts für Theorie und Geschichte der Medizin der Universität Münster, in dem sowohl der journalistische Stil des Ärzteblattes als auch Aussagen von Vilmar kritisiert wurden. In dem Brief hieß es unter anderem: „Die bundesdeutsche Ärztevertretung zu einer Vorreiterin aufklärender NS-Geschichtsschreibung hinaufstilisieren zu wollen", laufe „auf eine abenteuerliche Verdrehung der historischen Tatsachen" hinaus.[9] Dieser Brief wurde ebensowenig veröffentlicht wie eine Stellungnahme, die von so gut wie allen „etablierten" Medizinhistorikern in der Bundesrepublik, die jemals zum Thema Medizin im Nationalsozialismus gearbeitet haben oder arbeiten, unterschrieben worden ist[10] – ein in der Geschichte der Medizin nach 1945 bisher einmaliger Vorgang. Der Brief der Medizinhistoriker wurde am 5. November 1987 in der Wochenzeitung Die Zeit in voller Länge wiedergegeben.

Ein Blick in alte Ärzteblätter

Pauschale Reinwaschungen eines Berufsstandes, ohne dessen aktives und bereitwilliges Mitwirken die Faschisten ihren biologistischen, sozialdarwinistischen und rassistischen Staat nicht hätten errichten können, lassen rund vierzig Jahre nach Ende der Nazi-Gewaltherrschaft vermuten, daß die Erinnerungen an das, was geschehen ist, wirklich derart „verdrängt" worden sind, daß ein Nachbohren bis heute als schmerzhaft und unbotmäßig empfunden und abgewehrt wird. Manchmal hat es aber auch den Anschein, als ob bis heute kein Unrechtsbewußtsein für das, was offizielle Repräsentanten der Ärzteschaft und zahllose mitlaufende Mediziner zwischen 1933 und 1945 öffentlich gesagt, geschrieben, gefordert und getan haben, existiert. Es scheint daher Zeit zu sein, die Behauptung heutiger Ärztefunktionäre, *die* Ärzteschaft habe im „Dritten Reich" in ihrer Mehrheit Humanität geübt, an den Verhaltensweisen früherer Ärztefunktionäre zu messen; an Forderungen, die der Ärzteschaft über ihre offiziellen, jedermann zugänglichen Standesblätter nahegebracht, oder an Aussagen, die auf Kongressen, beziehungsweise in wissenschaftlichen Arbeiten gemacht wurden, und die nach 1945 von hohen Repräsentanten der Ärzteschaft niemals in Frage gestellt, geschweige denn gerichtlich verfolgt worden sind.

Es kann, vierzig Jahre nach Ende der Nazi-Diktatur, nicht mehr darum gehen, vielleicht noch lebende Mitläufer, Mittäter, Theorielieferer auszugraben, um sie an den Pranger zu stellen. Wie unergiebig das ist, hat der letzte große Euthanasie-Prozeß in Frankfurt gezeigt. Am Schluß wurden im Frühsommer 1987 zwei alte Männer, Dr. med. Aquilin Ullrich und Dr. med. Heinrich Bunke, die an der Ermordung tausender von Menschen beteiligt gewesen waren und die nach 1945 mehr als vierzig Jahre lang nichts dazugelernt hatten, zu ein paar Jahren Gefängnis verurteilt, die sie niemals werden absitzen müssen.

Natürlich gab es, außer jüdischen, sozialdemokratischen und kommunistischen Ärztinnen und Ärzten weitere, die sich dem Nationalsozialismus versperrten, nicht mitmachten, oder in die (nach 1945 dann am Beispiel Gottfried Benns viel bemühte) innere Emigration gingen – wobei, gerade am Beispiel Benns, eines Arztes und Schriftstellers also, sehr gerne vergessen wird, daß er, noch nach der „Bücherverbrennung" im Mai 1933, den nationalsozialistischen Staat ausdrücklich begrüßt hatte und erst dann merkte, daß die intellektuellenfeindliche Naziwelle auch ihn zu überschwemmen drohte. Natürlich gab es Ärztinnen und Ärzte, die auch unter dem Faschismus Humanität übten und eine menschliche Medizin versuchten, soweit eine menschliche Medizin in einer unmenschlichen Diktatur eben möglich ist. Natürlich gab es Ärztinnen und Ärzte, die, beispielsweise als Mitglieder der „Weißen Rose", Widerstand leisteten.

Trotzdem bleibt die Tatsache bestehen, daß fast jeder zweite deutsche Arzt nach 1933 in der NSDAP war, daß eine Mehrheit der deutschen Ärzteschaft vor 1933 vaterländisch-deutschnational dachte, die Weimarer Republik verachtete, obrigkeitsgläubig war und sich trotzdem als „unpolitisch" verstand. Ein Beispiel für den „unpolitischen" Arzt ist der 1875 geborene, anerkannte Chirurg Ferdinand Sauerbruch. 1914 wurde der Arzt als Kriegsfreiwilliger zum beratenden Chirurgen des XV. Armeekorps ernannt; im zweiten mörderischen Weltkrieg dieses Jahrhunderts wurde er 1942 Generalarzt des Heeres – er hat also den Krieg aus nächster Nähe gekannt. 1950 schrieb er unter der Überschrift „Krieg, der blutige Lehrmeister", für den Chirurgen sei der Krieg ein spannendes und ungeheuer lehrreiches Erlebnis. Da der Chirurg den „Horror des Laien vor dem Anblick von Blut, Wunden und Schmerz beim Mitmenschen" nicht teile, könne er „heißen Herzens und kühlen Auges" Beobachtungen machen, „die sonst nirgends anzustellen sind".[11] Nach 1918 war Sauerbruch ein typischer Vertreter jener Ärzte, die postulierten, Medizin wäre unpolitisch, und vehement gegen alles waren, was ihnen „links" erschien.

Nach 1933 protestierte Sauerbruch zwar gegen die „Euthanasie" – und zeigte damit, daß Widerspruch möglich war; der Mediziner war kein Nazi, ihm waren Einzelaspekte der NS-Ideologie zu rüpelhaft. Trotzdem war er vor und blieb er nach der Machtübernahme konservativ-deutschnational. Ehre und Größe des Vaterlandes waren Leitbegriffe seines Verhaltens. Er verweigerte dem NS-Staat niemals seine Hilfe, er nahm alle Ehrungen gerne und stolz an. Im September 1937 erhielt Sauerbruch gemeinsam mit dem bekannten Chirurgen August Bier auf dem Nürnberger Reichsparteitag den ersten deutschen „Nationalpreis“ – die Preisverleihung wird in den 1950 erschienenen Memoiren Sauerbruchs ausführlich geschildert.[12] Hitler hatte den Preis als Anti-Nobelpreis eingerichtet, nachdem der Friedensnobelpreis 1936 vom norwegischen Komitee an Carl von Ossietzky verliehen worden war – kurz bevor dieser an den Folgen der KZ-Torturen starb. Der sowohl in der Weimarer Republik als auch im „Dritten Reich“ und in der Bundesrepublik hochangesehene Sauerbruch förderte, bewußt oder unbewußt, mit seiner Haltung: „Ich war immer ein unpolitischer Mensch. Ich war und bin der Meinung, man muß seine Arbeit machen, seine Pflicht tun und sein Land lieben“[13] das NS-Regime.

Für eine Mehrheit der deutschen Ärzteschaft bedeutete der drohend heraufziehende – für den, der wollte, erkennbare – Faschismus keine unmittelbare Gefahr. Im Gegenteil: Bereits Anfang der dreißiger Jahre wurden auf Ärztekongressen und in ärztlichen Standesblättern offen und in unbarmherziger „Herrenmenschen“-Sprache im Zusammenhang mit dem § 218 und dem „Kampf gegen den Volkstod“, der „erbgesunden Familie“ und der „Sterilisation Minderwertiger“ die größten Ungeheuerlichkeiten gesagt. Nachdem die Schleusen einmal geöffnet waren, konnte so gut wie alles gefordert und „wissenschaftlich“ begründet werden. Führende Repräsentanten der Ärzteschaft bereiteten mit ihrer Sprache, ihren Vorschlägen und Forderungen maßgeblich einer Medizin den Weg, die schließlich von Staats wegen die Menschen in leistungsfähige Starke und untüchtige Schwache, in „Lebenswerte“ und „Lebensunwerte“ einteilen und die „Pflicht zur Gesundheit“ fordern sollte.

Das vorliegende Buch wäre niemals entstanden ohne die Auseinandersetzungen, die wir in der Münchner Ärzteinitiative „Mediziner gegen die atomare Bedrohung“ erlebt haben, nachdem wir im Januar 1986, im Vorfeld der Münchner Wahlen zu den ärztlichen Standesorganisationen, angefangen hatten, lauter über die Geschichte eben dieser Organisationen nachzudenken.

Das Buch wäre selbstverständlich nicht denkbar ohne zahlreiche medizinhistorische Arbeiten, die in den letzten Jahren über die Zeit des Nationalsozialismus erschienen sind – in der Regel von Nichtmedizinern oder oppositionellen Ärzten, ohne große Unterstützung durch die etablierte Ärzteschaft. Stellvertretend für viele andere seien genannt: Stephan Leibfried und Florian Tennstedt: „Berufsverbote und Sozialpolitik 1933. Die Auswirkungen der nationalsozialistischen Machtergreifung auf die Krankenkassenverwaltung und die Kassenärzte"; Walter Wuttke-Groneberg: „Medizin im Nationalsozialismus. Ein Arbeitsbuch" und die umfangreichen Untersuchungen über die „Euthanasie" von Klaus Dörner oder Ernst Klee (Ein Überblick über die medizinhistorische Literatur zum Nationalsozialismus findet sich auf S. 186).

Vieles von dem, was ich im folgenden vorlege, hat seine Grundlagen in Beiträgen, die ich im letzten Jahr gemeinsam mit Wulf Dietrich geschrieben habe. Ihm verdanke ich die Idee, alte Deutsche Ärzteblätter aus den Archivregalen zu holen. Anderes sind erste Ergebnisse aus einem Arbeitskreis der Liste demokratischer Ärztinnen und Ärzte über „Faschismus in München. Aufgezeigt am Schicksal der jüdischen und/oder aus politischen Gründen verfolgten Kolleginnen und Kollegen". Das Gerüst aber liefern mittlerweile vergilbte medizinische Standesblätter von 1930 an, die ich im Sommer 1987 nachgelesen habe. Immer deutlicher wurde der Eindruck, daß die offiziellen Publikationsorgane der deutschen Ärzteschaft in vielen medizinhistorischen Arbeiten zu wenig oder unzureichend ausgewertet worden sind. Ich jedenfalls bin im warmen Keller des Archivs der Medizinischen Lesehalle in der Münchner Goethestraße gesessen, und es hat mich gefroren.

München, im Januar 1988 *Renate Jäckle*

I. Wetterleuchten in der Weimarer Republik

1. Aus ärztlicher und vaterländischer Pflicht

Die deutschen Gynäkologen versammelten sich vom 26. bis 30. Mai 1931 in Frankfurt/Main zu ihrer 22. Tagung. Zahlreiche Mediziner der Deutschen Gesellschaft für Gynäkologie, die Rang und Namen hatten, waren anwesend. Der Schriftleiter des Deutschen Ärzteblattes, Siegmund Vollmann, besuchte den Kongreß offiziell als Vertreter des Deutschen Ärztevereinsbundes und berichtete anschließend den rund 50000 Ärztinnen und Ärzten im Deutschen Reich über mehrere Seiten hinweg im Standesblatt. Hauptthemen der 22. Tagung waren neben der Mutterschaftsfürsorge und der schonenden Entbindung die Sterilisation und die Schwangerschaftsverhütung.

Der Hauptreferent zu den beiden letztgenannten Themen, der Breslauer Ordinarius L. Fränkel, befaßte sich in seiner Rede zuerst mit der Sterilisierung. Er sprach sich gegen ,,Zwangs- und Strafsterilisierung" und ,,Zwangskastration" aus, hielt aber ,,Strafkastration" für erwägenswert. Der Redner betonte, daß bei der ,,Sterilisierung von Schwachsinnigen" die Zustimmung, wenigstens nicht die Ablehnung des Vormundes, bzw. des Vormundschaftsgerichtes und das Konsilium zweier Ärzte notwendig sei. Nach geltendem Recht sei allerdings eine Sterilisation nur aus medizinischen Gründen möglich – bei Gefahr für das Leben der Betreffenden – und die Zustimmung der Beteiligten erforderlich; der Eingriff sei auch mit Zustimmung nur dann straffrei, wenn er der Übung eines gewissenhaften Arztes entspreche und nicht gegen die guten Sitten verstoße.

Nachdem das Thema Sterilisierung abgehandelt war, leitete der Mediziner zur Problematik Schwangerschaftsverhütung über und blickte dabei auch über die Landesgrenzen. In allen Ländern außerhalb Deutschlands seien soziale Einrichtungen zur Schwangerschaftsverhütung sehr weit entwickelt, sowohl in Amerika als auch in England gebe es zahlreiche Birth Control Clinics, die jedem Ratsuchenden unentgeltlich zur Verfügung stünden und im Volke wohl bekannt seien. Trotz dieses positiven Blicks über die Grenzen des Deutschen Reiches forderte der Mediziner abschließend, daß Sexual-Beratungsstellen im Deutschen Reich sich nicht mit praktischer Kontrazeption befassen, sondern die Hilfesuchenden an den praktischen Arzt verweisen sollten.

Die Vorträge und die Aussprache zu diesem Themenkomplex wurden mit einer gewissen Spannung erwartet, berichtete das Deutsche Ärzteblatt anschließend. 17 Vorträge waren angemeldet, 25 Redner ergriffen noch zusätzlich das Wort. Ein Teil der Vorträge befaßte sich mit der Sterilisierung, ihrer Technik und den Indikationen. Hinsichtlich der Röntgen-Sterilisierung, deren Technik noch nicht abgeschlossen sei, wurde, so das Ärzteblatt, „mehrfach des anscheinend nicht so seltenen Mißgeschicks Erwähnung getan, daß bei Ausführung der Bestrahlung bereits eine unerkannte frühe Schwangerschaft vorlag und die Frucht dabei erheblich geschädigt wurde“. Bei röntgenologisch nachgewiesenen schweren Schädelmißbildungen des Ungeborenen, die auf solche Art entstanden seien, habe man sich daher veranlaßt gesehen, die Schwangerschaft zu unterbrechen, obwohl eine rechtliche Handhabe „streng genommen“ nicht gegeben war.

Die versammelten Gynäkologen hatten sich das alles mit größter Aufmerksamkeit und vollkommener Ruhe angehört, obwohl Anfang der dreißiger Jahre eine Sterilisation nur in Ausnahmefällen bei der Gefahr für das Leben der Frau erlaubt war und obwohl Sterilisationsversuche mit Röntgenstrahlen bereits außerordentlich umstritten waren und von bekannten Gynäkologen abgelehnt wurden (s. S. 55). Eine merkliche Lebendigkeit in den Reden und auch in ihrer Wirkung auf die Hörer setzte auf der 22. Tagung der Deutschen Gynäkologen 1931 erst ein, als über die Schwangerschaftsverhütung diskutiert wurde und Geheimrat von Franqué „mit innerer Bewegung“ auf die volksethische Seite hinwies, in der er „vornehmlich ein Tun erblicken zu müssen glaubt, das dem folgenlosen Geschlechtsgenuß des einzelnen Vorschub leiste und darüber die Zukunft des Volkes vergesse. In Zeiten der Wirtschaftsnot müsse sich der ethische Hochstand eines Volkes durch Beherrschung des Trieblebens offenbaren. Enthaltsamkeit sei die Parole, sie sei das Ideal, das auch durch den Arzt gefördert werden müsse. Durch Geburtenverhütung ohne ärztliche Indikation gebe man dem Volk das Mittel zum langsamen Selbstmord in die Hand."

Anschließend wurde der Standpunkt des Eugenikers und Bevölkerungstheoretikers vertreten. Der Mediziner Löffler aus Kiel forderte „angesichts der immer mehr sich festigenden Grundlage der Erblehre" die Beachtung eugenischer Indikationen für die Geburtenverhütung, wies aber gleichzeitig auf die „schweren Gefahren einer hemmungslosen Kontrazeption für den Bestand des Volkes" hin. Gerade die Lebenstüchtigen und eugenisch Wertvollsten hätten in allen Schichten des Volkes die kleinste Kinderzahl. „Wohin steuern wir?" fragte darauf Prof. Gauß aus Würzburg und beleuchtete die „herrschende Sittenverderbnis" durch eine im Bild vorgeführte Sammlung „erotisch-pornographischer Titel von Film- und Theaterstücken". Der Professor wies in „flammenden Worten" auf die „Auswüchse der sexuellen Revolution", der „zügellosen Genußsucht auf allen Lebensgebieten" hin. Gegenüber diesen Verfallserscheinungen müsse der Arzt die Unwandelbarkeit der Sittlichkeitsanschauungen betonen. Die Geburtenverhütung als das kleinere Übel gegenüber der Abtreibung zu bezeichnen, sei eine abwegige, lebensfremde Deduktion.

Auch der bekannte Tübinger Gynäkologie-Ordinarius Professor August Mayer stellte – entsprechend den Gedankengängen in seinem Buche „Gedanken zur modernen Sexualmoral" – die wachsende Lockerung des Sittlichkeitsbegriffes in den Vordergrund seiner Ausführungen. Hiergegen müsse angegangen, nicht den Forderungen der Massen nachgegeben werden. Professor Mayer, wie viele seiner Kollegen ein überzeugter Gegner der Abtreibung aus sozialer Indikation, äußerte sich so zur Schwangerschaftsverhütung: Ärzte müßten, „wenn sie nicht zum Totengräber unserer Zukunft werden wollen, der auf Konzeptionsverhütung gerichteten Zeitströmung entgegentreten", denn diese sei nur ein Teil des Prozesses, der auf die Auflösung von Familie und Staat hinzielt: „Die Ärzte müssen Führer bleiben im Kampf um die Erhaltung der sittlichen Güter."

Im Gegensatz zu diesen vier Rednern, die im Arzt vor allem den Vorkämpfer für die Erhaltung von Volkstum, Sittlichkeit, Ehe und Familie im alten, bewährten Sinne sahen, wie das Deutsche Ärzteblatt formulierte, führten einige andere Hochschullehrer die zur Debatte stehende Frage der Schwangerschaftsverhütung wieder auf das unmittelbare Verhältnis des Arztes zu der bei ihm Ratsuchenden zurück. Sie erinnerten ihre Kollegen daran, daß der Gynäkologe schließlich Berater der Frauen sei, dem sie ihre Nöte anvertrauten. Die soziale Not im Lande sei derart groß, die Verhältnisse so drückend und schwer, daß sich Ärzte bei der Schwangerschaftsverhütung nicht nur an rein medizinische Gründe halten dürften, da gerade arme Frauen damit geradezu unvermeidlich zum „Abtreiber" gedrängt würden.

Die 22. Tagung der Deutschen Gynäkologen endete ohne einheitliche Stellungnahme zur Gesamtfrage der Schwangerschaftsverhütung, weil in den Kreisen der versammelten Gynäkologen noch zu große Verschiedenheiten, ja Gegensätze bestanden. Ganz zum Schluß der Tagung legte ein Gynäkologe anhand all der Mahnungen, die den Arzt aufriefen, „überindividuell an die Zukunft des Volkes und die nationalen Werte zu denken", eine Entschließung vor, „daß jeder Arzt, der mit einer gesunden Frau in guter Ehe" lebe, aufgefordert werden solle, mit gutem Beispiel voranzugehen und zur Erhaltung des Volksbestandes beizutragen (DÄB 60 [1931], 216–220).

Politische Neutralität?

Anfang der dreißiger Jahre gab es zwei führende ärztliche Standesblätter. Das Deutsche Ärzteblatt, vormals Aerztliches Vereinsblatt des 1873 gegründeten Deutschen

Aerztevereinsbundes erschien monatlich dreimal in Berlin mit einer Auflage von 40000 Exemplaren; die Ärztlichen Mitteilungen wurden vom 1900 gegründeten Verband der Ärzte Deutschlands zur Wahrung ihrer wirtschaftlichen Interessen, bekannt unter Hartmannbund (s. S. 33), in Leipzig wöchentlich mit einer Auflage von 43000 Stück herausgegeben.

Das Deutsche Ärzteblatt sah seine Aufgabe darin, „Führer zu sein bei wissenschaftlichen, ethischen und wirtschaftlichen Belangen" im „harten Kampf um die Freiheit des Ärztestandes und um Wahrung seiner Stellung als unabhängiger Hüter der Volksgesundheit", unerschrocken und nicht gebunden an irgendwelche Tagesmeinungen in bewährter Form stets das zu vertreten, „was berufen ist, den Ärztestand trotz aller Gegenwirkungen vor einem Absinken zu bewahren", wie es beim Eintritt in den 60. Jahrgang am 1. Januar 1931 auf dem Titelblatt zu lesen war. „Tiefster Grund und bewußt festgehaltenes Prinzip für die innere Kraft der ärztlichen Standesorganisationen" aber sei die „politische Neutralität", bescheinigte sich das Ärzteblatt zu seinem 61. Jahrgang (DÄB 61 [1932], 1). Die Ärztlichen Mitteilungen dagegen verstanden sich ziemlich unverblümt als wirtschaftliches Kampfblatt der Ärzteschaft in den Auseinandersetzungen mit den Krankenkassen, den Gewerkschaften und der demokratisch gewählten Regierung der Weimarer Republik.

Das Deutsche Ärzteblatt stand unter der Schriftleitung Siegmund Vollmanns; die Ärztlichen Mitteilungen wurden vom langjährigen Generalsekretär des Hartmannbundes, Karl Haedenkamp, verantwortlich gezeichnet. Bei rund 50000 Ärzten, die es zu dieser Zeit im Deutschen Reich gab, und angesichts der Tatsache, daß Ende der zwanziger Jahre fast alle Ärzte mehr oder weniger freiwillig Mitglied im privatrechtlichen Hartmannbund waren, kann davon ausgegangen werden, daß so gut wie jeder Arzt im Deutschen Reich die Standesblätter entweder regelmäßig erhielt oder zumindest kannte. Seit 1926 war Geheimrat Dr. med. Dr. rer. pol. h. c. Alfons Stauder aus Nürnberg der gemeinsame Vorsitzende der beiden zentralen ärztlichen Spitzenorganisationen, die bereits seit 1903 organisatorisch miteinander verknüpft waren.

§ 218

Trotz ihrer angeblichen politischen Neutralität mischten sich Repräsentanten der Ärzteschaft in so gut wie alle tagespolitischen Auseinandersetzungen ein, die die Weimarer Republik erschütterten. Ein Beispiel sind die Diskussionen um den § 218, unter dem zahllose Frauen in der wirtschaftlichen Elendszeit der zwanziger Jahre zu leiden hatten, da Abtreibungen streng mit Gefängnisstrafen geahndet wurden. Es gab zahlreiche Bestrebungen, diesen Paragraphen aus dem 19. Jahrhundert zu lockern oder ganz abzuschaffen. Im Sommer 1930 übergaben 356 Berliner Ärztinnen eine Erklärung an den Reichstag und den Strafrechtsausschuß des Reichstages, in der es hieß: „Wir lehnen den § 218 des bisherigen StGB ab. Auch seine im § 253 des Entwurfes vom Jahre 1927 vorgenommene Abänderung (Diese Änderung ließ bei wohlwollender Auslegung eine Abtreibung aus medizinischer Indikation, also Abtreibung bei Gefahr für das Leben der Mutter, zu. R. J.) halten wir nicht für ausreichend. Wir schlagen dafür folgende Fassung vor: Eine Unterbrechung der Schwangerschaft ist nur dann strafbar, wenn sie nicht von einem approbierten Arzt oder von einem approbierten Arzt unter Verletzung der Regeln ärztlicher Kunst oder gegen den Willen der Schwangeren ausgeführt wird."

Als Gründe nannten die Berliner Ärztinnen, die – eine mutige Tat in der Weimarer Republik –, in alphabetischer Reihenfolge unterschrieben hatten: „Der § 218 des bisherigen StGB trägt weder dem Volksempfinden Rechnung noch erreicht er in irgend einer Weise seinen Zweck. Praktisch ist er so gut wie unwirksam, da er weder die Mutter noch das keimende Leben schützt. Von den Hunderttausenden der Übertretungen gelangt nur ein minimaler Bruchteil zur Aburteilung, und dieser betrifft ausschließlich die wirtschaftlich Schwachen. Er gibt Anlaß zu Denunziation und Erpressung. Die Heimlichkeit der Abtreibung kostet augenblicklich zahllosen Frauen Leben und Gesundheit. Keine Krankheit, nicht einmal die Tuberkulose, fordert so viele Menschenopfer. Wir sind entgegen den bevölkerungspolitischen Befürchtungen der Ansicht, daß die Aufhebung des § 218 keinen Geburtenrückgang, sondern das Gegenteil bewirken wird. Tod, Siechtum und Unfruchtbarkeit der Frau werden durch sachgemäße Aborteinleitung verhindert, so daß unzählige Frauen zu einer für sie günstigeren Zeit in gesundem Zustande gebären können. Wir reden keineswegs der leichtfertigen Abtreibung das Wort. Nach unserer Überzeugung wird der Wille zur Mutterschaft nicht durch Gesetzesparagraphen und Strafandrohungen erzwungen, sondern er ist ein der Frau innewohnender Naturinstinkt, der wohl durch Sorgen und Not zeitweise niedergehalten werden kann, nach deren Abklingen aber sich von selbst wieder voll entfalten wird" (DÄB 59 [1930], 243).

Die Reichstagseingabe der Berliner Ärztinnen führte zu einer Diskussion im Deutschen Ärzteblatt, das der Meinung war, daß der mehrheitliche Standpunkt der deutschen Ärzteschaft schon zu oft dargelegt worden sei, um noch einmal eine ausführliche Widerlegung der Gegengründe vornehmen zu müssen (DÄB 59 [1930], 244). In einer Erwiderung wiesen die Berliner Ärztinnen darauf hin, daß ihre Eingabe in der politischen Presse starke Beachtung gefunden habe, daß aber das Schweigen der Fachpresse so auffallend sei, daß „wir aus dem Mangel an Widerspruch schließen müssen, daß in breiten Ärztekreisen mehr Übereinstimmung mit dem von uns vertretenen Standpunkt herrscht, als wir erwarten konnten. Tatsächlich sind es nur Führer von Spitzenorganisationen, die bis jetzt das Wort ergriffen haben, und zwar unter Hervorkehrung des seit Jahren vertretenen Standpunktes, der sich mit der Freigabe der medizinischen Indikation zufrieden gibt. Wir wundern uns darüber nicht, denn wir beobachten schon seit Jahren, wie zunehmend, wenigstens in der Hauptstadt unseres Vaterlandes, die Ansicht unserer Führung über den Wert des § 218 sich von der Ansicht der Praktiker entfernt." Die Berliner Ärztinnen attestierten dem Schriftleiter des Deutschen Ärzteblattes, Herrn Kollegen Vollmann zwar, er habe in wohltuend ruhiger, sachlicher Weise zu ihrer Kundgebung Stellung genommen, faßten ihre Meinung dann aber so zusammen: „Wir müssen uns daran gewöhnen, endlich einmal den harten Tatsachen der Not und des Nichthelfenkönnens klaren Auges gegenüberzustehen und einsehen, daß schöne Reden von Verantwortungsgefühl, Moral und Sittlichkeit allein nicht zum Ziele führen können, vielmehr das Volk, auf dessen Rücken sich jene Tatsachen auswirken, nur verbittern" (DÄB 59 [1930], 303).

Dieses eine Beispiel steht exemplarisch für die Auseinandersetzungen in der Weimarer Republik im Zusammenhang mit dem § 218. Eine Mehrheit der (männlichen) Ärzte wollte Frauen aus „Verantwortungsgefühl, Moral und Sittlichkeit", um nicht zu sagen Heuchelei, nicht nur schwangerschaftsverhütende Mittel, sondern auch die Abtreibung aus sozialer Notlage heraus verwehren. Damit wurden, mehr oder weniger ungewollt, schwangere Frauen in die Arme der Engelmacher/innen getrieben. Eheberatungs- und Sexualaufklärungsstellen waren der offiziellen Ärzteschaft ebenfalls ein Dorn im Auge. Ein Großteil der Beiträge im Deutschen Ärzteblatt aber, die sich rigoros gegen Abtreibungen aus sozialer Indikation aussprachen, hatte schlicht völkische Begründungen.

Der Chemnitzer Arzt Staemmler, einer der führenden nationalsozialistischen Rassenpropheten, der die Ehe mit „Fremdrassigen" schon vor 1933 mit dem Tode bestraft sehen wollte und für die „Ausrottung von Ballastexistenzen" war (s. S. 100), konnte im Deutschen Ärzteblatt 1932 ausführlich seine „Gedanken eines nationalsozialistischen Arztes: Unsere Stellung zur Schwangerschaftsverhütung und -unterbrechung" darlegen. Staemmler schrieb: „Wir wollen um die Seele des Volkes kämpfen, daß es wieder gerne Kinder zur Welt bringt und haben als Angehörige der ‚führenden Kreise' die Pflicht, darin voranzugehen (wenn wir unser Erbgut für wertvoll halten) und wollen einen Staat schaffen, der sich zur gesunden, das heißt kinderreichen Familie bekennt, aber nicht nur mit Worten und Paragraphen in der Verfassung, sondern auch mit der Tat. Deshalb lehnen wir auch die Aufhebung des § 218 ab." Die „eugenische" Indikation dagegen sollte eingeführt werden. Der nationalsozialistische Arzt faßte zusammen: „Unser Standpunkt ist einfach. Wir bekennen uns zu einem starken, gesunden, wachsenden deutschen Volk. Alles, was diesem Ziel entgegenarbeitet und das Volk körperlich und seelisch zu verderben droht, werden wir bekämpfen" (DÄB 61 [1932], 312).

Frauenemanzipation – Auflehnung gegen die natürliche Ordnung

Mit großem Ernst und sorgenvoll betrachteten deutsche Ärzte die berufstätige, emanzipierte Frau. Ein Sanitätsrat Dr. Krecker aus Ohlau grübelte beispielsweise über Frauenberufstätigkeit und ihre Wirkung auf die Volkswirtschaft und war der Meinung, daß Hausfrauentum und Mutterschaft eben die naturgegebene Bestimmung der Frau wären, wie die Betätigung nach außen zur Erhaltung und zum Schutze der Familie die Lebensbestimmung des Mannes darstelle. Der Mann nur wäre dazu berufen, den „Daseinskampf für sich und die seinen zu führen". In der Gleichstellung der Frau mit dem Mann sah der Sanitätsrat eine Mißachtung der nun einmal naturgesetzlich bestehenden physiologischen und psychologischen Unterschiede zwischen Mann und Frau, und er hob warnend hervor, daß diese Mißachtung schwere Schädigungen der Volkswirtschaft und des gesamten Volkslebens zur Folge hätte. Beispielsweise drükke die Frau im Berufsleben den Arbeitslohn herab, schon durch die bloße Verschärfung der Konkurrenz.

Vor allem studierende Frauen waren dem besorgten Arzt ein Ärgernis, und er hatte wissenschaftliche, naturgesetzliche Erklärungen sogar dafür, warum Frauen nicht sofort im ersten

Semester an den Anforderungen eines Studiums scheitern: „Es ist in dem natürlichen, wenn auch unterbewußten Schwächegefühl der weiblichen Psyche begründet, daß das Geltungsbedürfnis, der Ehrgeiz und Lerneifer eines Mädchens stärker und triebkräftiger sind als der eines Jünglings. Dieser nimmt seine Berufsvorbereitung als seine natürliche Aufgabe hin, während das Mädchen glaubt, ihre Befähigung und Berechtigung dazu durch besondere Leistungen beweisen zu müssen. So treten immer wieder Mädchen auch in das medizinische Studium, trotzdem dieser Stand vor einer katastrophalen Notlage steht" (DÄB 59 [1930], 373–375).

Damit zeigte der Sanitätsrat, daß hinter all den hehren Worten von einer gottgewollten Lebensordnung, wie sie deutsche Ärzte immer wieder beschworen, nicht zuletzt auch ein Schreckgespenst lauerte, das die Ärzteschaft zu allen Zeiten, bis in die Gegenwart hinein, bedroht hat: die Ärzteflut! Auf einer der regelmäßigen Sitzungen des Geschäftsausschusses des Deutschen Ärztevereinsbundes wurde im Herbst 1932 nicht zum ersten Male über Maßnahmen gegen die Überfüllung des ärztlichen Berufes diskutiert, über eine „Standesfrage schwerwiegendster Art" also, wie der Vorsitzende der Spitzenverbände, Geheimrat Stauder, meinte. Zwar sei ein Widerspruch zwischen der Forderung eines numerus clausus und dem Wesen eines freien Berufes nicht zu verkennen, aber Notzeiten erforderten eben eine Notlösung.

Der Funktionär Schneider wußte auf dieser Sitzung zu berichten, daß die in besonders rapidem Ansteigen begriffene Zahl der medizinstudierenden Frauen ernste Beachtung verdiene, wie ja überhaupt gegen das übermäßige Frauenstudium aus den verschiedensten Einstellungen heraus Warnungen laut geworden seien (DÄB 61 [1932], 282). Deutsche Ärzte forderten so offen und aggressiv, daß Frauen beim Medizinstudium benachteiligt und bei der Kassenzulassung möglichst ausgespart werden sollten, daß ihnen sogar im Deutschen Ärzteblatt, das ansonsten mit kritischen Stimmen schon immer eher sparsam umgegangen ist, ein Kollege mahnend entgegenhalten durfte: „Wir Ärzte rühmen uns gern unserer hochgestellten Standesethik.

Gerade deshalb sollten wir, einerlei welcher politischen Richtung wir angehören, an dem Grundsatz der Gleichberechtigung, durch dessen gesetzliche Festlegung die Weimarer Verfassung die Stellung der Frau im Staate gehoben hat, nicht rütteln" (DÄB 61 [1932], 286).

Ausländer und Juden

Nicht nur Frauen waren Konkurrenten, sondern auch ausländische Kollegen. Auf der Vertreterversammlung der deutschen Ärztekammer am 22. 11. 1930 wurde über die Approbation und Beschäftigung ausländischer Ärzte in Deutschland diskutiert und darüber geklagt, daß immer noch eine beträchtliche Anzahl von Ausländern in deutschen Krankenhäusern beschäftigt sei, die dann ihre Einbürgerung und die Erteilung der deutschen Approbation verlangen würde. Die Vertreter der Ärztekammern waren sich zwar einig darüber, daß die wissenschaftlichen Ausbildungsmöglichkeiten für Ausländer nicht geschmälert, daß aber unbedingt vermieden werden sollte, sie in planmäßigen Assistentenstellen oder in Dauerstellungen zu beschäftigen. Eine Erteilung der deutschen Approbation sollte „grundsätzlich" unterbleiben (DÄB 59 [1930], 469).

Das Standesblatt sah offensichtlich keinen Widerspruch darin, eine Artikelserie „Zur ärztlichen Versorgung der Mandatsgebiete" (also der ehemaligen deutschen Kolonien) zu veröffentlichen, die sich über insgesamt vier Ausgaben ausdehnte. Diese Fortsetzungsreihe zum Lebensraum der deutschen Ärzte vom früheren Medizinalreferenten von Kamerun begann mit den Worten: „Das Diktat von Versailles hat mit der Wegnahme der deutschen Kolonien den in denselben beschäftigt gewesenen Deutschen enorme Mengen von ideellen und materiellen Werten geraubt" und endete: „Der deutsche Arzt aber möge wissen, daß, wenn uns alle unsere, unter den widerlichsten Lügen geraubten Kolonien wiedergegeben würden, mindestens 200 bis 250 deutsche Ärzte, und eine Anzahl Zahnärzte und Tierärzte ein wahrhaft neues Leben beginnen könnten."

Bereits 1928 hatte der Medizinalreferent deshalb, sowohl „im

Interesse der Ärzteschaft als auch in dem der Eingeborenen selber" beim Auswärtigen Amt den Antrag gestellt, dem Völkerbund in Genf mehrere Forderungen zu überbringen, damit sich Ärzte beliebig in den Mandatsgebieten niederlassen dürften, ohne daß von ihnen eine besondere Prüfung seitens der Mandatsmächte verlangt würde, wenn sie „nach dem Stande der modernen Wissenschaft ausgebildet sind" – und das waren die deutschen Ärzte natürlich. Deshalb waren die Forderungen des Medizinalreferenten auch vom Deutschen Ärztevereinsbund offiziell unterstützt worden (DÄB 60 [1931], 94, 291).

Wenn es um die drohende Überflutung der deutschen Ärzteschaft ging, dann druckten die Standesblätter nicht nur frauen- und ausländerfeindliche, sondern offen antisemitische Stellungnahmen ab. 1930 veranstaltete der Hartmannbund eine Umfrage unter den politischen Parteien und veröffentlichte auch die Antwort der NSDAP: „Die N. S. D. A. P. steht auf dem Standpunkt, daß nur ein beruflich freier und ethisch hochstehender deutscher Ärztestand – frei von jüdischem Einfluß in seinen eigenen Reihen – den mannigfaltigen Aufgaben gerecht werden kann, die der Dienst am deutschen Volk im kommenden dritten Reich vom einzelnen Arzt und der Gesamtheit der Ärzte verlangen wird... Die Nöte des deutschstämmigen ärztlichen Nachwuchses werden sofort behoben sein, wenn im kommenden dritten Reich deutsche Volksgenossen sich nur mehr von deutschstämmigen Ärzten behandeln lassen und für die Zulassung fremdrassiger Elemente – schon zum Universitätsstudium – vom Staate entsprechende Bestimmungen erlassen werden. Die N. S. D. A. P. hat diesen Standpunkt immer vertreten und wird auch in Zukunft in diesem Sinne arbeiten" (Ärztliche Mitteilungen 31 [1930], 847).

2. *„Schicksalsfrage" Sozialversicherung*

Eine der wichtigsten „Schicksalsfragen" der deutschen Ärzteschaft aber betraf seit Anfang des Jahrhunderts die „künftige Gestaltung der Sozialversicherung". In seiner Eröffnungsrede auf dem 11. Bayerischen Ärztetag im Herbst 1929 sagte Geheimrat Stauder, daß, wenn es nach den Plänen der Krankenkassen ginge, immer weitere Teile der Bevölkerung in eine „Zwangsversicherung" einbezogen würden. Der Arzt würde damit zu einem Hilfsorgan zweiter Ordnung, der vermittels schematischer Vorschriften in ein halbes Beamtentum, durch Begrenzung seines Auskommens, überführt werde (DÄB 59 [1930], 1).

Hinter dieser vergleichsweise vorsichtigen Formulierung verbarg sich unter anderem auch die Angst vor der Sozialisierung – ein weiteres Schreckgespenst, das der Ärzteschaft, zumindest deren führenden Repräsentanten, im Nacken saß (und sitzt). Eingeleitet wurden die Auseinandersetzungen, nachdem 1882 die Kranken-, 1884 die Unfall- und 1889 die Rentenversicherung als Bismarcksche Sozialgesetzgebung verabschiedet worden waren. Diese Reformgesetze hingen eng mit der explosiven sozialen Lage im deutschen Reich zusammen, nachdem Bismarck 1878 mit seinem „Gesetz gegen die gemeingefährlichen Bestrebungen der Sozialdemokratie" versucht hatte, die erstarkende Arbeiterbewegung zu zerschlagen. Miserable Musterungsergebnisse der preußischen Bürokratie und alarmierende Befunde aus den Proletarierstadtteilen zeigten darüber hinaus, daß ein minimaler Gesundheitsschutz der arbeitenden Bevölkerung, die zunehmend verelendete, notwendig war.

Anfänglich waren nur wenige Arbeiter in der gesetzlichen Krankenversicherung erfaßt. Sie zahlten von ihrem Lohn einen gewissen Beitrag an die Kasse, auch die Arbeitgeber errichteten einen Betrag. Die Kassen wurden kontrolliert und verwaltet von den Gewerkschaften und von Vertretern der versicherten Arbeiter; sie vergaben die Kassenarztstellen und bezahlten die Ärzte direkt. Das Recht der Kassenzulassung gab den Krankenkassen ein Monopol, das durch die ständige Ausweitung des Versichertenkreises verstärkt und für niedergelassene Ärzte zu einer Existenzfrage wurde. Viele Mediziner kümmerten sich allerdings anfänglich wenig um die Sozialgesetzgebung, sie sahen sie in der ersten Zeit als belanglos für die „eigentliche Medizin" an. Mit Ausweitung der Pflichtversicherten aber nahm das

Interesse der Ärzte an einer Mitsprache und Kontrolle in der gesetzlichen Krankenversicherung zu – nicht zuletzt deshalb, weil die Zahl der Privatpatienten immer weiter sank.

1900 war mit der Gründung des Leipziger „Verbandes der Ärzte Deutschlands zur Wahrung ihrer wirtschaftlichen Interessen", nach dem Gründer Hermann Hartmann kurz Hartmannbund genannt, „ein ganz neues Prinzip in die bis dahin achtbar vornehme und gleichsam bedächtige Standespolitik" gekommen, wie es 1973 in einem Rückblick auf „100 Jahre Deutsches Ärzteblatt" hieß. Der Hartmannbund wurde diesem Rückblick zufolge zum „Vollzugsorgan in wirtschaftlichen Fragen, der wehrhafte starke Arm des Ärztevereinsbundes, auf dessen Tagungen die Grundlinien der Standespolitik vor allem auf dem Gebiet der Sozialversicherung festgelegt wurden".[1]

Nach Gründung des Hartmannbundes wurden die Auseinandersetzungen mit den Krankenkassen immer erbitterter: 1913 hatte der Verband nach einer offenen Streikdrohung auf einem außerordentlichen Ärztetag, auf dem es „jedem einzelnen Arzt und jeder Ärztevertretung zur heiligen Pflicht" gemacht worden war, mit keiner Krankenkasse einen Vertrag abzuschließen,[2] das sogenannte „Berliner Abkommen" erzielt. Durch dieses Abkommen, das ein Zusatzprotokoll zur Reichsversicherungsordnung darstellte, hatte der Hartmannbund Mitsprache bei der Zulassung der Kassenärzte, bei der Anzahl der Kassenärzte pro Versicherten („Verhältniszahl") und vor allem bei der Verteilung der Honorare erhalten. Damit konnte der Verband Druck auf ihm nicht genehme Ärzte ausüben. Da der Hartmannbund auch die Stellensituation peinlich genau kontrollierte, waren sehr viele Ärzte beinahe gezwungenermaßen Mitglied in diesem privatrechtlichen Standesverein.

1923, auf dem Höhepunkt der Wirtschaftskrise, kam es zum „Poliklinikenstreit". Die millionenfache Arbeitslosigkeit, die verheerende wirtschaftliche und soziale Situation und vor allem die Inflation hatten die Kassen an den Rand des Ruins gebracht. Während die Versicherten ihre Beiträge wöchentlich entrichten mußten, hatten die Arbeitgeber ihren Anteil an der gesetzlichen Krankenversicherung quartalsweise einbezahlt – bei der rasanten Geldentwertung konnten die Unternehmer damit ihre Beiträge praktisch einsparen. Schließlich waren die Kassen so gut wie zahlungsunfähig geworden. Notverordnungen hatten gesetzlich den Beitragssatz der Versicherten von 7 ½ auf 10 Prozent erhöht; die Leistungen der Kassen waren rigoros eingeschränkt worden; die Versicherten hatten 10 Prozent der Kosten für Medikamente und Heilmittel selbst zu bezahlen.

In dieser Situation hatte der Hartmannbund für den 1. Dezember 1923 in ganz Deutschland einen Ärztestreik ausgerufen. Der Standesverband forderte die Aufhebung aller Schranken, die den ärztlichen Interessen gesetzt waren. Die freie Arztwahl sollte gesetzlich festgelegt werden, die Zulassungsbeschränkungen, die die Kassen aussprechen konnten, aufgehoben und die Honorierung nach Einzelleistungen in Goldmark eingeführt werden. Die jüdische, sozialdemokratische Ärztin Käte Frankenthal (siehe S. 60) schilderte 1940 in den USA den Streik von 1923 rückblickend so: „Die Arbeiter verlangten und bekamen ihre Löhne in immer kürzeren Abständen. Mit einem Wochenplan konnten sie natürlich nicht wirtschaften. Es konnte aber nicht so schnell gezahlt werden, daß sie nicht doch immer die Betrogenen waren. Wegen der verzögerten Zahlungen und der Entwertung kam es zu einem Konflikt zwischen Krankenkassen und Ärzten. Die Ärzte traten in den Streik und beschlossen, zwar die Patienten zu behandeln, aber nicht mehr auf Krankenschein, sondern nur gegen sofortige Barzahlung durch die Patienten. Es wurde sehr betont, daß sich der Streik gegen die Krankenkassen und nicht gegen die Kranken richtete. Die sozialistischen Ärzte standen auf dem Standpunkt, daß es den Patienten gleichgültig sein könne, ob sich der Streik gegen sie richtet oder sich nur bedauerlicherweise gegen sie auswirkt. Die arbeitende Bevölkerung war gerade in dieser Zeit nicht in der Lage, für ärztliche Hilfe zu zahlen, und der Gesundheitszustand war so schlecht, daß man keine Experimente machen konnte. In diesem Falle waren also die ‚Roten' die Streikbrecher und die bürgerlichen Ärzte die Radikalen."[3]

Die Krankenkassen reagierten auf den drohenden Zusammenbruch der ärztlichen Versorgung mit der Gründung von

Ambulatorien und Polikliniken, in denen von den Kassen angestellte Ärzte – in der Regel handelte es sich um sozialdemokratische oder kommunistische Ärztinnen und Ärzte – arbeiteten. Daraufhin veröffentlichten die Standesblätter Namenslisten dieser Kolleginnen und Kollegen, die von der Standesorganisation als ,,Streikbrecher" betrachtet wurden. Mitglieder einer Krankenkasse, die ein Ambulatorium eröffnet hatte, sollten nach Aufruf des Hartmannbundes überhaupt nicht mehr behandelt werden, auch nicht gegen Barzahlung. In Berlin gab es schon wenige Monate nach Beginn des Streikes 40 Ambulatorien.[4]

Im April 1924 kam es zu einer Art Waffenstillstand, die Polikliniken und Ambulatorien wurden staatlich anerkannt, ihr Betätigungsfeld aber in den folgenden Jahren immer weiter eingeschränkt. Trotzdem betrug die Zahl der Konsultationen 1927 immerhin 1799612.[5] Diese Einrichtungen mit ihren von den Kassen angestellten Ärzten blieben für ärztliche Standesfunktionäre ein Symbol für die Verbeamtung und Sozialisierung, schlichtweg für den Niedergang des freien Arzttums. Folgerichtig sollte zehn Jahre später der hohe Funktionär des Hartmannbundes, Karl Haedenkamp, in einer Generalabrechnung mit der ungeliebten, von den Nationalsozialisten beseitigten Republik auch nochmals auf die ,,Streikbrecher" und die Ambulatoriumsfrage zurückkommen (s. S. 63).

Gegen Ende der Weimarer Republik, in einer Zeit also, in der wiederum Millionen Menschen unter Arbeitslosigkeit, Massenelend und Hunger litten, setzte erneut ein verschärfter Angriff der Standesorganisationen auf die Sozialversicherung ein. Am 8. 12. 1931 erreichte der Hartmannbund im Rahmen der zweiten Brüningschen Notverordnung, daß die regionalen Zusammenschlüsse des Verbandes zu öffentlich-rechtlichen kassenärztlichen Vereinigungen gemacht wurden. Der Hartmannbund hatte damit quasi das Anbietermonopol für die kassenärztliche Zulassung bekommen und die Ärzteschaft konnte nun den Preis ihrer Dienstleistungen gegenüber den rund 22000 zersplitterten und immer weiter geschwächten Krankenkassen weitgehend selbst bestimmen.[6]

Natürlich gab es in der Weimarer Republik auch Ärzte, denen es wirtschaftlich schlecht ging. Insgesamt aber lagen die ärztlichen Einkommen beträchtlich über dem, was der überwiegende Teil der Bevölkerung verdiente: 1928 betrug das durchschnittliche Nettoeinkommen der Ärzte 12616 Mark im Jahr. 25 Prozent der Ärzte hatten Jahreseinkommen von 16000 bis 100000 Mark; nur 8,9 Prozent verdienten weniger als 3000 Mark im Jahr. Fast 60 Prozent der Lohn- und Gehaltsempfänger dagegen verdienten 1928 bis zu 1200 Mark im Jahr; 90 Prozent kamen nicht über 3000 Mark.[7] Trotzdem wurde auf dem 48. Deutschen Ärztetag in Essen 1929 gefordert, die Sozialversicherung ,,auf ein gesundes Maß" abzubauen und dadurch gleichzeitig die Wirtschaft von einem Teil der sozialen Lasten zu befreien. Die Ausnützung von Krankheit müsse bekämpft werden, und das beste Mittel hierzu sei, das Kranksein jedes materiellen Vorteils zu entkleiden. ,,Einführung einer Gesundheitsprämie, die dem Kranksein seinen Reiz nimmt" war eine Forderung der Ärzteschaft, eine andere lautete: ,,Das Verantwortungsgefühl kann nur durch die Einschaltung des Portemonnaies geschärft werden."[8]

In der Weimarer Republik hielt der ,,Kampf ums Dasein" immer offener Einzug in gesellschafts- und gesundheitspolitische Diskussionen. Auch Ärzte, die bisher ,,nur" für ihre wirtschaftlichen Interessen gekämpft hatten, lieferten nun mit sozialdarwinistischen Ideologien angeblich wissenschaftliche Begründungen dafür, daß der Stärkere sozusagen naturgesetzlich oben wäre, der Schwächere dagegen im ewigen ,,Kampf ums Dasein" untergehen müsse – ebenfalls naturgesetzlich, versteht sich. Führender ideologischer Mit-Wegbereiter war der bekannte Danziger Arzt Erwin Liek, einer der meistgelesenen Mediziner in den zwanziger Jahren.

Sein Buch ,,Der Arzt und seine Sendung", das bis heute gerühmt wird, beispielsweise in der Zeitschrift Der Hartmannbund in Bayern,[9] war geradezu ein Bestseller. Es erschien erstmals 1926 im Münchner Lehmanns Verlag (Im J. F. Lehmanns Verlag in München sind vor 1933 zahlreiche rassistische, antisemitische und völkisch-nationalistische Bücher und Schriften, zum Teil in sehr hohen Auflagen erschienen. Nach 1933 wurde hier das ,,Erbgesundheitsgesetz" [s. S. 107] und das ,,Blutschutz- und Ehegesundheitsgesetz" veröffentlicht.). Vier Jahre später war bereits die 8. Auflage mit insgesamt 35000 gedruckten Exemplaren auf dem Markt. Liek, der nicht müde wurde, mit schönen Worten zwischen dem gütigen, wahren ,,Arzt", zu dem man geboren sein müsse, und dem kaltherzigen, wissenschaftsgläubigen ,,Mediziner" zu unterscheiden, wurde unbarmherzig, wenn es darum ging, daß die ,,Fleißigen, Tüchtigen, Starken, Ehrlichen ... unnötigerweise für die Weichlichen und Faulen" zahlen, wie es nach seiner Meinung in der gesetzlichen Krankenversicherung der Fall war. Notfalls wurde da schon vor 1933 aus dem ,,Arzt" der ,,Biologe": ,,Man sehe alle diese Dinge einmal nicht als Arzt, sondern als Biologe, denke nicht an den einzelnen Kranken, die einzelne Familie, sondern an ein ganzes Volk. Ist es von einem solchen biologischen Standpunkt aus wirklich wünschenswert, daß wir z. B. jeden, auch den denkbar schlecht veranlagten Säugling, mühsam hochziehen? Ist es klug, daß wir Idioten und Epileptiker in Musteranstalten pflegen, während gesunde, arbeitsfreudige Volksgenossen weder Obdach noch Nahrung haben. Was wir treiben, ist ganz bewußte negative Auslese, ist Förderung der Lebensschwachen und Lebensuntüchtigen zu Ungunsten der gut Veranlagten."[10]

Vielfältig variierte Liek die Aussage, daß die Ausschaltung des Kampfes ums Dasein und die ,,übertriebene Fürsorge, wie sie jetzt große Mode ist", unvermeidlich zu der ,,körperlichen und seelischen Erweichung unseres Volkes" führe. Der Arzt und Biologe empfahl daher in seinem Buch ,,Der Arzt und seine Sendung" dem Reichsgesundheitsamt ein paar ,,wuchtige" Sätze: ,,1. Die Unfallversicherung tötet den Willen zur Arbeit. 2. Die Krankenversicherung lähmt den Willen zur Gesundheit. 3. Die Altersversicherung zerstört den Sparsinn des Volkes." Und Liek fügte noch einen vierten Satz hinzu: ,,Deutschland hat den Krieg infolge seines durch die Sozialversicherung geschädigten Nervensystems verloren"[11] – eine gesundheitspolitische Variante der Dolchstoßlegende sozusagen.

Die Gedankengänge des 1935 verstorbenen Liek waren weiten Kreisen der deutschen Ärzte in der Weimarer Republik vertraut und seine eigene Einschätzung, daß viele Kollegen diesen Gedanken zustimmten, sicher nicht falsch. Die Mehrheit der Ärzteschaft dachte wie ein Großteil des Bürgertums, dem sie angehörte, vaterländisch-deutschnational. Seit dem Ausgang des Ersten Weltkrieges und den daraus resultierenden Umwälzungen, seit dem Ende des Kaiserreiches und dem Niedergang der „Größe Deutschlands", seit der Novemberrevolution 1918 und dem „Schandfrieden von Versailles" war man sich einig im Kampf gegen „rot", oder, wie es der Mitbegründer und erste Vorsitzende des Nationalsozialistischen Deutschen Ärztebundes, Sanitätsrat Dr. Liebl, militärisch-knapp formulierte: „Rot unmöglich".

Die „politische Neutralität" der ärztlichen Standesorganisationen stand daher auch nicht im Widerspruch zu „schwungvollen, poesiedurchtränkten Vaterlandsreden" (DÄB 59 [1930], 253), die der gemeinsame Vorsitzende der beiden ärztlichen Spitzenverbände, Geheimrat Stauder, auf deutschen Ärztetagen hielt und die über beide Standesblätter der Ärzteschaft im Deutschen Reich bekannt gemacht wurden. Auf dem Festmahl am Schluß des 50. Deutschen Ärztetages 1931 in Köln, der ansonsten ganz im Zeichen der Diskussionen um eine Reichsärzteordnung und eine einheitliche, straff organisierte, zentralistische Reichsärztekammer stand (s. S. 86), richtete sich die Vaterlandsrede an die „Schwestern und Brüder" des linken Rheinufers, das seit dem verlorenen Ersten Weltkrieg unter Kontrolle der Siegermächte stand: „Liebe Schwestern und Brüder der deutschen Rheinlande! Sie standen im Kampf um Ihr Deutschtum, Sie litten und stritten, trugen Demütigung und Knechtung und erstarkten daran und blickten hinüber in das andere deutsche Land, das nicht vom Feind besetzt, aber in Not, Hader und Entzweiung eines aus der Höhe der Macht in die Tiefen schwerster Machtlosigkeit gestürzten Volkes ohnmächtig am Boden lag. Ihr Ruf klang uns ans Ohr: Laßt uns nicht im Stich, gebt uns nicht auf, seht auf unser Leid, werdet wie wir im Beharren stark! Und wir drüben, auf der anderen Seite, frei von der Demütigung fremder Besatzung, sahen mit zuckenden Lidern und hämmernden Schläfen den Zerfall deutscher Größe und Stärke, fühlten die Ohnmacht des Wehrlosen und hatten nur noch Kräfte der Seele und des Willens einzusetzen."

Der ärztliche Spitzenfunktionär rief in Köln 1931 dem deutschen Volk beschwörend zu: „Stehe auf und gehe! Fühle in dir die Kraft und das Können des zum Leid, aber auch zu neuer Tat Berufenen! Glaube an dein Berufensein und gehe, handle! Glaube an die Fähigkeit zur Tat, denn du kannst gehen!" und Stauder schloß seine Vaterlandsrede mit einem kräftigen: „Köln, Rheinland, Deutschland in neuer Kraft und Einigkeit, unser Ärztestand in Entschlossenheit, Kraft und Einigkeit für alle Zeiten hoch!" (DÄB 60 [1931], 278–279).

„Biologie in Medizin, Historie und Politik"

Vaterländisch-deutschnational war ein Großteil des Bürgertums in der Weimarer Republik. Bei der Ärzteschaft aber kamen zwei wichtige Momente hinzu: Zum einen hatten sich die langjährigen Auseinandersetzungen mit den Krankenkassen schleichend auf das Bild ausgewirkt, das sich deutsche Ärzte vom Kassenpatienten machten. Dieser wurde im medizinischen Schrifttum so charakterisiert: „Er ist ein ungewaschener, arbeitsscheuer Vagabund", „ein verantwortungsloser Trunkenbold", „unsozial", „untüchtig", „weich", die vom Sozialstaat gezüchtete Gegenauslese des „Arbeitsunwilligen" und „Lebensunwerten", ein „Simulant" und schließlich die „Drohung des Untermenschen".[12]

Repräsentanten der Ärzteschaft zeigten mit ihren Stellungnahmen deutlich, daß sie in dem Sozialversicherten nicht den gleichberechtigten Partner im Arzt-Patienten-Verhältnis sahen, der sich aufgrund seiner monatlichen Beiträge das Recht auf ärztliche Behandlung erworben hatte. Der Patient war vielmehr der potentielle Schädling der Volksgemeinschaft, der versuchte, „mit Krankheit und Vortäuschung von Not" Vorteile zu erlangen, „deren sich ein unheimlich wachsender Teil unseres Volkes bedient, um in den Genuß laufender Unterstützung zu kommen". Erst wenn „Krankheit, Willensschwäche und Untüchtigkeit das Fortkommen erschweren, stehen Arzt und Sozialbeamter an der richtigen Stelle, um vorbeugend und helfend einzugreifen". An die Stelle der „Fürsorge" habe die „Vorsorge" zu treten, die den einzelnen in die Lage versetze, „für sich und seine Familie selbständig Bedarfsvorsorge zu treiben" (DÄB 60 [1931], 169–170).

In Teilen der Ärzteschaft mischten sich bei der „Schicksalsfrage Sozialversicherung" vermeintlich höchste vaterländische Ideale mit ganz banalen wirtschaftlichen Interessen. Diese Mischung wird auch in der Sprache deutlich, in der manche Ärzte übergangslos vom „ernstesten" Pathos in unbarmherzigste Formulierungen abgleiten konnten, wobei viele der Aussagen zumindest eine gewisse Blauäugigkeit angesichts der wirtschaftlichen Situation verrieten, in der die überwiegende Mehrheit der Sozialversicherten in der Weimarer Republik leben mußte. Repräsentanten der Ärzteschaft jedenfalls lieferten sozialdarwinistische, pseudowissenschaftliche Ideologien für die angeblich naturgesetzlich gegebene Ungleichheit der Menschen, die, da erblich bedingt, auch nicht zu ändern sei. Arm und reich, oben und unten waren keine gesellschaftlichen Probleme, sondern biologische.

Die Weimarer Republik war eine Blütezeit für Ganzheitstheorien aller Art, die nicht zuletzt eine Reaktion auf die drängenden gesellschaftlichen Probleme der Zeit waren. Industrialisierung, Mechanisierung, Proletariat und Massenelend wurden unter dem Stichwort „Zivilisation" zusammengefaßt und der ursprünglichen „Natur" gegenübergestellt. Wie ein roter Faden zog sich durch die gesellschaftspolitischen Diskussionen die Zweiteilung in „natürliche" Gemeinschaft und „künstliche", „mechanische" Gesellschaft. Gemeinschaft war ein „lebendiger Organismus", ein „Ganzes", das natürlich gewachsen war und deshalb auch nicht verändert werden durfte. „Gesellschaft" aber war etwas Zersetzendes, künstlich Geschaffenes, das die Gemeinschaft bedrohte. Mit dem Begriff der „Gemeinschaft", unter dem Familie, Kirche, Männerbünde und schließlich „das Volk", das deutsche natürlich nur, verstanden wurde, wurde ein ,,Wir-Gefühl" aller Volksgenossen entwickelt. Am Schluß gab es keine gesellschaftlichen Unterschiede mehr, sondern nur noch die ,,Volksgemeinschaft" – wer nicht mitmachen wollte, wurde als ,,jüdisch-marxistischer" Störenfried ausgeschaltet.

Generalarzt Dr. Buttersack sprach daher 1931 im Deutschen Ärzteblatt (DÄB 60 [1931], 172–173) von drei Söhnen der Biologie: dem Staatsmann, dem Historiker und dem Arzt. ,,Alle drei bemühen sich um den Strom des Lebens. Der Arzt im kleinen, beim Organismus des einzelnen, die beiden anderen um die Lebenserscheinungen am Volkskörper. Nur Laien können Heil- und Staatskunst als wesensfremde Disziplinen trennen ... Wir Ärzte, insoweit wir Biologen sind, müssen diese Vorgänge wachsam verfolgen. Denn schließlich ruft die Not der Zeit doch nach Persönlichkeiten, welche die Gesetze des Lebens kennen. Freilich nicht nach Augen- und Ohrenspieglern, Operateuren, physiologischen Chemikern und ähnlichen Vertretern, welche die technische Kunst auf ihrem Spezialgebiet auf bewundernswerte Höhen getrieben haben."

Der Arzt vergaß auch nicht darauf hinzuweisen, daß der Versuch ,,besorgter Angehöriger oder fanatischer Therapeuten", den ,,erschöpften Lebensvorrat ihres Kranken wieder neu aufzufüllen", im Prinzip nur bedeute, ,,das Wasser den Berg hinaufzuleiten". Dabei sorgten doch die Richtkräfte des großen Stroms des Lebens dafür, daß das Schicksal eben mit unerbittlicher Folgerichtigkeit seinen Weg nehme. Abschließend sah der Generalarzt einen Hoffnungsstreifen: ,,Diese Zeilen wollen nur die Aufgabe als solche in das Gesichtsfeld rücken. Vielleicht formt sich diese dann selbst den Mann, der sie löst: den Mann, der als der wahre Weltweise mit seinem Wissen um die Gesetze des Lebens die Nöte des einzelnen wie der Allgemeinheit lindert." Dieser ,,wahre Staatsmann", der ebenso wie der ,,wahre Arzt" den ,,großen Fluß, die Richtung des organischen Geschehens" erkannt hatte, stand 1931 bereits wartend vor der Tür, die ,,Aufgabe als solche" hatte ihn sich schon geformt.

3. Von der Theorie zur Praxis

Am 3. April 1930 faßte der ärztliche Bezirksverein München-Stadt eine sehr bemerkenswerte Resolution, die über das Ärzteblatt allen Kollegen im Deutschen Reich zur Kenntnis gebracht wurde. Die Münchner Ärzteschaft war nämlich zu dem Schluß gekommen, daß der Geburtenrückgang im gesamten deutschen Siedlungsgebiet ein katastrophales Ausmaß angenommen habe. Für diese, das deutsche Volksganze bedrohende Erscheinung seien gelockerte Moral, wirtschaftliche Not, mangelnder Glaube an die Zukunft des deutschen Volkes und schwindender Gemeinschaftssinn die wichtigsten Ursachen. Die Folge seien Verhütung, Eingriffe in das werdende Leben mit ihren körperlichen und seelischen Auswirkungen und damit zunehmende Zertrümmerung der Familie. Die Ärzteschaft Münchens betrachtete es deshalb als ihre vornehmste ärztliche und vaterländische Pflicht, sich an der Bekämpfung dieser Verfallserscheinungen mit allen Mitteln zu beteiligen und sie hielt es für besonders wichtig, daß der Arzt bei der Eheberatung unter Berücksichtigung eugenischer und rassehygienischer Gesichtspunkte mitwirke. Der Schlußsatz der Resolution hieß: ,,Die Ärzteschaft Bayerns ist von der Überzeugung getragen, daß der Schutz der geordneten, kinderreichen Familie die beste Sicherung für die Bildung neuer, kinderfroher, erbgesunder Familien und damit für die Zukunft des deutschen Volkes darstellt." (DÄB 59 [1930], 212-213)

Eugenische Fragen im Preußischen Staatsrat

Die Aktivitäten von Ärzten im Zusammenhang mit der ,,erbgesunden Familie" gingen über Diskussionen und Resolutionen hinaus. Am 21. Dezember 1931 berichtete das Deutsche Ärzteblatt (DÄB 60 [1931], 480-481) unter der Überschrift ,,Eugenische Fragen im Preußischen Staatsrat. Für die erbgesunde Familie!" über einen Initiativantrag, den Dr. Struve (Kiel) im Gemeindeausschuß des Preußischen Staatsrats als Berichterstatter begründet hatte. Der Antrag ging davon aus, daß „der Geburtenrückgang in den Kreisen der erbgesunden, familiär verantwortungsbewußten Bevölkerung sich besonders stark auswirkt und dadurch ein immer stärkeres Ansteigen des erbbiologisch minderwertigen Bevölkerungsteiles erfolgt, und daß die Aufwendungen für Menschen mit erbbedingten, körperlichen oder geistigen Schäden schon jetzt eine für unsere gedrückte Wirtschaftslage untragbare Höhe erreicht haben". Deshalb beantragte der Gemeindeausschuß, der Staatsrat wolle die Staatsregierung ersuchen, zunächst für Ärzte, Pädagogen und Theologen die Ausbildung auf dem Gebiete der menschlichen Erblehre und Eugenik als Pflicht- und für Ärzte als Prüfungsfach einzuführen. Die heranwachsende Jugend sollte Unterricht über Wesen und Bedeutung der menschlichen Erblehre und Eugenik erhalten; ein Austausch von eugenischen Gesundheitszeugnissen schon vor der Verlobung sei einzurichten. Über den Reichsrat sollte der Staatsrat dafür Sorge tragen, daß auch in den übrigen Ländern des Deutschen Reiches diese Forderungen erfüllt würden.

Die ausführliche Begründung, die der Arzt Struve im Preußischen Gemeindeausschuß seinem Antrag folgen ließ, enthielt weniger hohe ärztliche Ideale als vielmehr knallharte Rechnungen. Die Geburtenzahl im Deutschen Reich sei in 30 Jahren auf die Hälfte gesunken, das deutsche Volk wachse nur noch durch „Senkung der Sterbeziffer". Die „Gebärleistung der deutschen Frau" sei, an internationalem Standard gemessen, viel zu niedrig; die Zahl der Kinder nehme ab, die Zahl der Alten dagegen zu: „In 50 Jahren werden wir ungefähr ebensoviel Alte (über 65 Jahre) wie Kinder unter 15 Jahren haben. Dann gehört also jeder sechste Deutsche zur Klasse der nicht mehr erwerbsfähigen Alten! Und dann noch eine Altersversorgung?"

Der Schritt von den „nicht mehr erwerbsfähigen Alten" zur „furchtbaren Arbeitslosigkeit, dieser unserer bittersten Not" war naheliegend, oder, wie der Arzt formulierte: „Anders herum betrachtet: Immer wieder hört man von voll arbeitstüchtigen und arbeitswilligen Familienvätern die erbitterte Frage: ‚Muß man denn wirklich erst minderwertig geworden sein, um

Hilfe zu finden?' Je mehr wir aus dem allgemeinen Arbeitsertrag für Erhaltung und Vermehrung Minderwertiger herausnehmen, umso schwerer tragen wir an dieser Last der Gegenwart." Aber, fragte folgerichtig der wirtschaftlich denkende Mediziner weiter, „haben wir heute nicht schon viel zu viel Minderwertige, die täglich das Heer der Fürsorgebedürftigen vermehren? Geht die Zahl der Erbgesunden, der *in jeder Arbeit* Tüchtigen und der ethisch Zuverlässigen nicht sichtlich zurück? Alkoholiker, Geschlechtskranke, Tuberkulöse, Geisteskranke, Simulanten und ,Psychopathen', die Zahl der Kinder in den Hilfsschulen – fast überall finden wir steigende Ziffern."

Anschließend legte der Arzt im Gemeindeausschuß des Preußischen Staatsrates und seinen Kollegen im Deutschen Reich mit Hilfe des Deutschen Ärzteblattes eine Rechnung vor, die jeden Wirtschaftswissenschaftler überzeugen und jeden erbgesunden, leistungsfähigen, von Arbeitslosigkeit bedrohten oder bereits arbeitslos gewordenen deutschen Familienvater erbittern und nach Abhilfe rufen lassen mußte:

„In den Anstalten für Geisteskranke, Epileptiker, Idioten usw. lagen 1928 290045 Pfleglinge. Die Zahl der Pflegetage war im gleichen Jahr 54178514. Rechne ich nur 3,43 Reichsmark pro Tag (Kostensatz Rheinprovinz und Niederschlesien), ergibt sich die ungeheure Zahl von 185832303 Reichsmark. In den allgemeinen Krankenanstalten ist die Vergleichsziffer der Pflegetage 99307437! Also fast die Hälfte Pflegetage für Menschen, die man zum größten Teil nicht mehr für Arbeit und Leben zurückgewinnen kann! Und in dieser von Not und Epidemien geschützten Lebenslage sind 70- bis 80jährige nicht selten.

Dr. von Verschuer hat die Mindestzahlen für an Epilepsie, Dementia praecox, manisch-depressivem Irresein, Schwachsinn Leidenden zusammengestellt. Rechne ich auch hier mit 3,43 Reichsmark Pflegesatz, ergibt sich eine Jahressumme von 274626000 Reichsmark. Dazu kommen erblich Blinde und Taubstumme. Die Kosten für ihre Ausbildung, nach dem Beschulungsgesetz untergebracht, sind bei den ersteren 8,89, bei den letzteren 6,84 Reichsmark täglich. Also, es kostet bei achtjähriger Schulzeit ein Taubstummer 19972 Reichsmark, ein Blinder 25959 Reichsmark. Dazu kommen die Kosten für die Berufsausbildung für mindestens vier Jahre. Und wenn ein Volksschüler 120 bis 150 Reichsmark erfordert, ein Hilfsschüler 250 Reichsmark, ein Anstaltskind aber 900 Reichsmark und mehr – liegt noch Sinn und Segen in solchen Zahlen?"

Natürlich nicht, werden die Mitglieder im Preußischen Staatsrat geantwortet haben, aber der Arzt war mit seiner Rechnung noch nicht fertig. Er addierte weiter die Ausgaben für die Fürsorgeerziehung Minderjähriger, für die an Lungentuberkulose Erkrankten in den Anstalten, für Gonorrhoe- und Syphilis-Kranke und für Alkoholiker hinzu und kam naturgesetzlich auf Zahlen, „die bei der heutigen Wirtschaftslage schwer zu tragen sind. Und nun messen wir diese Ausgaben einmal an den Mitteln, die uns noch für die gesunde Familie zur Verfügung stehen, die unter das unbarmherzige Rad der Arbeitslosigkeit gekommen ist." Deshalb, so der Arzt und Biologe, müssen „wir ... nun das Jäten und Roden lernen", denn schließlich seien „wir ein bitterarmes Volk geworden".

Abschließend räumte der Mediziner Struve noch mit einem Vorurteil auf, das sich am Ende der Weimarer Republik noch nicht ganz hatte beseitigen lassen: „Wir haben bis jetzt geglaubt, das Geschick jedes einzelnen von uns würde zumeist bestimmt durch die Umwelt, durch die Wirtschaftslage." Dem aber sei nicht so: „Der Kampf zwischen Hinterhaus und Vorderhaus war, ist und wird bleiben. Wir wissen heute, daß Wert und Leistungsfähigkeit der Kinder abhängen vom Erbgefüge der Eltern und Voreltern: niemand kann mehr leisten, als ihm durch die überkommenden Anlagen gegeben ist. Und was für den einzelnen gilt, gilt für unser ganzes Volk." Damit hatte der Arzt alle weniger Leistungsfähigen oder „Minderwertigen" sozusagen naturgesetzlich ins „Hinterhaus" verbannt, in dem in der Weimarer Republik die Zille-Kinder und die hungernden Menschen, die Käthe Kollwitz gezeichnet hat, lebten, während das „Vorderhaus" die vornehmen Bürgerhäuser der Wohlhabenden waren.

Schließlich beendete Struve seine Antragsbegründung vaterländisch-völkisch mit dem Appell: ,,Wir müssen lernen, eugenisch zu denken. Also: die erbgesunde Familie, der einzige Träger des Volkes der Zukunft, die Erhaltung und Pflege dieses gesunden Erbstromes trete mehr in unsere staatlichen Aufgaben hinein! Nicht Nachwuchs schlechthin, sondern nur ein solcher Nachwuchs, der seinerseits wieder an Körper und Seele gesunde Geschlechter sicherstellt" (DÄB 60 [1931], 480-481).

Der Antrag des Gemeindeausschusses war so überzeugend begründet worden, daß bereits am 20. Januar 1932 auf einer Sitzung des Preußischen Staatsrats ein weiter gefaßter Antrag zur Beratung kam. Es ging nicht mehr nur um eine größere Verbreitung der eugenischen Lehren, sondern das Staatsministerium wurde ersucht, ,,zu veranlassen, daß mit möglichster Beschleunigung die von den Gemeinden, Kreisen, Provinzen und dem Staate für die Pflege und Förderung der geistig und körperlich Minderwertigen aufzuwendenden Kosten auf dasjenige Maß herabgesetzt werden, das von einem völlig verarmten Volke noch getragen werden kann". In dieser Sitzung dehnte ,,der als Politiker wie als Kenner der volks- und gesundheitswirtschaftlichen Zusammenhänge bewährte Kollege Dr. Struve" den Sammelbegriff Geisteskrankheit auf jene Fälle aus, ,,in denen als Folge erblicher Belastung ein Mensch in sittlicher Hinsicht versagt". Der Arzt warnte auch vor ,,Psychopathen", deren ,,verhängnisvoller Einfluß im Leben der menschlichen Gesellschaft viel tiefer ist, als wir bis heute vermuten. Daß Geisteskrankheiten und Psychopathien auch bei Verbrechen – Zahl, Schwere, Art – letzte Ursache sind, ist unzweifelhaft." Der Arzt attestierte den ,,Minderwertigen" eine ,,ihnen eigene Hemmungslosigkeit", er zitierte eine Studie aus Berlin-Reinikkendorf, die gezeigt habe, daß nur noch das ,,sogenannte Lumpenproletariat (bei dem kriminelle Vergehen, Trunksucht, Arbeitsscheu, Liederlichkeit der Mutter bekannt war) und wieder die Gruppe der Eltern der Hilfsschüler" Kinder habe.

Struve plauderte auch ein wenig über die Ausschußsitzungen, in denen der Antrag vorbereitet worden war. Ein Mitglied habe auf das Eigentümliche hingewiesen, ,,daß gerade Krüppel eine so zähe Konstitution zeigten". Von anderer Seite seien die untragbaren Lasten für die Pflegeanstalten an der Hand von Ziffern im einzelnen geschildert worden. Ein Redner habe deshalb bereits die Staatsregierung ersucht, „hier alle bisherigen gesetzlichen Verbote auszuräumen, um dieser Dauerbelastung wirklich entscheidend zu begegnen. Hier ist eine harte Hand am Platze." Von mehreren Ausschußmitgliedern sei betont worden, „daß wir ohne Sterilisierung nicht weiter kommen". Der Antrag wurde in seiner Gesamtheit angenommen, nur der Vertreter der Kommunisten im Preußischen Staatsrat lehnte ihn ab.

Das Deutsche Ärzteblatt war stolz, es sah für die Ärzteschaft eine Genugtuung darin, daß „ein Arzt in diesem Gremium zum ersten Male diese bedeutsamen Gedankengänge entwickeln" konnte. Und es versprach seinen Lesern, über die weitere Behandlung, namentlich über die schwierige Sterilisierungsfrage laufend zu berichten (DÄB 61 [1932], 119-121). Das Standesblatt hielt sein Versprechen und eröffnete am 21. Mai 1932 auf der ersten Seite eine lebhafte Aussprache zum Thema „Die Sterilisierung als Mittel zur Verhütung minderwertigen Lebens" (DÄB 61 [1932], 207-208). Im offiziellen Publikationsorgan der deutschen Ärzteschaft wurde ebenfalls zuerst einmal rein ökonomisch argumentiert: „In unserer Zeit der wirtschaftlichen Not und Weltkrise, der zunehmenden Verarmung und Verelendung großer Volkskreise mehren sich die Stimmen, die immer eindringlicher auf das Mißverhältnis zwischen den von den Lebenstüchtigen, Schaffenden im Volke erarbeiteten Werten zu den ungeheuren Aufwendungen für die Erhaltung minderwertiger, gebrechlicher, asozialer Existenzen hinweisen." Fürsorge aber dürfe kein Selbstzweck sein, sondern müsse dazu dienen, „den im Lebenskampf Geschädigten beizuspringen, um sie wieder lebenstüchtig und zu schaffender Arbeit fähig zu machen". Wenn Fürsorge sich in einem „Übermaß von menschlichem Ballast" kundtäte, dann müßten „Fehlerquellen aufgefunden und verstopft werden".

Das Deutsche Ärzteblatt sah im Mai 1932 den Zeitpunkt gekommen, an dem „die Sorge um die Erhaltung der Minderwertigen anfängt, den Bestand der Lebenstüchtigen zu gefährden".

Die „hemmungslose Vermehrung der Anbrüchigen" (Bezeichnung aus der Forstsprache, bedeutet faulendes Holz oder verwesendes Wild, R. J.) und „erblich Belasteten kann auf die Dauer von einem Volke nicht ertragen werden. Die Frage der ‚Ballastexistenzen' und ihre vorbeugende Behandlung rücken immer mehr in die Reihe der beherrschenden Probleme unseres Volkslebens."

Nun wußte das Deutsche Ärzteblatt im Mai 1932 sehr genau, daß es sich mit seiner Wortwahl bei der Suche nach zu verstopfenden Fehlerquellen für das „Übermaß an menschlichem Ballast" in äußerste Nähe zu einer Lösungsmöglichkeit begeben hatte, die seit der Schrift „Die Freigabe der Vernichtung lebensunwerten Lebens – Ihr Maß und ihre Form" des Juristen Karl Binding und des Psychiaters Alfred Hoche von 1920 in der Weimarer Republik offenherzig diskutiert wurde. Die beiden Autoren, deren Vorschläge sich vor allem gegen psychisch Kranke richteten, genossen hohes wissenschaftliches Ansehen. Binding beklagte die „ganz nutzlos vergeudete Arbeitskraft, Geduld und Vermögensaufwendung in Irrenanstalten", er erklärte: „Es gibt Geschöpfe, deren Tod sie, den Staat und die Allgemeinheit entlasten."[13] Auf dem Deutschen Ärztetag in Karlsruhe 1921 hatte ein Arzt gefordert, daß sich das Gremium „unbedingt mit der Frage der Vernichtung lebensunwerten Lebens beschäftigen müsse, da sonst die deutsche Ärzteschaft für rückständig gehalten würde" – ein Antrag zu dieser Problematik war allerdings von der Mehrheit der Ärzte abgelehnt worden (DÄB 61 [1932], S. 416).

1932 hieß es im Standesblatt: „Wir wollen hier nicht an das Thema Vernichtung lebensunwerten Lebens rühren. Es darf gesagt werden, daß, in Ärztekreisen wenigstens, dieser Gedanke überwiegend mit größter Entschiedenheit abgelehnt wird. Aber umso stärker und gebieterischer tritt das Verlangen nach einer Verhütung lebensunwerten Lebens auf, und hier ist es der Gedanke der Sterilisierung von geistig und körperlich Minderwertigen, der immer stärkere Beachtung erheischt, nachdem er sich vor 15 Jahren nur zögernd hervorgewagt hat" (DÄB 61 [1932], 207).

Mit diesem Zögern sollte es nun vorbei sein. Deshalb wurden der Ärzteschaft im Deutschen Reich die 14 Leitsätze, die die Deutsche Gesellschaft für Rassenhygiene (Eugenik) 1931 aufgestellt hatte, wegen ihrer allgemeinen Bedeutung im Wortlaut bekanntgegeben. Leitsatz 1 hieß kurz und bündig: „Alle menschliche Leistung des einzelnen wie der Völker, erwächst auf der Grundlage der erblichen Veranlagung." Satz 2 sah als „größte Gefahr für ein Volk ... die Entartung", die eintrete, „wenn die tüchtigen Volksgenossen weniger Kinder haben als die minder tüchtigen." Satz 3 sah als „wesentlichste Aufgabe der Rassenhygiene oder Eugenik ... die Erhaltung der wertvollen Erbstämme in allen Volksschichten. Ein gesicherter Bestand an festgefügten Familien ist eine unentbehrliche Grundlage für das Gedeihen eines Volkes. Tendenzen, die auf eine Lockerung von Ehe und Familie hinauslaufen, sind als volksfeindlich zu verwerfen." Die Leitsätze sprachen sich zwar gegen allgemein gleiche Kindergelder aus, da sie „vorzugsweise die Fortpflanzung der Minderleistungsfähigen fördern", begrüßten aber Familienzulagen für Beamte – „nur sollten diese in Prozenten des Gehaltes angesetzt werden, da sie andernfalls nur in den unteren Besoldungsstufen wirksam sind". Für den deutschen Osten sei großzügige bäuerliche Siedlung unerläßlich, sonst „hat unser Volk keine Zukunft mehr".

Es versteht sich beinahe von selbst, daß Leitsatz 12 darauf hinwies, daß die „Ausgaben für hoffnungslos erblich Belastete ... in keinem Verhältnis mehr zu den Mitteln (stehen), die den erbtüchtigen Familien im Durchschnitt zur Verfügung stehen. Daher ist die eugenische Orientierung der Wohlfahrtspflege notwendig. Die aus der Arbeit der Tüchtigen gewonnenen Mittel müssen in erster Linie für vorbeugende Fürsorge verwendet werden." Außerdem empfahl die Deutsche Gesellschaft für Rassenhygiene (Eugenik), die Anfang der dreißiger Jahre zu einem Sammelbecken führender nationalsozialistischer Ideologie-Propagandisten wurde, in ihren Leitsätzen: „Die Fortpflanzung von Menschen, von denen minderwertiger Nachwuchs zu erwarten ist, ist möglichst zu verhindern. Ein geeignetes Mittel, die Fortpflanzung Untüchtiger zu verhindern, ist die Sterilisierung (Unfruchtbarmachung), die mit Zustimmung der betreffenden Personen oder ihrer gesetzlichen Vertreter auszuführen wäre" (DÄB 61 [1932], 214).

Damit hatte das Standesblatt im Mai 1932 eine Debatte eröffnet, bei der zahlreiche Ärzte zu Wort kamen. Mäßigende Stimmen waren nicht zu vernehmen. Juristen, die an die bestehende gesetzliche Situation erinnert hatten, derzufolge eine Sterilisation nur aus medizinischer Indikation (bei Gefahr für das Leben der Frau) und nur mit Einwilligung der Betreffenden durchführbar sei, wurden als „Nichtärzte" mit „mangelnder biologischer Einstellung" abgekanzelt (DÄB 61 [1932], 241). Aus der Debatte ging hervor, daß deutsche Ärzte bereits damals, aus „Pflicht dem Volksganzen" gegenüber, „Minderwertige" sterilisierten und sie gaben ihren Kollegen Tips: „Selbstverständlich ist zu raten, dafür zu sorgen, daß nicht Komplikationen auftreten. Einen Zwang wird man auf Entmündigte gegenwärtig besser nicht ausüben und sich überdies von ihnen schriftlich das Einverständnis erklären lassen. Ich würde auch abraten, etwa dem Insassen einer Anstalt die Freilassung unter der Bedingung der Sterilisation zuzugestehen, da dann eine nachträgliche Klage wegen Nötigung nicht ausgeschlossen scheint und mindestens für den Arzt große Unannehmlichkeiten nach sich zöge. Entlassung aus einer Anstalt und Sterilisation müssen getrennt behandelt werden. Man kommt auch dann zum Ziel" (DÄB 61 [1932], 221).

In der langen Reihe der zu sterilisierenden „Untüchtigen" nannten Ärzte unter anderem: „Kinder, die wegen angeborener Blindheit, angeborener Taubheit, wegen Epilepsie oder Schwachsinn" nicht am Volksschulunterricht mit Erfolg teilnehmen könnten; „Geisteskranke, Geistesschwache, Epileptiker, Blindgeborene, Taubgeborene in Anstalten"; „Frauen und Mädchen, die wiederholt Kinder geboren haben, deren Vaterschaft nicht feststellbar ist"; „Strafgefangene, deren erbliche Minderwertigkeit außer Zweifel steht"; „Kinder mit Hasenscharte oder Gaumenspalte"; „Schizophrene"; „die Fälle von mäßigem Schwachsinn und gewisse Gruppen von Psychopathen". Kurzum: „Das Lumpenproletariat und Untermenschentum".

Schreibende Ärzte sahen „unser ärztliches Denken über das Individuum hinaus auf die Generationen gerichtet"; sie forderten am Beispiel eines Bluters „den Preis des Fortpflanzungsverzichtes vom Patienten für sein Leben" und räumten ein: „Ich gebe zu, daß es sich hier um eine Art zu denken handelt, die mit der bisherigen ärztlichen Einstellung zum Patienten erst in Einklang gebracht werden muß." (DÄB 61 [1932], 221) In der Debatte im Frühsommer 1932 forderten Ärzte vielfach variiert über ihr Standesblatt ein „Sondergesetz", in dem „enthalten sein muß, daß die Zustimmung eines Minderjährigen oder Entmündigten zur Sterilisierung durch behördliche Entscheidung ersetzbar ist"; ein „Sondergesetz, das für gewisse, sorgfältig ausgewählte Fälle den Sterilisierungszwang vorsieht". Ärzte bekannten schlicht: „Ich bin für Zwangssterilisation" (DÄB 61 [1932], 242, 249).

Einzelne Diskussionsbeiträge ließen anklingen, daß es mit Sterilisationen alleine wohl nicht getan sei, da es 300 Jahre fortgesetzter Sterilisationen bedürfe, um die Zahl der Merkmalsträger spürbar zu vermindern. Die „biologische Sanierung" der Bevölkerung ließe sich „nicht nur durch diesen Eingriff erreichen". Vorsichtig aber folgerichtig streifte die Debatte auch nochmals das Thema „Vernichtung lebensunwerten Lebens". Ein Arzt jedenfalls schrieb: „Man hat in letzter Zeit öfter bei mir angeregt, doch auch über Sterilisation und Tötung zu schreiben; ich spräche in meinen Schriften immer nur im wesentlichen von politischer Entrechtung, Bewahrung und Verwahrung der Minderwertigen. Ich habe bisher den Mut nicht dazu gefunden; es widerstrebt mir innerlich. Ich bin als Arzt nicht zum Zerstören und Töten, sondern zum Bessern und Heilen da." Zwar sei die „Zerstörung Minderwertiger am biologischen Gesamtorganismus des Volkes nichts anderes als die Ausrottung einer Krebsgeschwulst am biologischen Einzelorganismus, also ‚Chirurgie am Kollektivorganismus'", trotzdem bleibe „Zerstören und Töten negative Arbeit".

Der Arzt plädierte daher lieber für sein ,,System der entrechtenden Fürsorge, mit unter Umständen lebenslänglicher Bewahrung und Verwahrung". Es gebe ,,Ödland", in dem man ,,Kolonien" für diese ,,Abnormen" einrichten könnte. Anstalten ließen sich erweitern. In allen Städten gebe es Stadtviertel, Straßenzüge, Häuserblocks, die schon jetzt den Namen ,,Gesindelquartiere" trügen. Gefängnisse aller Art sowie Fürsorge- und Erziehungsanstalten könnten in ,,Anstalten für Abnorme" umgewandelt werden: ,,Dort können und müssen sie arbeiten." Der Mediziner fragte, warum man ,,die Minderwertigen" schone, statt sie um so mehr mit den Kosten zu belasten, ,,und dadurch die Gesunden zu entlasten?" (DÄB 61 [1932], 248). Im Prinzip schilderte der Arzt im Deutschen Ärzteblatt im Frühjahr 1932 das, was man kurze Zeit später ,,Konzentrationslager" nennen sollte. Über dem Eingang von einigen stand: ,,Arbeit macht frei".

Eingabe betr. Sterilisierungsgesetz

Es folgten weitere Aktivitäten in ,,Eugenischen Fragen". Der bekannte Gynäkologie-Ordinarius August Mayer aus Tübingen, der sich in Frankfurt 1931 dagegen ausgesprochen hatte, Frauen zu schwangerschaftsverhütenden Maßnahmen zu verhelfen, da die Ärzte damit zu ,,Totengräbern unserer Zukunft" würden, äußerte sich Ende 1932 über die ,,große praktische Bedeutung der eugenischen Sterilisierung". Vorsichtigen Schätzungen zufolge ,,haben wir 150000 Geisteskranke in 500 Anstalten und 70000 Verbrecher in 140 Straf- und Besserungsanstalten. Zu diesen Internierten kommt das große Heer der freilebenden Minderwertigen und der Psychopathen, deren Zahl auf einige Millionen angegeben wird."

Daß so viele zu Sterilisierende nicht zuletzt ein umfangreiches Arbeitsbeschaffungsprogramm für zahlreiche Ärzte mit sich bringen würden, war für den Professor wahrscheinlich zweitrangig. Ihm ging es eher um die ,,Belastung der Zukunft", er sorgte sich darum, daß ,,gerade die Minderwertigen wegen ihres geringen Verantwortungsgefühls sich rascher fortpflanzen, so daß im Laufe der Zeit die Verpöbelung des Volkes droht". Wie verheerend sich das auswirken könnte, machte Mayer mit einer ,,interessanten Rechnung des (nationalsozialistischen, R. J.) Vererbungsforschers Lenz" plastisch deutlich: ,,Nimmt man an, daß nach dem Dreißigjährigen Krieg Deutschland zu gleichen Teilen mit Negern und Deutschen bevölkert worden wäre, daß die Neger mit 25 Jahren heirateten und je vier Kinder bekamen, während die Weißen erst mit 33 in die Ehe traten und nur je drei Kinder hinterließen, dann wären heute unter 1000 Einwohnern nur noch neun Weiße" (DÄB 61 [1932], 351-354).

Am 7. November 1932 ,,erlaubte" sich der Deutsche Ärztevereinsbund, zugleich im Namen des Hartmannbundes, dem Reichsministerium des Inneren ,,die Bitte zu unterbreiten und zu begründen, ein Reichsgesetz zu einem möglichst baldigen Zeitpunkt zu erlassen, in welchem die Sterilisation aus eugenischen Gründen erlaubt und geregelt wird". Die ,,Eingabe betr. Sterilisierungsgesetz" wies das Reichsinnenministerium darauf hin, daß mit solch einem Gesetz die öffentlichen Kassen entlastet werden könnten; mahnte aber zum behutsamen Vorgehen, da zu weitgehende Eingriffe des Staates den guten Gedanken für lange Zeit diskreditieren könnten. ,,*Zunächst* (Hervorhebung R. J.) sollte die Sterilisation von der Einwilligung des betreffenden Erbkranken und seines etwaigen gesetzlichen Vertreters abhängig gemacht werden. Eine Zwangssterilisation, für die es in der deutschen Geschichte kein Beispiel gibt, muß abgelehnt werden, *solange* (Hervorhebung R. J.) die Einräumung eines solchen Rechts an den Staat dem Empfinden der weitesten Volkskreise widerspricht" (DÄB 61 [1932], 469) (s. S. 109).

In ihrer Eingabe an das Reichsinnenministerium hatten die offiziellen Repräsentanten der deutschen Ärzteschaft im November 1932 keine grundsätzlichen ethischen Bedenken gegen eine Zwangssterilisation formuliert, die Zeit dafür war eben bei ,,weitesten Volkskreisen", die ja schließlich von diesen Zwangsmaßnahmen betroffen sein würden, noch nicht reif. Untereinander diskutierte ein Teil der Ärzteschaft längst offenherzig ,,ausmerzende Maßnahmen". Ärzte verbannten ,,weiteste Volkskreise" als ,,asozial", ,,minderwertig" und ,,leistungsuntüchtig" ins „Hinterhaus" der Gesellschaft und rechneten laut dem „Vorderhaus", in das sie sich selbstverständlich selber plazierten, vor, wie teuer die Menschen im „Hinterhaus" wären.

Eugenische Gedanken waren in gesundheitspolitischen Diskussionen der Weimarer Republik weit verbreitet, auch bis in sozialdemokratische, gewerkschaftliche und kirchliche Kreise hinein. Im Prinzip wurde erblichen Ursachen bei der Entstehung und dem Verlauf von Krankheiten ein höherer Stellenwert beigemessen als sozialen. Dies wird deutlich bei Alfred Grotjahn (1869-1931), der heute als theoretischer Begründer der Sozialhygiene und Vorläufer der modernen Sozialmedizin gilt. Grotjahn gehörte zwar zu jenen Ärzten, die nach dem Aufschwung, den die Medizin unter dem Einfluß der Naturwissenschaften in der zweiten Hälfte des 19. Jahrhunderts gemacht hatte, soziale Ursachen um Krankheiten hervorhob und damit an Ausführungen des Arztes Rudolf Virchow von 1849 anknüpfte. Trotzdem forderte auch der Sozialdemokrat Grotjahn in der Weimarer Republik das eingehende Studium der Erblichkeit mit folgender Begründung: „Der erste Grund liegt darin, daß man beim Studium der sozialen Einflüsse regelmäßig auf einen Punkt geführt wird, wo Erblichkeit in Frage kommt, da die soziale Umwelt sehr häufig erst durch das Mittel der allgemeinen Körperkonstitution wirkt und diese ja hauptsächlich durch die erblich überkommene Veranlagung bedingt ist. Der zweite Grund liegt darin, daß ein genaueres Bestimmen der Bedingtheit eines krankhaften Zustandes durch die Heredität uns die Verschleuderung von Mitteln, mit denen wir eine baldige Heilung zu erzielen hoffen, erspart. Denn wenn wir erst mit Sicherheit die hoffnungslos Belasteten erkennen können, so werden wir an sie z. B. nicht mehr eine vorbeugende Heilbehandlung verschwenden, sondern solche Kranke besser gleich einer dauernden Asylpflege zuführen. Am wichtigsten aber erscheint ein dritter Gesichtspunkt: Sozialpathologie betreiben heißt nicht nur Bedingtheit der Krankheiten durch soziale Einflüsse ermitteln und darstellen, sondern auch die Beeinflussung sozialer Zustände durch Krankheit. Und bei dieser Untersuchung zeigt sich, daß häufig gerade diese Krankheiten, die die

Menschen in ihren gesellschaftlichen Beziehungen stark beeinflussen, nicht auf die soziale Umwelt, sondern auf erbliche Ursachen zurückzuführen sind. Es sei nur an die Geisteskrankheiten und überhaupt an die psychischen Abnormitäten erinnert, die ja in Gestalt der Kriminalität, Vagabundage usw. eine so außerordentliche Bedeutung erlangen."[14]

Ein Schwerpunkt des schriftlichen Lebenswerkes Grotjahns war die Eugenik. Als eugenische Maßnahmen schlug er unter anderem ein Asylprogramm vor, das die „Reinigung der menschlichen Gesellschaft von zur Fortpflanzung ungeeigneten Elementen" zum Ziel hatte. Der Schritt von der „Entartungstheorie" zur Eugenik und zu Teilen der Rassenhygiene war nicht mehr weit – darauf hat der Medizinsoziologe Hans-Ulrich Deppe in der Zeitschrift Demokratisches Gesundheitswesen hingewiesen.[15] Von der „ausmerzenden" Verhütung „minderwertigen" Lebens zu dessen „Vernichtung", wie es nationalsozialistische Ärzte Anfang der dreißiger Jahre laut und damit für den, der wollte, hörbar forderten, war der Übergang fließend. In der verachtungsvollen, teilweise geradezu haßerfüllten Sprache, mit der in weiten Kreisen des Bürgertums alles „Asoziale" bedacht wurde, hatten sich die Grenzen längst verwischt.

4. Eine deutsche Arzt-Karriere, Teil 1

Der Gynäkologe Dr. med. Hans Christian Naujoks*, geboren am 2. 9. 1892, steht repräsentativ für viele andere Ärzte, die nahtlos die Einschnitte 1933 und 1945 überstanden haben. Naujoks hatte 1919 – nachdem er am Ersten Weltkrieg als freiwilliger Feldhilfsarzt am östlichen Kriegsschauplatz teilgenommen hatte – Staatsexamen gemacht und habilitierte sich 1925. Ein Schwerpunkt seiner Arbeit waren Versuche zur Röntgensterilisation von Frauen. Eine Methode, von der sich Ärzte anfänglich (bei der ersten Euphorie über Wirkungen von Röntgenstrahlen in der Medizin vielleicht erklärbar) viel versprochen hatten, die

* Die Unterlagen zu den Kapiteln „Eine deutsche Arzt-Karriere" verdanke ich Peter Liebermann, Köln.

aber Anfang der zwanziger Jahre bereits sehr umstritten und von namhaften Gynäkologen abgelehnt worden war – nicht zuletzt deshalb, weil es sich um eine Kastration, also eine Schädigung bis Zerstörung der Keimdrüsen handelte. In der Weimarer Republik durften Ärzte eine Sterilisation nur durchführen, wenn, aus medizinischen Gründen, eine Schwangerschaft Gefahr für das Leben der Frau bedeuten konnte, beispielsweise bei Frauen mit einer Lungentuberkulose. Trotzdem erschien 1923 in der Zeitschrift für Geburtshilfe und Gynäkologie eine Arbeit „Die temporäre Sterilisierung durch Röntgenstrahlen" von dem damals 31jährigen Naujoks, aus der hervorging, daß Frauen auch zu Versuchszwecken sterilisiert worden waren.

Naujoks, der 1923 noch als Assistenzarzt in der Universitäts-Frauenklinik in Königsberg arbeitete, schrieb jedenfalls: „Um die Wirkung der Röntgenstrahlen auf das Ovarium am eigenen Material studieren zu können, habe ich sämtliche an unserer Klinik in den letzten 9 Jahren bestrahlten Fälle zusammengestellt, bei denen eine Ausschaltung der funktionierenden Eierstöcke beabsichtigt war." „Ovarium", „Material", „Fälle", „Ausschaltung der Eierstöcke" – irgendwann erst erfuhr man aus dieser wissenschaftlichen Publikation, daß es hier um Frauen ging, um 86 Frauen im Alter von 17 bis 45 Jahren: „Die Indikation für die Ovarialbestrahlung bildeten in diesen Fällen – abgesehen von schweren internen Erkrankungen, die zur Sterilisierung zwangen – Myome, Endometritiden, juvenile Menorrhagien, klimakterische Blutungen; es sollte eben an einem möglichst großen Material der Effekt der Röntgenovarialbestrahlung nachgewiesen werden." – Mit anderen Worten: Die meisten der hier aufgezählten „Indikationen" waren keine, die eine Sterilisation erforderlich gemacht hätten. Die Sprache, in der die Arbeit abgefaßt war, läßt jeden Ansatz eines Mitgefühls für das „Material" vermissen, es fehlt eine *ernsthafte* Diskussion über den moralischen und ethischen Sinn oder Nicht-Sinn dieser Methode, die, bei genauer Betrachtung, ohne Rücksichtnahme auf vorliegende Warnungen von anderen Kollegen, die sich längst strikt dagegen ausgesprochen hatten, weiter propagiert wurde.[16]

1929 schrieb Naujoks, inzwischen Professor und Oberarzt an der Universitätsfrauenklinik in Marburg, der Siegeszug der Röntgenstrahlen sei in der Gynäkologie in der letzten Zeit erheblich gehemmt worden: „Es ist zu einer Unruhe, zu einer Unsicherheit und Uneinigkeit in der Indikationsstellung gekommen, und zwar in der Hauptsache durch die immer lebhafter werdenden Diskussionen über die Gefahren der Nachkommenschaft."[17] Ein Jahr später stellte Naujoks fest: „Junge Frauen werden jetzt kaum noch mit Röntgenstrahlen behandelt. Und gar die Konzeptionsfähigkeit durch die Ovarialbestrahlung für eine begrenzte Zeit auszuschalten, das gilt heute als ein Wagnis. Die Furcht vor der sog. ‚Keimschädigung durch Röntgenstrahlen' ist ganz allgemein, man möchte fast sagen ‚volkstümlich' geworden."[18] 1931 forderte Naujoks trotzdem „die röntgenologische Indikation zur Schwangerschaftsunterbrechung", da man es nicht verantworten könne, „einem Wesen zu weiterer Entwicklung und zum Leben zu verhelfen, dem infolge eines ärztlichen Irrtums das Dasein eines Krüppels oder Idioten bevorsteht".[19]

Diese wenigen Beispiele dürften deutlich zeigen, daß in der Weimarer Republik sehr viel mit Röntgenstrahlen an Frauen, ob schwanger oder nicht, herumexperimentiert worden ist, anders lassen sich zahllose weitere Arbeiten, auf die sich Naujoks zusätzlich zu seinen beruft, nicht erklären. Auf der Tagung der Deutschen Gynäkologen in Frankfurt 1931 war bereits das „nicht ganz seltene Mißgeschick" erwähnt worden, daß schwangere Frauen bestrahlt worden seien und daß man dann eben notfalls, „nicht ganz legal, eine Abtreibung habe anschließen müssen". Eine solche Einstellung ist, von ihren frauenfeindlichen Aspekten einmal abgesehen, nur damit erklärbar, daß Ärzte Patienten nicht als gleichberechtigte Partner mit einem Recht auf Mitsprache und auf Selbstbestimmung über den eigenen Körper betrachteten. Patienten waren für manche Ärzte „Material", mit dem man nach Belieben verfahren konnte.

II. Das erste Halbjahr der „neuen Zeit" 1933

1. *„Mit besserer Aussicht auf Erfolg"*

Die Ärzteschaft im Deutschen Reich befaßte sich zu Beginn des Jahres 1933, über den tagespolitischen Ereignissen stehend, mit den alten „Schicksalsfragen". Sie diskutierte in den Standesblättern über die Sozialversicherung und forderte eine Reichsärzteordnung sowie eine Reichsärztekammer mit Zwangsmitgliedschaft für alle Ärzte. Aber auch eugenische Fragen nahmen nach wie vor einen breiten Raum ein. Nummer 2 des Deutschen Ärzteblattes veröffentlichte am 12. Januar 1933 auf Seite 1 das wiederholt angekündigte Preisausschreiben des Deutschen Ärztevereinsbundes: „Auf welchem Wege können sich praktizierende Ärzte an erbbiologischer und eugenischer Forschung oder Materialbeschaffung beteiligen?"

Am 2. März 1933 – Adolf Hitler war am 30. Januar von Hindenburg zum Reichskanzler ernannt worden, und der Reichstag hatte in der Nacht vom 27. Februar gebrannt – diskutierte die Ärzteschaft in ihrem Standesblatt auf der ersten Seite erneut über eugenische Sterilisierung. Der bekannte Gynäkologe Professor L. Seitz aus Frankfurt lobte ausdrücklich die Aufklärungsarbeit und die Aktivitäten der Standesorganisationen zu diesem Thema und erläuterte eingehend den Gesetzentwurf über eugenische Sterilisierung, der Ende 1932 im Preußischen Landesgesundheitsrat erarbeitet worden war. Der § 1 hieß: „Eine Person, die an erblicher Geisteskrankheit, erblicher Geistesschwäche, erblicher Epilepsie oder an einer sonstigen Erbkrankheit leidet, oder Träger krankhafter erblicher Anlagen ist, kann operativ sterilisiert werden, *wenn sie einwilligt* (Hervorhebung R. J.) und nach der Lehre der ärztlichen Wissenschaft bei ihren Nachkommen mit großer Wahrscheinlichkeit schwere körperliche oder geistige Erbschäden vorauszusehen sind"

Deutsches Ärzteblatt

vormals Ärztliches Vereinsblatt für Deutschland

Zeitschrift des Deutschen Ärztevereinsbundes (E. V.)

Mitteilungsblatt der Vereinigung der Deutschen Ärztekammern und des Ausschusses der Preußischen Ärztekammern.

Schriftleitung: San.-Rat Dr. Vollmann, Berlin-Schöneberg, Innsbrucker Str. 1. Fernspr.: Stephan 3984.

Herausgegeben im Auftrage des Geschäftsausschusses durch den Generalsekretär des Deutschen Ärztevereinsbundes (E. V.) Dr. Schneider, Potsdam, Schützenstr. 10. Geschäftsstelle des Deutschen Ärztevereinsbundes: Potsdam, Schützenstraße 10. Fernsprecher: Potsdam 2760. Postscheck: Deutscher Ärztevereinsbund Berlin 142345.

Das „Deutsche Ärzteblatt" erscheint wöchentlich. Der Bezugspreis beträgt 1 Goldmark monatlich ausschließlich Postgebühr. Es kann nur bei den Postanstalten bestellt werden. Mitglieder von Vereinen, welche dem Deutschen Ärztevereinsbunde angehören, erhalten das Blatt unentgeltlich zugestellt, sobald der jährliche Mitgliederbeitrag vom Verein für sie eingeschickt worden ist. — Beschwerden wegen nicht erhaltener Nummern ausschließlich bei der Postanstalt, der die Zustellung des Blattes obliegt. Nachricht an den Verlag erst nach erfolgloser Reklamation bei der Post. Anzeigenannahme und Auskunft über Insertionsbedingungen durch den

Verlag des Deutschen Ärztevereinsbundes E. V., Potsdam, Kaiser-Wilhelm-Str. 52, Fernruf: Potsdam 4111.

62. Jahrgang **12. Januar 1933 / Nummer 2**

INHALT:

Preisausschreiben des Deutschen Ärztevereinsbundes.

Im Laufe der letzten Jahre ist das Problem der Eugenik mehr und mehr in den Vordergrund getreten. Während noch auf dem Leipziger Ärztetag, als über die Bekämpfung der Abtreibungsseuche beraten wurde, ausdrücklich der Leitsatz 6 zum Ausdruck brachte, daß die sog. „eugenische Indikation" sich auf einem ärztlich-biologischen Fragengebiet bewege, dessen Forschungsergebnisse noch zu dürftig seien, um dem praktischen Handeln als Stütze zu dienen, hat die Forschung der letzten Jahre die Grundfrage soweit geklärt, daß die Behandlung des Themas heute gerechtfertigt erscheint. Um auch die freipraktizierende Ärzteschaft zu intensiverer Mitarbeit zu veranlassen, hat sich der DÄVB. entschlossen, ein Preisausschreiben zu veranstalten. Es soll folgende Aufgabe bearbeitet werden:

Auf welchem Wege können sich praktizierende Ärzte an erbbiologischer und eugenischer Forschung oder Materialbeschaffung beteiligen?

Die Beteiligung steht den Mitgliedern aller Bundesvereine offen, jedoch sollen beamtete und solche Ärzte, die keine freie Praxis ausüben, von der Beteiligung an dem Wettbewerb ausgeschlossen sein, wenn sie haupt- oder nebenamtlich eugenische Fragen bearbeiten.

Der Hauptwert ist auf die Untersuchung der Frage zu legen, wie künftig eine Gewähr dafür geboten werden könnte, daß erbbiologische Erfahrungen in einwandfreier, nachprüfbarer Systematik festgehalten und an geeignete Stellen weitergeleitet werden. Zur Erläuterung der dabei einzuschlagenden Wege ist es erwünscht, daß aus der eigenen Erfahrung und Praxis gewonnene, anderweitig noch nicht veröffentlichte Beispiele mitgeteilt werden.

Daneben steht es frei, Vorschläge zu machen, in welcher Weise das Interesse der freipraktizierenden Ärzteschaft speziell in bäuerlichen Gegenden, die für die Erforschung größerer Stammbäume besonders geeignet erscheinen, im Sinne der Beschäftigung mit erbbiologischen Fragen geweckt werden soll.

Schließlich wäre zu prüfen, inwieweit die Vertiefung erbbiologischer Kenntnisse den praktizierenden Arzt in seiner Tätigkeit als Gutachter und Sachwalter von Versicherungsträgern zu fördern geeignet wäre.

Bewerber müssen ihre Arbeiten, die einen Umfang von 30 Schreibmaschinenseiten nicht überschreiten dürfen, bis zum 31. März 1933 an die Hauptgeschäftsstelle des Deutschen Ärztevereinsbundes einsenden. Sie müssen im verschlossenen Kuvert gesandt werden, das die Aufschrift „Preisausschreiben", ein besonderes Kennwort und die Anschrift des Kollegen (Name und Wohnort) tragen muß. Auf der Arbeit selbst darf der Name des Verfassers nicht angegeben werden; doch muß sie das gleiche Kennwort führen.

Für die drei besten Arbeiten werden Preise in Höhe von je 500, 300 und 200 Mark ausgesetzt. Die preisgekrönten Arbeiten gehen in den Besitz des Bundes über, der sie in zweckmäßiger Weise verwerten darf. Die Verkündung des Ergebnisses des Preisausschreibens erfolgt auf dem nächsten Ärztetag.

Das Preisrichterkollegium wird gebildet durch die Herren: Prof. Eichelberg-Hedemünden, Prof. Eugen Fischer-Berlin, Dr. Hartmann-Leipzig, Prof Muckermann-Berlin, Min.-Rat Dr. Ostermann-Berlin, Dr. Reichert, Leipzig.

Die Hauptgeschäftsstelle: Dr. Schneider.

Zeit- und Streitfragen.

Vordringliche Zeitfragen im öffentlichen Gesundheitswesen.

Von Dr. Bundt, Oberregierungs- und Medizinalrat i. R., Stettin.

Es gibt heute im öffentlichen Gesundheitswesen eine Reihe eifrig umstrittener Fragen, von denen hier nur die dringendsten und auch diese nur in gedrängter Kürze besprochen werden können. Sie müssen um so mehr die Aufmerksamkeit der deutschen Ärzteschaft erregen, als diese gerade in den letzten Jahren mehr als je erkannt hat, wie

(DÄB 62 [1933], 89-90). Die Einwilligung des Betreffenden war also noch vorgesehen.

Am 12. März 1933 traf sich der Vorstand des Deutschen Ärztevereinsbundes zu einer seiner regelmäßigen Sitzungen. Anwesend waren wie gewöhnlich zahlreiche langjährige Funktionäre: Stauder, Schneider, de Bary, Brons, Eichelberg, Vollmann, Walder, Haedenkamp, Reichert, Lautsch. Mehr nebenbei kam auch wieder einmal die Reichsärzteordnung zur Sprache: „Im Hinblick auf die veränderte politische Lage wird die Verwirklichung der Deutschen Ärzteordnung nunmehr mit besserer Aussicht auf Erfolg betrieben werden können." Mit dieser optimistischen Einschätzung erwähnte das Standesblatt am 23. März 1933 erstmals, daß sich die politische Lage verändert hatte. Eine Woche später mußte die am 30. Januar 1889 in Kiel geborene Ärztin Käte Frankenthal das nationalsozialistisch gewordene Deutsche Reich von einem Tag auf den anderen verlassen. Ihre überstürzte Flucht aus Berlin hatte mehrere Gründe, die sie 1940 in den USA so formuliert hat: „Ich bin eine jüdische, intellektuelle Sozialistin, dreifacher Fluch."[1]

Käte Frankenthal war im Vorstand des 1924 gegründeten Vereins sozialistischer Ärzte, der im Deutschen Reich am Ende der Weimarer Republik rund 1500 Mitglieder hatte und die Zeitschrift Der sozialistische Arzt herausgab. Käte Frankenthal war als SPD-Mitglied (vor ihrem Parteiaustritt aus Protest gegen die Tolerierungspolitik der Brüningschen Notverordnungen) Abgeordnete im Preußischen Landtag sowie im Berliner Stadtrat und Stadträtin in Berlin-Neukölln. Sie arbeitete als Fürsorgeärztin, sprach sich laut und vernehmbar gegen den § 218 aus, der vor allem die armen Frauen traf, und trat dafür ein, daß in den Berliner Eheberatungsstellen kostenlos empfängnisverhütende Mittel erhältlich sein sollten. Für Käte Frankenthal also war im juden-, intellektuellen-, linken- und frauenfeindlichen Nazi-Deutschland kein Bleiben mehr.

Am 30. März 1933, an dem Tag, an dem die Ärztin sich auf die Flucht machen mußte, hatte sich für die ärztlichen Spitzenverbände die Lage wohl hinreichend stabilisiert. An diesem Tag jedenfalls veröffentlichte das Deutsche Ärzteblatt (und zwei

Tage später die Ärztlichen Mitteilungen) auf ihren ersten Seiten – nach einer kommentarlosen Mitteilung der Geschäftsstelle, daß Herr Kollege Vollmann gebeten habe, ihn von der Schriftleitung zu beurlauben – Glückwunschtelegramme des gemeinsamen Vorsitzenden der Standesorganisationen an Hindenburg und Hitler. Das Telegramm Stauders an Hitler hieß im Wortlaut: „An den Herrn Reichskanzler Adolf Hitler, Berlin. Die ärztlichen Spitzenverbände Deutschlands, Ärztevereinsbund und Verband der Ärzte Deutschlands, begrüßen freudigst den entschlossenen Willen der Reichsregierung der nationalen Erhebung, eine wahre Volksgemeinschaft aller Stände, Berufe und Klassen aufzubauen und stellen sich freudigst in den Dienst dieser großen vaterländischen Aufgabe mit dem Gelöbnis treuester Pflichterfüllung als Diener der Volksgesundheit. Geheimrat Dr. Stauder, Nürnberg."

Ferner wurde der Ärzteschaft mitgeteilt, daß die außerordentlichen Ereignisse dieser Wochen auch an den großen ärztlichen Standesorganisationen nicht spurlos vorübergegangen seien. In allen Teilen des Reiches werde „stürmisch die Forderung nach Änderungen in der Zusammensetzung der Vorstände erhoben, soweit sie mit dem politischen und weltanschaulichen Willen der überwiegenden Mehrheit des deutschen Volkes und der deutschen Ärzteschaft nicht in Einklang stehen". Diese Änderung aber sei nur dann „reibungslos und ohne Gefährdung des mühevoll errungenen Aufbaus der ärztlichen Spitzenorganisationen möglich, wenn dabei alle Differenzen zwischen örtlichen Gliederungen und der Leitung vermieden werden". Die Vorstände der Spitzenorganisationen hätten sich den Notwendigkeiten nicht verschließen können und in Nürnberg am 24. März 1933 folgender Vereinbarung zugestimmt: „Dr. med. Gerhard Wagner, München, 1. Vorsitzender des Nationalsozialistischen Deutschen Ärztebundes, wird mit dem heutigen Tage Kommissar der beiden Spitzenverbände. Die Vorstände und die Geschäftsführung bleiben im Amt und führen in vertrauensvoller Zusammenarbeit mit Dr. Wagner ihre Geschäfte weiter." Es folgte ein knapper Aufruf „Deutsche Ärzte! Kollegen!" des neuen Kommissars, der „alle deutschen Ärzte um treue Mitarbeit zum Wohl des Volkes und des Vaterlandes“ bat. Anschließend kommentierte in den Ärztlichen Mitteilungen Karl Haedenkamp als langjähriger Schriftleiter des Blattes die Ereignisse und rechnete gründlich mit der vergangenen Zeit ab und mit dem am 2. Juli 1868 in Posen geborenen, jüdischen, sozialdemokratischen Arzt Julius Moses, Herausgeber der Zeitschrift Der Kassenarzt und Repräsentant der Arbeitsgemeinschaft sozialdemokratischer Ärzte, Reichstagsabgeordneter und Mitglied im Reichsgesundheitsrat. Diesen, in der Weimarer Republik sehr bekannten Arzt, der vielfältig Kritik an der Ärzteschaft geübt und vor dem drohenden Faschismus gewarnt hatte, griff sich der Funktionär nun stellvertretend für alle heraus, die es vor der nationalsozialistischen Wende gewagt hatten, die deutsche Ärzteschaft zu kritisieren und/oder links zu sein. Für ein Mitglied des Ärztestandes gab es schon damals kaum etwas Unverzeihlicheres, als jenes zu tun und/oder dieses zu sein.

Die Abrechnung

In den Ärztlichen Mitteilungen vom 1. April 1933 schrieb Haedenkamp, ärztlicher Spitzenfunktionär in der Weimarer Republik, im „Dritten Reich“ und in der Bundesrepublik Deutschland, bis 1928 Reichstagsabgeordneter der Deutschnationalen Volkspartei, 1929 wahrscheinlich schon Mitglied der NSDAP[2]: „Der Kampf für die Lebensrechte des ärztlichen Standes wurde uns aufgezwungen durch das Entstehen der Krankenversicherung, die das richtige Verhältnis zur ärztlichen Berufsgemeinschaft nicht fand, die Jahrzehnte hindurch die menschliche Beziehung zwischen Kassenarzt und Versicherten vernachlässigte und ärztliches Wirken unter die Vorherrschaft fiskalischer Gesichtspunkte stellte. Verheerender noch war das Bestreben der sozialistischen Machthaber ... Niemand hat diese Bestrebungen offener enthüllt und kaltblütiger vertreten als jener Dr. *Julius Moses,* der Jahre hindurch und bis auf den heutigen Tag den ärztlichen Stand begeiferte, die Berufsverbände als ‚Hort der Reaktion‘ bei der arbeitenden Bevölkerung zu diskreditieren suchte und alles tat, um das Vertrauen der großen Masse der Versicherten zur Ärzteschaft zu erschüttern. Jener Dr. Moses war und ist für uns das Symbol des zersetzenden Ungeistes, der dem ärztlichen Stand unermeßlichen Schaden zugefügt hat. Seite an Seite mit ihm arbeitete der Verein sozialistischer Ärzte..."

Haedenkamp kam in seiner Generalabrechnung offen auf Vergeltung zu sprechen: „Die Saat, die von denen um Moses gesät wurde, geht jetzt auf. An den Früchten haben Gerechte und Ungerechte zu kauen. Die Vergeltung trifft Schuldige und Unschuldige. Wer von ihr getroffen wird, möge jenen Verächter aller ärztlichen Standes- und Ehrbegriffe anklagen, der sein Leben damit verbracht und seinen politischen Einfluß dazu mißbraucht hat, das Ansehen des Arztes im Volke zu zerstören."

Das Gedächtnis des Funktionärs reichte weit zurück, bis zum „Poliklinikenstreit" Anfang der zwanziger Jahre. Moses habe den „sozialistischen Machthabern die Streikbrecher zur Verfügung gestellt, die bereit waren, den schwer um Existenz und Unabhängigkeit ringenden deutschen Kassenärzten in ihrem gerechten Kampfe in den Rücken zu fallen. Nur der Hilfe dieser Streikbrecher und einer völlig entarteten Berufsauffassung konnte es gelingen, in Berlin die Ambulatorien als Hoch- und Zwingburgen sozialistischer Gesundheitspolitik zu errichten."

Nach seiner Abrechnung mit „denen um Moses" machte Haedenkamp nochmals der deutschen Ärzteschaft deutlich, daß die ärztlichen Spitzenverbände sich zu gemeinsamer Willensbildung und gemeinsamer Arbeit mit der neuen Führung der nationalen Regierung zusammenfinden wollten. Gleichzeitig warnte er Kollegen davor, „ihren Berufsverbänden den Rücken zu kehren. Niemand darf sich dem Vorwurfe der Fahnenflucht aussetzen. Je fester der Zusammenschluß erhalten bleibt, umso stärker wird unsere Bereitschaft zur Mitarbeit im neuen Staate gewürdigt werden, umso leichter wird es dem Arzte gelingen, sich die Anerkennung zu verschaffen, derer er zur Erfüllung seiner Pflichten bedarf. Das Vertrauen, das der Führung der ärztlichen Berufsverbände entgegengebracht wurde, muß mit dem gleichen Vertrauen erwidert werden. Unser Ziel ist die Verwirklichung des ärztlichen Berufsideals in einer neuen nationalen Gemeinschaft, unter Führung und Verantwortung der nationalen Regierung, unter den Fahnen eines neuen Deutschland."

Die „Gleichschaltung"

Der Führung der ärztlichen Spitzenverbände war es ernst mit der Zusammenarbeit mit dem neuen Deutschland! Am 2. April 1933 – in den Tageszeitungen hatten bereits die ersten Boykottaufrufe gegen jüdische Ärzte, Rechtsanwälte und Geschäftsleute gestanden – trafen sich die Spitzenfunktionäre beider großer Organisationen mit der Führung des Nationalsozialistischen Deutschen Ärztebundes in Leipzig. Wie üblich eröffnete Geheimrat Stauder die Versammlung und verlas zwei Schreiben des Reichspräsidenten und des Reichskanzlers. Letzterer hatte „gern davon Kenntnis genommen, daß die ärztlichen Spitzenverbände Deutschlands sich freudig in den Dienst der von der Reichsregierung beabsichtigten, vaterländischen Aufgabe stellen".

Anschließend erläuterte Stauder den versammelten Funktionären, daß die politische Umwälzung die Führung der ärztlichen Spitzenverbände bereits am 21. März 1933 veranlaßt habe, in kleinstem Kreis Fühlung mit dem Nationalsozialistischen Deutschen Ärztebund zu nehmen. Am 23. und 24. März sei es dann zu der längeren Aussprache in Nürnberg gekommen, deren Ergebnis die bereits bekannte „Gleichschaltung" mit dem Nationalsozialistischen Deutschen Ärztebund gewesen sei. Kernstück der Nürnberger Vereinbarung sei die vertrauensvolle Zusammenarbeit, zu der sich alle Beteiligten bekannt hätten.

Als erster gemeinsamer Beschluß sei die Aufforderung an die Ärztevereine ergangen, „jüdische und solche Kollegen, die sich der neuen Ordnung innerlich nicht anschließen können, zur Niederlegung ihrer Ämter in Vorständen und Ausschüssen zu veranlassen". Daß dies unumgänglich gewesen sei, habe die politische Entwicklung der letzten Tage bewiesen. Ihm selbst,

Stauder, sei die Entscheidung nicht leicht gewesen, da er bisher als Sachverwalter der gesamten Ärzteschaft gegolten habe. Man sei nun aber gezwungen, neue Wege zu beschreiten (dabei mochte Stauder auch an den jüdischen Kollegen Vollmann gedacht haben, der 17 Jahre lang Schriftleiter des Deutschen Ärzteblattes gewesen war, und nun, nach Anbruch der neuen Zeit, sofort hatte gehen müssen). Als weitere Maßnahme dieses Treffens sei daher auch bereits dem Reichsarbeitsministerium die dringende Bitte der nationalsozialistischen Ärzteschaft übermittelt worden, jüdische und marxistische Vertrauensärzte auszuschalten (DÄB 62 [1933], 142).

Anschließend beklagte sich Stauder beim Kommissar Wagner über einen von Wagner unterzeichneten Aufruf des Nationalsozialistischen Deutschen Ärztebundes, der am 22. März im Völkischen Beobachter erschienen war. Dort hatte Wagner unter anderem geschrieben: „Jüdische Dozenten beherrschen die Lehrstühle der Medizin, entseelen die Heilkunst und haben Generation um Generation der jungen Ärzte mit mechanischem Geist durchtränkt. Jüdische ‚Kollegen' setzten sich an die Spitze der Standesvereine und der Ärztekammern; sie verfälschten den ärztlichen Ehrbegriff und untergruben arteigene Ethik und Moral. Jüdische ‚Kollegen' wurden in der Standespolitik maßgebend; ihnen verdanken wir, daß händlerischer Geist und unwürdige geschäftliche Einstellung sich immer mehr in unseren Reihen breitmachen.

Und das Ende dieser grauenhaften Entwicklung ist die wirtschaftliche Verelendung, das Absinken unseres Ansehens im Volk und der immer geringer werdende Einfluß bei Staat und Behörden." Jüdische „Kollegen" in der ärztlichen Führung hätten sich „allen Wünschen der deutschen Ärzteschaft jahrelang widersetzt, aber vor den geistesverwandten Krankenkassenbonzen gekuscht – und wir haben es geduldet: Sie haben sich gegen jede deutsche Regung in unseren Reihen gewehrt, aber gegen jeden marxistischen Wunsch und jede jüdische Anmaßung waren sie gefügig – und wir haben es geduldet! Sie möchten sich auch heute noch dem neuen Geist der Nation widersetzen – aber nun dulden wir es nicht mehr. Es geht nicht an, daß der ärztliche Stand mitten in einem deutschen Deutschland eine jüdisch-freimaurerische Enklave bildet!“[3]

Dieser Aufruf im Völkischen Beobachter hatte also, wie Stauder auf der Sitzung am 2. April 1933 meinte, recht starke Worte gegen die ärztliche Führung enthalten, die diese als ungerecht empfand. Deshalb betonte der Spitzenfunktionär wieder einmal, daß es der Führung der ärztlichen Spitzenverbände niemals an der Absicht gefehlt habe, „in deutschem Geiste zu handeln“. Hierfür legten die deutschen Ärztetage und seine Reden als Vorsitzender Zeugnis ab. Natürlich gehe das Vaterland vor die Interessen der Ärzteschaft, deshalb sei verständlich, daß im gegenwärtigen Zeitpunkt kleinliche wirtschaftliche Forderungen nicht erhoben werden könnten. Das nächste Ziel sei die Schaffung einer Einheitsorganisation, die jetzt mit allen Kräften betrieben werden müsse.

Nach Stauder ergriff Kollege Wagner das Wort. Er dankte Stauder und den Vorständen, daß es möglich gewesen war, sich „kollegialiter“ zu einigen, und er bescheinigte Stauder, daß im Völkischen Beobachter in der Tat harte Worte gefallen seien und die ärztliche Führung vielleicht zu Unrecht angegriffen worden wäre. Erklärend meinte nun Wagner vor den Spitzenfunktionären, es habe sich um einen politischen Aufruf gehandelt, in dem bewiesen werden mußte, daß „nationalsozialistische Ärzte Revolutionäre sind, und nicht um Geldbeutelinteressen, sondern um ideeller Ziele willen in der Bewegung kämpfen“.

Nachdem diese kleine Unstimmigkeit ebenfalls „kollegialiter“ aus dem Wege geräumt war, redete der Kommissar vor den versammelten, langjährigen Spitzenfunktionären ganz offen: „Die Entfernung von Juden und Marxisten aus den Vorständen und Ausschüssen hat sich ohne Schwierigkeiten erreichen lassen und ist im allgemeinen durchgeführt ... Der Reichsausschuß für Ärzte und Krankenkassen muß neu besetzt und Richtlinien für die Zulassung herausgegeben werden, auf Grund deren Juden nicht mehr Kassenärzte werden können. Was aus den bisher tätigen jüdischen Kassenärzten werden soll, ist noch ungewiß. Grundsätzlich stehen die nationalsozialistischen Ärzte auf dem Standpunkt, daß Deutsche nur durch Deutsche behandelt werden sollen. Bei der Verwirklichung dieses Gedankens ist man jedoch an Recht und Gesetz gebunden und es muß abgewartet werden, welche allgemeinen gesetzlichen Maßnahmen in der Judenfrage getroffen werden" (DÄB 62 [1933], 142).

Die Spitzenfunktionäre beim Reichskanzler

Bereits drei Tage nach dieser Sitzung, am 5. April 1933, empfing der Reichskanzler Adolf Hitler persönlich die Vertreter der Ärzteschaft unter Führung von Geheimrat Stauder. Dieser dankte dem Kanzler für den Empfang und bekundete erneut das bereits „am großen Tage von Potsdam abgegebene Gelöbnis freudiger Entschlossenheit der Ärzteschaft, dem Aufruf zur Bildung einer wahren Volksgemeinschaft im Sinne der nationalen Erhebung mit ganzer Kraft zu folgen". Dieses Bekenntnis könne die Ärzteschaft umso freudiger geben, als der größte Teil aller Ärzte persönlich am großen Kriege teilgenommen und weit mehr als tausend Ärzte auf dem Felde der Ehre ihr Leben gelassen hätten. In all den vergangenen Jahren mit ihrem ständigen Wechsel habe die ärztliche Führung ihren Charakter als deutsche Ärzteschaft zu wahren gewußt. Die Ärztetage von Danzig, Essen, Kolberg, Köln und Hannover seien Höhepunkte nationalen Wollens gewesen. Die Ärzteschaft erbitte deshalb die Hilfe der Reichsregierung bei ihrem Bestreben nach einer Reichsärzteordnung und sei dafür „entschlossen, in ihren eigenen Reihen Ordnung und Dienstbereitschaft zu erhalten, Mißstände zu beseitigen und das Vertrauen des Volkes zu erringen und zu befestigen".

Der Reichskanzler Adolf Hitler erläuterte den Führern der deutschen Ärzteschaft ausführlich seinen Standpunkt und seine Absichten, das Volk und namentlich die intellektuellen Schichten von „fremdstämmigen Einfluß und rassenfremder Durchsetzung" zu reinigen. Sowohl über das Deutsche Ärzteblatt als auch über die Ärztlichen Mitteilungen, jeweils auf der ersten Seite, legte der Führer den Ärzten im Dritten Reich ans Herz, was er den Spitzenfunktionären gesagt hatte: „Durch baldige

Ausmerzung der Überzahl jüdischer Intellektueller aus dem Kultur- und Geistesleben Deutschlands muß man dem natürlichen Anspruch Deutschlands auf arteigene geistige Führung gerecht werden. Die größten Leistungen des geistigen Lebens sind niemals von Rassenfremden, sondern von den Trägern arischer und deutscher Geisteskräfte vollbracht worden." Adolf Hitler erkannte die Not an, die im ärztlichen Stande, insbesondere unter der ärztlichen Jugend herrsche: „Gerade dieser deutschen Jugend müssen Lebensraum und Arbeitsmöglichkeiten durch eine tatkräftige Zurückdrängung fremdrassiger Elemente geschaffen werden. Die Förderung der geistigen Berufe hängt ab von deren Mitarbeit an dem Aufbau eines autoritären, gereinigten deutschen Staatswesens. Die rassenhygienische Reinigungsarbeit, die jetzt geleistet wird, wirkt sich vielleicht erst in Jahrhunderten aus. Es handelt sich heute darum, ein festes Fundament für die künftige völkische Entwicklung aufzurichten. Die deutsche Ärzteschaft ist dazu berufen, an diesem Werke durch wissenschaftliche Forschung, durch weitgehende Aufklärung des Volkes und durch ihr praktisches Wirken mitzuarbeiten" (DÄB 62 [1933], 153–154).

2. *Die „Ausschaltung" derer um Moses*

Ärztliche Standesorganisationen gingen zuerst einmal gemeinsam mit den neuen Machthabern „tatkräftig" und sehr schnell an die „Zurückdrängung fremdrassiger Elemente", wie es ja bereits 1930 in den Ärztlichen Mitteilungen geheißen hatte (s. S. 31). Am 7. April 1933 wurde das „Gesetz zur Wiederherstellung des Berufsbeamtentums" verabschiedet, mit dessen Hilfe Beamte wegen angeblicher kommunistischer Betätigung und/oder aus rassischen Gründen entlassen werden konnten. Im Bereich der Medizin betraf das neben zahlreichen nichtärztlichen Angestellten in Krankenkassen und Gesundheitseinrichtungen beispielsweise angestellte Ärzte in Krankenhäusern, Fürsorgeeinrichtungen und Ambulatorien, Vertrauensärzte der Krankenkassen oder Hochschullehrer an den Universitäten, um

Deutsches Ärzteblatt

vormals Ärztliches Vereinsblatt für Deutschland

Zeitschrift des Deutschen Ärztevereinsbundes (E. V.)

Mitteilungsblatt der Vereinigung der Deutschen Ärztekammern und des Ausschusses der Preußischen Ärztekammern.

Schriftleitung i. V.: Dr. med. Dr. rer. pol. Walder, Potsdam, Schützenstr. 10, Fernspr. Potsdam 2760.

Herausgegeben im Auftrage des Geschäftsausschusses durch den Generalsekretär des Deutschen Ärztevereinsbundes (E. V.) Dr. Schneider, Potsdam, Schützenstr. 10. Geschäftsstelle des Deutschen Ärztevereinsbundes: Potsdam, Schützenstraße 10. Fernsprecher: Potsdam 2760. Postscheck: Deutscher Ärztevereinsbund Berlin 142345.

Das „Deutsche Ärzteblatt" erscheint wöchentlich. Der Bezugspreis beträgt 1 Goldmark monatlich ausschließlich Postgebühr. Es kann nur bei den Postanstalten bestellt werden. Mitglieder von Vereinen, die dem Deutschen Ärztevereinsbund angehören, erhalten das Blatt unentgeltlich, sobald der Verein den jährlichen Mitgliederbeitrag für sie eingeschickt hat. Beschwerden wegen nicht erhaltener Nummern nur bei der Postanstalt, der die Zustellung des Blattes obliegt. Nachricht an den Verlag erst nach erfolgloser Anfrage bei der Post. Annahme von Anzeigen und Auskunft über Anzeige- und Beilage-Bedingungen durch den

Verlag des Deutschen Ärztevereinsbundes E. V., Potsdam, Kaiser-Wilhelm-Str. 52, Fernruf: Potsdam 4111.

62. Jahrgang — **13. April 1933 / Nummer 15**

INHALT:

Mitteilungen der Geschäftsstelle.

Infolge der allgemeinen Lage muß der Ärztetag voraussichtlich bis zum September vertagt werden. Nähere Mitteilungen ergehen später.

Dr. Schneider.

Die Vertreter der Ärzteschaft beim Reichskanzler.

Reichskanzler Adolf Hitler berief am 5. April 1933 den Kommissar der ärztlichen Spitzenverbände Dr. Wagner zur Berichterstattung über die Gleichschaltung der Ärzteschaft. Danach empfing er Vertreter der Vorstände unter Führung von Geheimrat Dr. Stauder, Nürnberg. Geheimrat Dr. Stauder dankte dem Reichskanzler für den Empfang der ärztlichen Führer. Die Ärzteschaft bekunde erneut das bereits am großen Tage von Potsdam abgegebene Gelöbnis freudigster Entschlossenheit, dem Aufrufe zur Bildung einer wahren Volksgemeinschaft im Sinne der nationalen Erhebung mit ganzer Kraft zu folgen. Dieses Bekenntnis könne sie um so freudiger geben, als der größte Teil aller Ärzte persönlich am großen Kriege teilgenommen habe und weil mehr als tausend Ärzte auf dem Feld der Ehre ihr Leben ließen. In all den vergangenen Jahren mit ihrem ständigen Wechsel habe die ärztliche Führung stets ihren Charakter als deutsche Ärzteschaft zu wahren gewußt, die Ärztetage von Danzig, Essen, Kolberg, Köln und Hannover seien Höhepunkte nationalen Wollens gewesen. Die Ärzteschaft habe zweimal durch eigene Opfer und Verzichte die deutsche Sozialversicherung vor dem Zusammenbruch gerettet. Sie habe ein Beispiel zu geben versucht, wie ein Stand die Arbeitslosigkeit in den eigenen Reihen mildern könne durch Angleichung der Vergütungen an die im steten Sinken befindlichen Durchschnittseinkommen der arbeitenden Bevölkerung. Leider sei das Ziel der Schaffung einer Reichsärzteordnung und einer einheitlichen bevölkerungs- und gesundheitspolitischen Gesetzgebung bisher nicht erreicht worden.

Die Ärzteschaft sei entschlossen, in ihren eigenen Reihen Ordnung und Dienstbereitschaft zu erhalten, Mißstände zu beseitigen und das Vertrauen des Volkes zu erringen und zu befestigen.

Geheimrat Stauder erbat die Hilfe der Reichsregierung, dieses Ziel zu erreichen. Dieser Unterstützung sei die Ärzteschaft um so gewisser, als die ärztlichen Verbände durch eine freiwillige Vereinbarung den Führer des Nationalsozialistischen Deutschen Ärztebundes Dr. Wagner zum Kommissar beider ärztlicher Spitzenverbände eingesetzt hätten.

Reichskanzler Adolf Hitler erwiderte mit einer sehr ausführlichen Darlegung seines Standpunktes und seiner Absichten zur Reinigung des Volkes und namentlich der intellektuellen Schichten von fremdstämmigem Einfluß und rassenfremder Durchsetzung. Er betonte, daß man durch baldige Ausmerzung der Überzahl jüdischer Intellektueller aus dem Kultur- und Geistesleben Deutschlands dem natürlichen Anspruch Deutschlands auf arteigene geistige Führung gerecht werden müsse. Die größten Leistungen des geistigen Lebens seien niemals von Rassefremden, sondern von den Trägern arischer und deutscher Geisteskräfte vollbracht worden. Bei der Begrenztheit des Lebensraumes der deutschen Geistesarbeit und ihrer Träger hätten die eigenen Volksgenossen ein natürliches moralisches Anrecht auf Vorrang und Bevorzugung. Die Zulassung eines im Verhältnis zum Volksganzen zu großen Anteils Fremdstämmiger würde als Anerkennung der geistigen Überlegenheit anderer Rassen gedeutet werden können, die mit aller Entschiedenheit abzulehnen sei.

Amerika, das vor anderen Ländern zum Träger einer starken Gegenbewegung geworden sei, habe am allerwenigsten zu einer solchen Abwehr Veranlassung. Das amerikanische Volk habe zuerst aus der Verschiedenwertigkeit und Unterschied-

nur einige Entlassungsmöglichkeiten zu nennen. Ausnahmeregelungen gab es anfänglich noch auf Wunsch Hindenburgs[4] für Frontkämpfer und Beamte, deren Väter oder Söhne im ersten Weltkrieg gefallen und für Beamte, die am 1. August 1914 bereits im Dienst gewesen waren.

In der Folgezeit veröffentlichten die Ärztlichen Mitteilungen unter der Rubrik „Persönliches“ nicht nur Berufungen, Habilitationen oder Geburtstage von Kollegen, sondern fein säuberlich auch die Namenslisten der Entlassungen. Am 21. April 1933 sah das so aus:

- Medizinalpraktikantin Käthe Baterau von der Medizinischen Klinik Leipzig ist beurlaubt worden.
- Dr. Bleichröder, Abteilungsdirektor am Hufeland-Hospital Berlin, ist beurlaubt worden.
- Sanitätsrat Dr. Gustav Deidesheimer in Passau wurde in Schutzhaft genommen.
- Oberarzt Dr. Fischer von der Leipziger Augenklinik ist beurlaubt worden.
- Nobelpreisträger Professor Dr. Hans Franck, Ordinarius für Physik in Göttingen, hat den Preußischen Kultusminister um Entbindung von seinen Amtspflichten gebeten.
- Dr. Friedeberger, Geschäftsführer des Berliner Ambulatoriums, wurde in Schutzhaft genommen.
- Stadtmedizinalrat Hagen, Frankfurt am Main, wurde beurlaubt.
- Dr. Kalkstein von der Medizinischen Klinik Leipzig ist beurlaubt worden.
- Dr. Kander, dem die Ohrenklinik am Städtischen Krankenhaus in Karlsruhe unterstand, ist beurlaubt worden.
- Dr. Keißer von der Medizinischen Klinik Leipzig ist beurlaubt worden.
- Dr. Josef Klein, Poliklinik Leipzig, ist beurlaubt worden.
- Dr. Benno Liebermann von der Orthopädischen Klinik Leipzig ist beurlaubt worden.
- Professor Dr. Liepmann, Direktor des Cecilienkrankenhauses Charlottenburg, wurde verhaftet.

- Dr. Mayer, Abteilungsdirektor am Krankenhaus Berlin Urban, ist beurlaubt worden.
- Dr. Nußbaum, Berlin, Hauptgesundheitsamt, wurde beurlaubt.
- Oberarzt Professor Dr. Rosenbaum von der Leipziger Kinderklinik ist beurlaubt worden.
- Dr. Schatski von der Medizinischen Klinik Leipzig ist beurlaubt worden.
- Dr. Schloß von der Medizinischen Klinik Leipzig ist beurlaubt worden.
- Medizinalrat Dr. Schönebeck, früherer Afrikaner, aus Wriezen, wurde verhaftet.
- Professor Dr. Schück, Abteilungsdirektor am Krankenhaus Berlin Urban, ist beurlaubt worden.
- Dr. Wischroff von der Medizinischen Klinik Leipzig ist beurlaubt worden.
- Dr. Wolff, Berlin, Hauptgesundheitsamt, wurde beurlaubt.
- Privatdozent Dr. P. Wolff ist ab 1. April aus der Schriftleitung der Deutschen Medizinischen Wochenschrift ausgeschieden.
- Oberstabsarzt d. L. a. D. Sanitätsrat Dr. Kurt Stocker von Neuforn beging am 5. April seinen 70. Geburtstag in München.

Diese wenigen Beispiele zeigen, daß die „Ausmerzung" „fremdrassiger" und „kommunistischer" „Elemente" eine Vielzahl von Arbeitsplätzen für die deutsche ärztliche Jugend freischaufelte – wie es der Führer den Spitzenfunktionären am 5. April im persönlichen Gespräch ja versprochen hatte.

Am 21. April 1933 war dem Deutschen Ärzteblatt zu entnehmen, daß Dr. Haedenkamp in das Reichsarbeitsministerium berufen worden sei, daneben aber seine Stellung als ständiger Beauftragter der ärztlichen Spitzenverbände und als Schriftleiter der Ärztlichen Mitteilungen beibehalte (DÄB 62 [1933], 182). Eine Woche später war auf der ersten Seite der beiden Standesblätter ein Glückwunschtelegramm der ärztlichen Spitzenverbände zu Führers Geburtstag abgedruckt und anschließend veröffentlichten die Ärztlichen Mitteilungen die „Verordnung über die Zulassung von Ärzten zur Tätigkeit bei den Krankenkassen" vom 22. April 1933. Angelehnt an das „Berufsbeamtengesetz" hieß der Artikel 1 der Verordnung: „Die Tätigkeit von Kassenärzten nicht arischer Abstammung und von Kassenärzten, die sich im kommunistischen Sinne betätigt haben, wird beendet. Neuzulassungen solcher Ärzte zur Tätigkeit bei den Krankenkassen finden nicht mehr statt." Den Hindenburgischen Ausnahmeregelungen entsprechend verschonte die Verordnung Ärzte „nicht arischer Abstammung, deren Väter oder Söhne im Weltkriege gefallen sind" und jüdische Ärzte, „die am Weltkriege teilgenommen haben". Selbstverständlich waren dafür Nachweise erforderlich, „über ihre Kampftätigkeit oder ihre ärztliche Tätigkeit an der Front oder in einem Seuchenlazarett". Auch Ärzte, die bereits seit dem 1. August 1914 niedergelassen waren, konnten zunächst einmal ihre Zulassung behalten. Keinerlei Ausnahmeregelungen gab es allerdings für Ärzte, „die sich im kommunistischen Sinne betätigt haben".

Haedenkamp erläuterte der Ärzteschaft detailliert die Vorschriften und betonte, daß Entscheidungen über die „Ausschaltung" und alle Zulassungsangelegenheiten auf den Verband der Ärzte Deutschlands, sprich Hartmannbund beziehungsweise dessen regionale kassenärztliche Vereinigungen und das Reichsarbeitsministerium übertragen worden seien. Erste Instanz seien die kassenärztlichen Vereinigungen. Die vom Zulassungsentzug bedrohten Ärzte hätten zwar das Recht auf Beschwerde beim Reichsarbeitsminister, müßten aber ihre Beschwerde an den Vorstand des Hartmannbundes richten. „Unbegründete Beschwerde einzulegen ist natürlich zwecklos" erklärte Haedenkamp. Bei der Nachprüfung der Beschwerde werde sich der Vorstand des Hartmannbundes „in Fällen, in denen die arische Abstammung zweifelhaft ist, einer im Reichsarbeitsministerium befindlichen Stelle bedienen, bei der mehrere hunderttausend Stammbäume verzeichnet sind". Mit anderen Worten: die bürokratischen „Vorarbeiten" für die „Ausschaltung" jüdischer Menschen aus rassistischen Gründen müssen schon einige Zeit vor 1933 angelaufen sein!

Der Funktionär mahnte die Kollegen zur Eile. Alle Termine für die Erledigung der einzelnen Stufen seien auf das pünktlichste einzuhalten, da bereits zum 30. Juni 1933 alle Verfahren beendet sein sollten. Der Vorstand des Hartmannbundes werde daher mit geeigneten Formblättern und Fragebogen das gesamte Verfahren möglichst vereinfachen: „Insbesondere würde es unzweckmäßig sein und die Durchführung des Verfahrens außerordentlich erschweren, wenn unnötigerweise umfangreiche Schriftsätze von den betroffenen Ärzten oder den beteiligten Stellen verfaßt werden, deren Durcharbeitung zu lange Zeit in Anspruch nehmen würde." Da auch im neuen Deutschland alles möglichst ordentlich vor sich gehen sollte, warnte Haedenkamp Kassenärzte, deren „Ausschaltung aus der kassenärztlichen Tätigkeit zu erwarten" sei, womöglich vorzeitig ihre kassenärztliche Tätigkeit zu beenden, weil sonst die ärztliche Versorgung der Versicherten gefährdet werden könnte: „Ärzte, die ihre Tätigkeit vor Beendigung des Verfahrens einstellen, haben mit Schadenersatzansprüchen von seiten der Krankenkassen oder der kassenärztlichen Vereinigungen zu rechnen" (Ärztliche Mitteilungen 34 [1933], 375–377).

Trotz der detaillierten Erläuterungen Haedenkamps gab es wohl unter den schlagartig um ihre Existenz gebrachten Kolleginnen und Kollegen einige Verwirrung. Am 6. Mai 1933 jedenfalls veröffentlichten die Ärztlichen Mitteilungen (34 [1933], 395), wie üblich auf der ersten Seite, eine Verfügung des neuen Kommissars der gleichgeschalteten Ärzteverbände, Dr. Wagner. Die Ärzteschaft wurde darauf aufmerksam gemacht, „daß unmittelbare Eingaben und Gesuche solcher Ärzte, deren weitere Tätigkeit bei den Krankenkassen nach der Verordnung des Reichsarbeitsministeriums vom 22. April 1933 in Frage gestellt ist, an den Reichsarbeitsminister völlig zwecklos und unzulässig sind. In jedem Falle hat zunächst die kassenärztliche Vereinigung die Entscheidung zu treffen. Beschwerden dagegen sind ausschließlich beim Vorstand des Hartmannbundes, Leipzig C 1, Plagwitzer Straße 15, einzureichen. Von dort werden die Beschwerden mit allen Unterlagen an das Reichsarbeitsministerium zur endgültigen Entscheidung weitergeleitet. Keine

Stelle ist befugt, von diesem gesetzlich vorgeschriebenen Verfahren abzuweichen."

Die Schriftleitung, sprich Dr. Haedenkamp, fügte eine „Dringende Bitte" hinzu. Der Unterzeichnete sei „jetzt und in der nächsten Zeit so stark in Anspruch genommen, daß es ihm unmöglich ist, den Schriftverkehr mit den Kollegen pünktlich einzuhalten". Der hohe Funktionär des Hartmannbundes hatte nun im Reichsarbeitsministerium als ärztlicher Berater der dort arbeitenden Beamten alle Hände voll zu tun, um die „Ausschaltung" der „Kolleginnen" und „Kollegen" möglichst reibungslos über die Bühne zu bringen. Dabei gingen in der Folgezeit regionale Kassenärztliche Vereinigungen mancherorts so rücksichtslos vor allem gegen politisch angefeindete Ärzte vor, daß sie von den Beamten der NS-Bürokratie gebremst werden mußten.

Am 31. August 1933 notierte der Sachbearbeiter im Arbeitsministerium, Dr. Schwartz: „Von den 50 in der Zeit vom 12. bis 21. August 1933 eingegangenen Beschwerden gegen Entscheidungen der Kassenärztlichen Vereinigung Berlin haben 27 aufgehoben werden müssen. Nur in 23 Fällen war die Entscheidung der Kassenärztlichen Vereinigung berechtigt ... Diese Zahlen bestätigen die Beobachtung, daß die Kassenärztliche Vereinigung Berlin die Kündigungen vielfach mit einer nicht zu überbietenden Leichtfertigkeit ausgesprochen hat. Berücksichtigt man, daß die betroffenen Ärzte fast durchweg bereits seit dem 1. Juli 1933 von der Kassenpraxis ausgeschlossen sind, so ergibt sich eine Unsumme von Ungerechtigkeit und materiellen Schädigungen, die durch das Vorgehen der Kassenärztlichen Vereinigung Berlin angerichtet ist."[5]

„Durchführung der Arier- und Kommunistengesetzgebung"

Der im Arbeitsministerium in letzter Instanz zuständige Ministerialrat Dr. Karstedt veröffentlichte 1934 im nichtamtlichen Teil des Reichsarbeitsblattes II (Nr. 15, 1934)[6] eine sorgfältig erarbeitete Zusammenstellung über „die Durchführung der Arier- und Kommunistengesetzgebung bei den Kassen-Ärzten,

Zahnärzten usw." Aus dem Beitrag des Ministerialrats ging, in vorsichtiger Beamtensprache formuliert, hervor, daß einzelne regionale Ärzteverbände Verordnungen wenigstens zeitweise und vor allem im Anfang in einer Art ausgelegt und angewandt hatten, „die eine rechtliche Stütze in Sinn und Wortlaut der in Frage kommenden gesetzlichen Bestimmungen nicht fand". In einem süddeutschen Ort sei die Zugehörigkeit zu einer jüdisch-konfessionellen Freimaurerriege als Beweis für Betätigung im kommunistischen Sinne angesehen worden. In Dessau seien augenscheinlich sämtliche Ärzte, die dem Kreis der Freunde des Bauhauses (Lehr- und Forschungsinstitut für Architektur, bildende Künste und Handwerk, R.J.) angehörten, auf Grund dieser Tatsache wegen Betätigung im kommunistischen Sinne ausgeschlossen worden.

Da die Verordnungen des Reichsarbeitsministers Ärzte, Zahnärzte und Zahntechniker von der weiteren Zulassung zu den Krankenkassen ohne Rücksicht auf Arier- oder Nichtariertum ausschlossen, wenn sie sich „im kommunistischen Sinne" betätigt hatten, hätte „die weite Fassung dieses Begriffes zahlreichen kassenärztlichen Vereinigungen Veranlassung gegeben, unter Betätigung im kommunistischen Sinne auch jede Zugehörigkeit zu sozialdemokratischen Organisationen oder Mitwirkung in ihrem Rahmen oder dem ihrer Nebenorganisationen zu verstehen. Dieser Auffassung konnte die letztentscheidende Stelle nicht folgen."

Allerdings hatte auch der Ministerialrat in zahlreichen Fällen Beschwerden von Ärzten ablehnen müssen, die „nicht organisationsmäßig an eine eindeutig kommunistische Organisation gebunden waren", die aber durch ihre Mitgliedschaft oder Tätigkeit in Vereinen wie dem Verein sozialistischer Ärzte oder gewissen – nicht allen – Arbeitersamariterkolonnen und ähnlichen Einrichtungen „bewußt oder unbewußt dem Kommunismus Vorschub geleistet hatten". Bei Ärzten, die „durch kulturbolschewistische Betätigung eine staats- und volksfeindliche Einstellung zu erkennen gegeben hatten, hat die letzte Instanz den Tatbestand der Betätigung im kommunistischen Sinne als erfüllt auch dann angesehen, wenn die Betreffenden im übrigen politisch dem Kommunismus fernstanden. Insoweit hat sich die Praxis weitgehend an das Berufsbeamtengesetz anlehnen können."

Bei den letztgenannten Fällen dürfte es also zwischen der ersten Instanz, dem Verband der Ärzte Deutschlands (Hartmannbund) und der Ministerialbehörde keine Differenzen gegeben haben. In anderen „Verfahren" aber wurde heftig diskutiert. Beispielsweise bei der Frage, was unter „Dienst im Seuchenlazarett" im Ersten Weltkrieg zu verstehen sei, da die Hindenburgische Ausnahmeregelung eine derartige Tätigkeit dem ärztlichen Frontdienst gleichgestellt hatte. Der Berichterstatter Karstedt ging in Übereinstimmung mit seinen ärztlichen Beratern von der Auffassung aus, daß die übliche Berufsgefährdung des Arztes noch kein Kriterium für die Wertung und Anwendung des Begriffes Seuchenlazarett sein konnte. Die Tätigkeit in „bloßen Infektionsabteilungen, wie sie jedes größere Krankenhaus besitzt" oder die Arbeit in bakteriologischen Untersuchungsstellen war deshalb „auch dann in der Regel nicht als Dienst im Seuchenlazarett anzusehen, wenn das zu untersuchende Material sich auf gemeingefährliche Krankheiten bezog und die Dienststellen Seuchenlazaretten angegliedert waren. Aus der Praxis heraus ergab sich so der Grundsatz, als Seuchenlazarett nur solche Einrichtungen anzusehen, in denen vorzugsweise oder ausschließlich gemeingefährliche Krankheiten im Sinne der deutschen Seuchengesetzgebung behandelt wurden, also in erster Linie Pest, Cholera, Fleckfieber, Pocken und in gewissem Abstand Typhus und Ruhr." Die ärztlichen Berater und der Ministerialrat im Arbeitsministerium waren sich zwar einig, daß „die lange Zeit dauernde Beschäftigung mit an diesen Krankheiten Erkrankten" als eine „die normale Berufsgefahr übersteigende Gefährdung des ärztlichen Personals und somit als Ausnahmevoraussetzung anerkannt werden" konnte. Im Gegensatz zu der Auffassung des Verbandes der Ärzte Deutschlands aber, „der Seuchenlazarette nur dann als solche anerkennen wollte, wenn sie in Feindesland lagen, hat der Berichterstatter in Übereinstimmung mit dem Reichswehrministerium gelegentlich auch Einrichtungen auf deutschem Boden, vorzugsweise im Osten, als unzweifelhafte Seuchenlazarette anerkennen müssen".

Im Ministerium wurde entschieden, wobei die ,,Durchführung mit bedeutend strengeren Maßstäben erfolgt ist, als sie beispielsweise bei den Rechtsanwälten, Patentanwälten usw. angewandt worden sind", resümierte der Ministerialrat 1934. Und er gab zu erkennen, daß die Tätigkeit des Reichsarbeitsministeriums im Laufe der Zeit Gegenstand mannigfacher Kritik gewesen sei: ,,Das war bei der Leidenschaftlichkeit, mit der diese Dinge vielfach angefaßt wurden, unvermeidbar. Soweit sie sich gegen Einzelentscheidungen richtete, ist sie als unberechtigt zurückgewiesen worden." Grundlage für die Arbeit im Ministerium sei die erstinstanzliche Entscheidung der kassenärztlichen Vereinigungen gewesen. ,,Ihnen lag es ob – wenn das Wort erlaubt ist – Anklagematerial zusammenzutragen. Wenn das Material falsch oder unzureichend war, oder Dinge zur Grundlage der Anklage gemacht wurden, die die in Frage kommenden Verordnungen überhaupt nicht erfaßten, so war ihr Schicksal gegeben. Wenn ein Arzt sich standesunwürdig oder standeswidrig betragen hatte, so konnte daraus im Sinne der zugrunde zu legenden Verordnungen Betätigung im kommunistischen Sinne oder ein gleichartiger Ausschlußgrund nicht gut konstruiert werden."

Im Ministerium wurde diskutiert und unterschiedlich streng begutachtet. Während der Verband der Ärzte Deutschlands von insgesamt 1377 Beschwerden nur 303 als berechtigt anerkannte, ließ der Ministerialrat, ,,in dessen Hand der Reichsarbeitsminister die letzte Entscheidung gelegt hatte", 550 Beschwerden von Ärztinnen und Ärzten zu. Die mildere Praxis des Beamten führte zu Auseinandersetzungen und Protesten von ärztlichen Funktionären. Anfang Juli 1933 bestimmte der Reichsarbeitsminister daher, daß in den Fällen, ,,in denen der Berichterstatter von den Gutachten des Verbandes der Ärzte Deutschlands zugunsten eines Beschwerdeführers abweichen wollte, er vorher einem vom Reichsführer der deutschen Ärzteschaft bestimmten Herrn Gelegenheit zur mündlichen Erörterung zu geben habe. Herr Dr. Deuschl als Vertreter des Reichsführers der deutschen

Ärzte hat demgemäß bei der Schlußbescheidung aller der Fälle mitgewirkt, in denen das Reichsarbeitsministerium sich der ablehnenden Auffassung des Hartmannbundes nicht anschließen konnte. An den Verhandlungen nahm dauernd auch Dr. med. Haedenkamp teil."[7]

Zwei „Verfahren"

Ein Beispiel für viele ist das „Verfahren" des Stuttgarter Arztes Dr. Karl Berner, dem am 28. April 1933 vom Kommissar des Württembergischen Ärzteverbandes mitgeteilt wurde, daß er aufgrund seiner „früheren politischen Tätigkeit für die Kommunistische Partei" mit sofortiger Wirkung aus der Kassenpraxis ausgeschlossen sei. Einige Monate später war im Medizinischen Korrespondenzblatt für Württemberg zu lesen, daß der Herr Reichsarbeitsminister der Beschwerde des Herrn Dr. med. Berner gegen den Ausschluß von der Kassenpraxis stattgegeben habe: „Die Zulassung dieses Arztes zur Kassen- und Ersatzkassenpraxis besteht weiter." Nachdem das Stuttgarter Neue Tagblatt am 8. August 1933 unter der Überschrift „Eine Rechtfertigung" den Fall des Arztes aufgegriffen hatte, sah sich das Medizinische Korrespondenzblatt für Württemberg zu einer Richtigstellung veranlaßt.

Der Artikel im Neuen Tagblatt sei nach Form und Inhalt zu beanstanden: „Inhaltlich muß der uneingeweihte Leser zu dem Schluß kommen, daß die Behörden die völlige Unschuld des Dr. Berner in politischer und krimineller Hinsicht festgestellt haben. Dem ist aber nicht so. In Wirklichkeit enthält der Entscheid des Reichsarbeitsministeriums vom 3. August 1933 ausdrücklich die Feststellung, daß der gegen Dr. Berner erhobene Verdacht kommunistischer Betätigung nicht bestätigt worden sei. Damit ist keineswegs gesagt, daß der Vorwurf der kommunistischen Betätigung grundlos erhoben worden sei. Die dem pflichtmäßigen Bescheid des WAV (Württ. Ärzteverband, R. J.) zugrunde liegenden Tatsachen bestehen auch heute noch zu Recht. Auch wegen des weiteren Vorwurfs der Untreue bei der Kassenführung des WAV ist festzustellen, daß der Freispruch des Dr. Berner deswegen erfolgte, weil das Gericht eine *vorsätzliche* Untreue verneinte. Da eine fahrlässige Untreue nicht strafbar ist, kam eine Verurteilung nicht zustande. Damit ist aber auch für den Laien ohne weiteres erkennbar, daß von Schuldlosigkeit des Dr. *Berner* nicht die Rede sein kann."[8]

Ein anderes „Verfahren" traf den am 27. August 1874 in Berlin geborenen Dermatologen Dr. Hans Haustein, einer der führenden Forscher und Praktiker bei der Bekämpfung der Geschlechtskrankheiten in der Weimarer Republik. Nach dem Staatsexamen Ende 1918 und einer gründlichen medizinischen Ausbildung hatte er sich 1924 in Berlin als Facharzt für Haut- und Geschlechtskrankheiten niedergelassen und nebenher intensive wissenschaftliche Studien zur Bekämpfung der Tuberkulose und der Geschlechtskrankheiten betrieben. Bis 1933 hatte Hans Haustein etwa 70 wissenschaftliche Arbeiten veröffentlicht, er war Mitglied zahlreicher in- und ausländischer wissenschaftlicher Vereinigungen, etwa der Berliner Gesellschaft für die Geschichte der Naturwissenschaften, der Deutschen Gesellschaft zur Bekämpfung der Geschlechtskrankheiten, der Social Hygiene Association New York und des British Social Hygiene Council.

Am 29. Juni 1933 erhielt der Arzt ein Schreiben der Kassenärztlichen Vereinigung Berlin, demzufolge er wegen seiner Zugehörigkeit zum Verein sozialistischer Ärzte seine Kassenarzttätigkeit zum 30. Juni 1933 einzustellen habe. Hans Haustein legte bei der ersten Instanz, dem Hartmannbund, Beschwerde ein, die abgelehnt wurde. Darauf wandte er sich in einem persönlichen Schreiben an den Ministerialrat Karstedt, den er von früher kannte. Im Reichsarbeitsministerium wurde nun der Fall mit den ärztlichen Beratern erörtert, weil die letzte Instanz von der Entscheidung des Hartmannbundes abweichen wollte. Die Diskussionen waren langwierig und für den betroffenen Arzt so zermürbend, daß sich Hans Haustein am 12. November 1933, nach Haussuchungen und Verhören, mit Zyankali das Leben nahm.[9]

Das „Berufsbeamtengesetz" und die Verordnung vom 22. April 1933 über den Entzug der Kassenzulassung trieben zwischen 1933 und 1934 etwa 3000 Ärztinnen und Ärzte, unter ihnen Käte Frankenthal, in die Emigration oder manchmal auch in den „Freitod"; andere waren „in Schutzhaft" genommen worden. Dies war aber nur die erste Stufe der „Ausschaltung" jüdischer und wegen politischer Motive verfolgter Menschen, wobei die Verfolgung der jüdischen Ärztinnen und Ärzte und die politische Stoßrichtung gegen „Marxisten" zusammengehörte und nicht selten ein und dieselbe Person traf. Neben Käte Frankenthal und Julius Moses seien stellvertretend für viele andere nur genannt Alfred Döblin, Friedrich Wolf, Otto Fenichel.

Der Medizinhistoriker Gerhard Baader hat die enge Verflechtung antisemitischer mit antisozialistischen Unterdrückungsmaßnahmen so zusammengefaßt: „Indem man hier, wie überall, marxistisch und jüdisch gleichsetzte, ging Hand in Hand mit der Eliminierung jüdischer Ärzte, die nun Zug um Zug einsetzte, auch die der politisch aktiven einher, die für alle diese neuen sozialhygienischen Ansätze in der Medizin standen und darüber hinaus in den letzten Jahren der Weimarer Republik den Nationalsozialismus kompromißlos bekämpft hatten."[10]

Es folgten weitere Verordnungen, Richtlinien, Erlasse, verbunden mit schikanösen Einzelmaßnahmen. Im Deutschen Ärzteblatt wurden in der Rubrik „Wochenschau" die jüdischen „Kolleginnen" und „Kollegen" noch über die Grenzen hinaus verfolgt. Am 2. September 1933 beispielsweise klang das so: „Die französischen Ärzte fühlen sich durch die aus Deutschland eingewanderten jüdischen Ärzte in ihrer Existenz bedroht und haben eine Beschwerde an die Regierung gerichtet. Die Regierung soll daraufhin den jüdischen Ärzten nahegelegt haben, sich in den französischen Besitzungen, vor allem in Guyana, Südamerika und auf der Teufelsinsel niederzulassen, wo noch starker Ärztemangel herrscht."

Später wurde im Standesblatt eine ständige Rubrik „Zur Lösung der Judenfrage" eingerichtet, die mit einem „Führer-

Wort“ vom 30. Januar 1941 eröffnet wurde: ,,Und nicht vergessen möchte ich den Hinweis, den ich schon einmal, am 1. September 1939 im Deutschen Reichstag, gegeben habe – den Hinweis darauf nämlich, daß, wenn die andere Welt von dem Judentum in einen allgemeinen Krieg gestürzt würde – das gesamte Judentum seine Rolle in Europa ausgespielt haben wird“ (DÄB 71 [1941], 94).

Diese Rubrik beschränkte sich nicht mehr nur auf Medizinisches:

,,USA:

Wie die *jüdische Kriegsagitation* in den Vereinigten Staaten arbeitet, schildert u. a. ein Artikel der ,,Chicago Tribune“, die über eine New Yorker Veranstaltung der kriegshetzerischen Organisation ,Fight for Freedom‘ berichtet. In der Versammlungshalle, heißt es da, sei plötzlich das Licht ausgegangen, worauf Sirenen- und Bombengeheul sowie das Donnern eines Sturzkampfbombers eingesetzt habe und die Zuhörer in die gewünschte Hysterie geraten seien und zu schreien angefangen hätten. Damit habe, heißt es weiter, der halbjüdische Oberbürgermeister *La Guardia* als Chef der Zivilverteidigung erreicht, worauf es ihm angekommen sei: mit ebenso theatralischen wie verlogenen Methoden den New Yorkern beizubringen, daß ,Nazibomber‘ jeden Tag über den Dächern der Stadt erscheinen könnten!

Dr. Franz *Ullstein*, der ehemalige Seniorchef des Berliner Ullstein-Verlages, ist nunmehr über Südamerika in New York eingetroffen, wo er ,amerikanischer Staatsbürger‘ zu werden gedenkt“ (DÄB 71 [1941], 426).

1972 hieß es dann im Deutschen Ärzteblatt in einem Rückblick auf ,,Einhundert Jahre Deutsches Ärzteblatt“ in einem knappen Absatz unter der Zwischenzeile Nachrichten aus der Emigration: ,,Wie verzweigt die Geschichte der ärztlichen Emigranten aus dem Deutschland der dreißiger Jahre ist und welchen Segen die Emigranten andernorts zu stiften vermochten, deutet eine Nachricht aus der ,Wochenschau‘ des Deutschen Ärzteblattes vom 10. November 1934 an: ,Nach Mitteilungen der jüdischen Presse haben in Shanghai 32 jüdische Ärzte aus Deutschland ihre Praxis eröffnet. Weitere 15 jüdische Ärzte, die seit Frühjahr 1933 aus Deutschland ausgewandert sind, haben sich in Mukden, Tientsin und Hankau niedergelassen.' Allen aus Deutschland nach China gekommenen jüdischen Ärzten bringe, so berichtet die Jüdisch-Liberale Zeitung, die Bevölkerung Vertrauen entgegen" (DÄB 69 [1972], 3102).

„*Vierte Verordnung zum Reichsbürgergesetz*"

1934 hatten noch nicht alle jüdischen Ärzte das Großdeutsche Reich verlassen, um andernorts „Segen zu stiften": Im Reichs-Medizinal-Kalender, der nach dem Ärzteverzeichnis des Hartmannbundes alle Ärztinnen und Ärzte in Deutschland enthielt und jährlich herausgegeben wurde, waren im 58. Jahrgang 1937 deshalb alle noch im Nazi-Deutschland lebenden jüdischen Kolleginnen und Kollegen mit zwei kleinen Pünktchen vor dem Namen gekennzeichnet. Im Vorwort hieß es erklärend: „Eine schon seit 1933 wiederholt gewünschte und zuletzt parteiamtlich geforderte Ergänzung hat das vorliegende Handbuch durch die Kennzeichnung der im Sinne der Nürnberger Gesetze *jüdischen Ärzte* erfahren, vor deren Namen im Haupt-Ärzteverzeichnis ein Doppelpunkt (:) gesetzt worden ist. Es handelt sich dabei um eine Auswertung der für die Reichsärztekammer von jedem Arzt selbst ausgefüllten Fragebogen." Von einer Kennzeichnung der jüdischen Anstalten sei allerdings abgesehen worden, „da durch die Nennung der dirigierenden Ärzte im Heilanstaltenverzeichnis und die Kennzeichnung der jüdischen Ärzte im Haupt-Ärzteverzeichnis die Erkennung der Anstalten und Abteilungen mit jüdischer ärztlicher Leitung ohne weiteres möglich ist, zumal bei jedem Anstaltssitz die zugehörige Abschnittsziffer des Ärzteverzeichnisses angegeben ist".[11]

Einige Monate später, am 25. Juli 1938, erschien die „Vierte Verordnung zum Reichsbürgergesetz", mit der die Approbation aller jüdischen Ärztinnen und Ärzte für den 30. September 1938 für erloschen erklärt wurde. Anschließend durften nur noch wenige jüdische Ärzte auf Widerruf als „Krankenbehandler“ jüdischer Menschen im ,,Dritten Reich“ arbeiten. In dem letzten erschienenen Arbeitsbericht der Reichsvertretung der Juden in Deutschland für das Jahr 1938 heißt es, daß am 30. 9. 1938 im Deutschen Reich (Altreich) insgesamt noch 3152 jüdische Ärzte lebten, denen mit dieser 4. Verordnung endgültig die Approbation entzogen wurde. Ab dem 1. 10. 1938 konnten von diesen dann nur noch 709 Ärzte als ,,Krankenbehandler“ tätig sein.[12] Mehr als neuntausend Ärztinnen und Ärzte wurden zwischen 1933 und 1945 aus ihrem Beruf gedrängt, in die Emigration gezwungen, in den Selbstmord getrieben oder, mit Millionen von weiteren Menschen, umgebracht.[13]

Julius Moses beispielsweise ist am 24. September 1942, 74jährig, im Konzentrationslager Theresienstadt ums Leben gekommen. In seinem Nachlaß fanden sich Aufzeichnungen über den Zeitpunkt des Approbationsentzuges: ,,Und dieses hier ist niedergeschrieben worden im Sommer 1938, also unmittelbar nach meinem 70. Geburtstag, in jener Zeit, da man mir die Bestallung als Arzt – nach 45jähriger ärztlicher Tätigkeit – genommen. Ich darf mich nicht mehr praktischer Arzt nennen, ich, der ich beinahe ein halbes Jahrhundert hindurch meine ärztliche Tätigkeit ausschließlich in den Dienst der Armen, des Proletariats gestellt habe, ohne Rücksicht auf meine eigenen wirtschaftlichen Verhältnisse.“[14]

1961 schrieb der bekannte Tübinger Gynäkologe August Mayer – der 1932 ,,das große Heer der freilebenden Minderwertigen und Psychopathen“ auf einige Millionen geschätzt hatte (s. S. 52), der 1936 geschrieben hatte, daß er es als größte Anerkennung seiner Tätigkeit betrachten würde, in einer Tageszeitung in Zusammenhang mit der Problematik der Schwangerschaftsverhütung ,,Tübinger Faschist“ genannt worden zu sein[15] – einen Aufsatz: ,,Vom Geist der Medizin, vom Ungeist der Zeit und vom Wanken der Arztthrone“. Ein Aufsatz, der, so die Ärztlichen Mitteilungen (46 [1961], 549), aus einer großen Sorge um die Weiterentwicklung der Medizin und der ärztlichen Tätigkeit entstanden sei. Der Aufsatz begann: ,,Mit dem Wechsel des Zeitgeistes hat auch das Ansehen des ärztlichen Standes sehr erheblich gewechselt. Den allergrößten Respekt vor dem Arzt und der Erhabenheit der Arztthrone drückte einst Homer aus mit den Worten: ‚Der Arzt ist ein Mann, der viele andere aufwiegen kann'. – Auch der Hippokratische Eid ist ein lautes Zeugnis für die hohe Sendung des Arztes. Der Heilgott Apollo ist dort oberste Instanz und über den einzelnen Kranken hinaus hat der Arzt als Staatsbürger auch Verpflichtungen an die Allgemeinheit. Als zum Arzt nötige Eigenschaften verlangte schon Empedokles: Frömmigkeit und Reinheit des Herzens. Auch Paracelsus war noch der Meinung: ‚Der Arzt kommt von Gott und geht zu Gott. ... Die beste Arznei ist die Liebe.' In den Asklepischen Tempeln war die Tätigkeit der Priesterärzte eine Art gottesdienstliche Handlung. Von dieser hohen Warte aus würde es einen bedenklichen Abstieg und eine Art Schändung des Arzttempels bedeuten, wenn Ärzte seinerzeit bei den Synagogenbränden geistig oder tätig mitgewirkt hätten, was ich nicht so recht glauben möchte."

Es folgte, übergangslos, ein Goethe-Zitat. So einfach war das schon 1961 mit den seinerzeitigen „Synagogenbränden", nachdem es ja kaum noch überlebende Opfer gab, die hätten widersprechen können.

Einer der wenigen, die den „Holocaust", wie jene ferne Zeit heute in der Bundesrepublik gerne genannt wird, überlebt haben, war Herbert Lewin. 1933 war dem damals 34jährigen die von den Gutachtern bereits befürwortete Habilitation aus rassischen Gründen verweigert worden. Am 22. Oktober 1941 wurde der sozialdemokratische Arzt, der bis dahin noch in der geburtshilflich-gynäkologischen Abteilung des Israelitischen Krankenhauses in Köln-Ehrenfeld arbeitete, zusammen mit 2014 jüdischen Menschen von Köln ins Ghetto Lodz (Litzmannstadt) deportiert. Herbert Lewin war Häftlingsarzt im Ghetto Lodz, im Vernichtungslager Auschwitz-Birkenau, in den Konzentrationslagern Oranienburg und Schwarzheide, bevor er am 8. Mai 1945 in Theresienstadt befreit wurde.

Adressenänderung der Bundesärztekammer

Im Mai 1986 ist die Straße in Köln-Lindenthal, in der die Bundesärztekammer und die Kassenärztliche Bundesvereinigung ihren Sitz haben, offiziell in Herbert-Lewin-Straße umbenannt worden. Bis zu diesem Zeitpunkt hatte die Straße, auf ausdrücklichen Wunsch der Bundesärztekammer, nach dem 1956 verstorbenen Funktionär Haedenkampstraße geheißen (s. S. 147). Die späte Umbenennung erfolgte auf Vorschlag der Kölnischen Gesellschaft für Christlich-Jüdische Zusammenarbeit und auf Antrag der SPD-Fraktion in der Bezirksvertretung Köln-Lindenthal, gegen den Willen der Bundesärztekammer.

Diese protestierte am 19. August 1985 in einem siebenseitigen Schreiben an den Bezirksvorsteher der Bezirksvertretung Köln-Lindenthal und an den Oberstadtdirektor der Stadt Köln gegen das „Verfahren auf Umbenennung der Haedenkampstraße". In dem Brief wird mehrfach auf das Persönlichkeitsrecht von Dr. Haedenkamp als einem hochverdienten Repräsentanten der deutschen Ärzteschaft hingewiesen. Der Name Herbert Lewins kommt kein einziges Mal vor. Haedenkamp sei nach 1933 keineswegs „Berater in Sachen Berufsverbote – sprich ‚Entfernung' von jüdischen, sozialistischen und marxistischen Ärzten aus dem Dienst" gewesen. Er habe vielmehr die „Haedenkamp-Klausel" zugunsten jüdischer Ärzte eingeführt, derzufolge den Kollegen, „die bereits seit dem 1. August 1914 niedergelassen waren, es sei denn, daß sie sich im kommunistischen Sinne betätigt hatten", die kassenärztliche Zulassung nicht sofort entzogen worden sei. Haedenkamp könne deshalb nicht als „Entferner von jüdischen, sozialistischen und marxistischen Ärzten aus dem Dienst" diffamiert werden.[16] Soweit die Bundesärztekammer im August 1985. Vierzig Jahre nach Ende der Nazi-Barbarei war für ärztliche Standesfunktionäre aus den Hindenburgischen Ausnahmeregelungen eine „Haedenkamp-Klausel" geworden.

3. *Zur Belohnung: Die Reichsärztekammer*

Parallel zu der ,,Ausschaltung" jüdischer Ärztinnen und Ärzte und solcher, die bekanntermaßen der NS-Ideologie ablehnend gegenüberstanden, wurden die verschiedenen ärztlichen Standesorganisationen zu einer schlagkräftigen, zentralistischen, staatlicherseits legitimierten, öffentlich-rechtlichen Berufsvertretung mit Zwangszugehörigkeit *aller* deutschen Ärztinnen und Ärzte verknüpft, so wie es Ärztefunktionäre seit Jahrzehnten gefordert hatten. Eine Reichsärztekammer eben, die im Zusammenhang mit dem ebenfalls seit Jahrzehnten angestrebten Gesetzeswerk einer Reichsärzteordnung geschaffen werden sollte. Auf dem 50. Deutschen Ärztetag in Köln im Juni 1931 war deutlich gesagt worden, daß die gesamte Ärzteschaft eine ,,Schicksalsgemeinschaft" geworden sei, wie früher, tausend Jahre lang, die Bewohner einer Ortschaft eine Gefahrengemeinschaft gebildet hätten: ,,Hungersnot betraf alle, Seuchen rafften die Einwohner wahllos dahin. Unwetter traf einen wie den anderen, das Schicksal des einzelnen war das Schicksal aller und drängte sie als Schicksalsgemeinschaft in enge Verbindung und in geschlossene Abwehrmaßnahmen." Da war es nur naheliegend, daß eine Schicksalsgemeinschaft Berufsvertretungen hatte, die ,,wirklich eine Vertretung sämtlicher Berufsangehörigen darstellen und zu *einheitlicher* (Hervorhebung R. J.) Willensbildung befähigt sind. So ergibt sich von selbst die Zwangszugehörigkeit jedes Arztes zu den Berufsvertretungen. Das sind grundlegende und unumstößliche Voraussetzungen für die Schaffung eines öffentlich-rechtlichen Selbstverwaltungsapparates", für eine ,,öffentlich-rechtliche Zwangsorganisation" (DÄB 60 [1931], 246–247).

Die es 1931 eben noch nicht gab. Trotz regionaler Ärztekammern und öffentlich-rechtlicher kassenärztlicher Vereinigungen des Hartmannbundes fehlte der deutschen Ärzteschaft bis zum Anbruch des ,,Tausendjährigen Reiches" eine Reichsärzteordnung und eine Reichsärztekammer, unter der sich die Schicksalsgemeinschaft ausnahmslos zwangsweise versammeln mußte.

Nach Beginn der neuen Zeit erinnerte Geheimrat Stauder den Reichskanzler Adolf Hitler am 5. April 1933 daher nochmals an die Ärzteordnung. Kurze Zeit vorher, am 25. März 1933, hatte sich der Funktionär Haedenkamp in den Ärztlichen Mitteilungen des Hartmannbundes verwundert gefragt: „Leben wir noch in einer demokratischen Republik? Hängt die Deutsche Ärzteschaft noch an den liberalen Auffassungen ihrer Vorfahren? Haben die liberalen Berufsideale des ärztlichen Standes heute noch Gültigkeit? Finden sie noch irgendwie und irgendwo ihre Rechtfertigung?“ Obwohl nach Meinung des Funktionärs „der Anbruch einer neuen Zeit auch äußerlich bereits sichtbar war“, hatte es die Zeitschrift Medizinische Welt nämlich noch gewagt festzustellen: „Genau wie es so mit dem Verzicht auf die sittlich freie, sich selbst verantwortende ärztliche Persönlichkeit auf Kosten einer von Funktionären geführten Kassenarztherde geschah, so ist auch eine grundlegende Rechtsidee der Demokratie, nämlich des Rechts auf Vereinigungsfreiheit und auf einheitliches Recht aus der bürgerlichen Rechtsidee heraus heute für die Kassenärzteschaft verloren gegangen.“ Damit aber seien für den deutschen Kassenarzt „alle liberalen und demokratischen Berufsideale des Arztes aufgegeben“.

Das, so Haedenkamp im März 1933, waren „seltsame Worte in den Tagen einer Zeitwende, die einen Liberalismus vollends zerstört hat, der an sich selbst zugrunde gegangen ist“. Dem Spitzenfunktionär ging es um folgendes: „Die Medizinische Welt zählt viele Probleme auf, die auf den Tagungen der Ärzteschaft erörtert wurden, aber sie verschweigt das wichtigste, das Problem der *Reichsärzteordnung*, obgleich es den Angelpunkt gerade der weltanschaulichen Auseinandersetzungen bildet. Der alte *Virchowsche* Liberalismus wurde begraben in dem Augenblick, als die Ärzteschaft den Ruf nach einer Reichsärzteordnung erhob, die den Arzt aus der Freiheit der Reichsgewerbeordnung erlösen und ihn auf den Boden eines der ärztlichen Arbeit und der ärztlichen *Verpflichtung* gemäßen besonderen Rechtes stellen soll. Hier liegt die Abkehr von der individuellen Freiheit und das bisher nur in der Standesordnung niedergelegte Bekenntnis zur Standes*pflicht*, zum *Dienst* am Volk und am

Staate. Wer diese entscheidende Wendung übersieht oder in ihrer Bedeutung nicht erkennt, ist zu kritischer Geschichtsbetrachtung nicht berufen."

Zwar müsse vieles noch geschehen, bis diese neuen Standesideale des deutschen Arztes erfüllt seien. Der neue Staat aber finde einen vielgestaltigen Aufbau von ärztlichen Körperschaften vor: die von den Ländern geschaffenen Ärztekammern, die freie Standesorganisation des Deutschen Ärztevereinsbundes und die Selbstverwaltungsgemeinschaft des Hartmannbundes, an den die kassenärztlichen Vereinigungen unmittelbar angeschlossen sind. „Alle diese Einrichtungen sind aus den Bedürfnissen des ärztlichen Standes erwachsen und in mühevoller Arbeit ausgestaltet worden. Der Entwurf einer Reichsärzteordnung liegt vor. Der neue Staat möge ihn benutzen, um das Vorhandene organisch miteinander zu verbinden oder neue Formen aus den alten zu prägen. Wir sind überzeugt davon, daß er die in Jahrzehnten von der Ärzteschaft geleistete Standesarbeit nicht so geringschätzig beiseite schieben wird, wie es anscheinend manche Kritiker im ärztlichen Stande zu tun bereit sind" (Ärztliche Mitteilungen 34 [1933], 265–268).

Ein vaterländisches Opfer

Der „neue Staat" enttäuschte die Standesfunktionäre nicht und machte sich daran, das Vorhandene organisch zu verbinden, wie es Haedenkamp ihm am 6. Mai 1933 nochmals vorschlug: „Es bedarf der Ergänzung und Auffüllung durch den Hinzutritt aller Ärzte, die dem Hartmannbund nicht angehören. In manchen Landesteilen läßt sich die Hinzunahme durch Verwendung der Untergliederungen des Deutschen Ärztevereinsbundes zwanglos durchführen. Im übrigen erfolgt der allgemeine Zusammenschluß durch den Beitrittszwang, den das Gesetz zu bewirken haben wird. Die neue Gesamtorganisation wird auf diese Weise von oben bis unten aufgeteilt sein in zwei organisch eng miteinander verbundene Körperschaften oder besser Körperhälften, eine standes‚politische' und eine ‚wirtschafts- und sozialpolitische' ... Das Gesamtgebilde ruht auf der gesetzlichen Grundlage einer deutschen Reichsärzteordnung" (Ärztliche Mitteilungen 34 [1933], 396–397).

Zuerst einmal erforderte der Weg zur Einheitsorganisation ein vaterländisches Opfer. Am 7. Juni 1933 bot Geheimrat Alfons Stauder in einem Schreiben an die Mitglieder des Deutschen Ärztevereinsbundes und des Verbandes der Ärzte Deutschlands (Hartmannbund) sowie an den „von den ärztlichen Spitzenverbänden durch das Abkommen vom 24. März 1933 anerkannten Kommissar Herrn Dr. Wagner, München" seinen Rücktritt an. Der langjährige Vorsitzende beider Spitzenverbände, dessen Lebenswerk seit dem Deutschen Ärztetag in Eisenach 1926 die Einheitsorganisation des deutschen Standes, die deutsche Reichsärzteordnung war, sah in der neuen Zeit des „werdenden Dritten Reiches" die Möglichkeit, „ja die Wahrscheinlichkeit, daß dieses Ziel in der von uns erstrebten Form, wenn auch gewandelt, nahe vor der Verwirklichung steht, wenn die Voraussetzungen zu seiner Erreichung von uns allen erkannt und befolgt werden".

Die erste Voraussetzung sei, „daß nunmehr alle Sonderwünsche einzelner Gruppen der Ärzteschaft und alle wirtschaftlichen Kämpfe und Streitigkeiten zur Erreichung dieser Bestrebungen in den eigenen Reihen verstummen. Es geht jetzt um die Ziele einer Staatsbildung, die dem gesamten deutschen Volke dienstbar und verpflichtet ist, und es geht weiterhin um den Einbau eines einheitlich gegliederten und geformten Ärztestandes, der den Dienst an der Volksgesundheit wissenschaftlich und ethisch zu leisten imstande ist." Daher sei es nur folgerichtig, wenn das bisher bestehende „Duumvirat der Führung" baldmöglichst ende und „einer einheitlichen autoritativen Führung weicht, da sonst Schwierigkeiten und Reibungen bei den in raschem Fluß befindlichen Ereignissen völlig ungewollt entstehen". Der langjährige Spitzenfunktionär schlug daher – nach „wiederholter kollegialer Aussprache und nach eingehender Prüfung der Gesamtlage" – „unter Zurückstellung alles Persönlichen, das klar erkannte Ziel unentwegt im Auge und ihm dienend" Herrn Kollegen Dr. Wagner zum 1. Vorsitzenden vor:

„Ich erfülle diese Pflicht im Bewußtsein der bisher mir auferlegten Verantwortung und rufe Sie alle, verehrte deutsche Ärzte, in dieser Stunde auf, in gleicher Weise Ihre Pflicht als Standesgenossen zu tun und dem neuen Führer in geschlossener Einigkeit zu vertrauen. Die schwere Verantwortung der Führung der deutschen Ärzteschaft liegt dann in einer Hand. Mir obliegt es, meine in fast drei Jahrzehnten erworbenen Kenntnisse und Fähigkeiten willig einzuordnen und falls sie benötigt oder gefordert werden, in dienender Treue dem ärztlichen Stande und dem Dienst für das Vaterland zur Verfügung zu halten. ... Wenn ich mit dankerfülltem Herzen von diesem Ehrenamte scheide, so begleiten meine ehrlichen und besten Wünsche den neuen Führer und Sie alle, die getreu dem Märzabkommen im Amte der ärztlichen Spitzenverbände bleiben."

Geheimrat Stauder schloß seine Abschiedsworte an alle die ärztlichen Spitzenfunktionäre, die im Amte bleiben konnten, und an „alle deutschen Ärzte" mit dem „heißen Wunsch: Möge alles, was der Führer des ärztlichen Standes tut und erstrebt, dienen dem neu geeinigten deutschen Vaterlande und in ihm dem deutschen ärztlichen Gesamtstand! Möge die deutsche Ärzteschaft im vaterländischen Dienste als geachtetes Glied der Volksgemeinschaft für alle Zeiten blühen, wachsen und gedeihen!" (DÄB 62 [1933], 263–265). Als Entschädigung für seinen Rücktritt wurde Geheimrat Stauder kurze Zeit später in den „Reichsführerrat der Deutschen Ärzteschaft" berufen, „eine ernste Aufgabe, der ich mich in der Erkenntnis der unbedingt nötigen Zusammenarbeit aller Ärzte zur Verfügung stelle" (DÄB 63 [1933], 48).

4. *Das „neue" Deutsche Ärzteblatt*

1972 wurde den Ärztinnen und Ärzten in der Bundesrepublik in ihrem Deutschen Ärzteblatt folgendes Märchen aufgetischt: „Der in Deutschland mit der Ernennung Adolf Hitlers zum Reichskanzler eingeleitete politische Umwandlungsprozeß spiegelte sich auch in der Erscheinungsweise des Deutschen Ärzteblattes wieder. Von Januar bis Juni 1933 waren anscheinend die Verhältnisse innerhalb der Führung der deutschen

Ärzteschaft derart unübersichtlich und ungeklärt, daß die ärztliche Standeszeitschrift in der bisherigen Form nicht mehr weiter erscheinen konnte. Die chronologische Kontinuität wurde nur in der Numerierung der Jahrgänge gewahrt: Das Jahr 1933 trägt die Bezeichnung „63. Jahrgang“, aber Ausgabe Nr. 1 dieses Jahrganges beginnt erst mit dem 1. Juli 1933“ (DÄB 69 [1972], 2749). Das Märchen erweckte also den Eindruck, als ob das Ärzteblatt 1933 ein halbes Jahr nicht erschienen wäre. Dieser Eindruck aber war, schlichtweg, falsch. Beide Standesblätter sind, wie gezeigt, nach dem 1. Januar 1933, an den alten Schicksalsfragen der Ärzteschaft sich abmühend, vollkommen regelmäßig, ohne daß eine einzige Ausgabe ausgefallen wäre, erschienen.

Am 22. Juni 1933 stand allerdings am Ende der Nummer 25/26 des 62. Jahrganges des Deutschen Ärzteblattes ein „Abschied vom alten Ärzteblatt“: Mit der Doppelnummer stelle das Deutsche Ärzteblatt sein Erscheinen in der bisherigen Form ein: „Wie bereits berichtet wurde, wird das Blatt – unter Beibehaltung seines Namens – mit den Ärztlichen Mitteilungen verschmolzen. Die Schriftleitung übernimmt der bisherige Schriftleiter der Ärztlichen Mitteilungen, Herr Dr. Haedenkamp.“ Hiermit finde ein oft geäußerter und erwogener Wunsch der Ärzteschaft und ihrer Führer seine Erfüllung. 33 Jahre lang hätten beide Standesblätter getreulich Seite an Seite den Kampf der Ärzteschaft um ihre Stellung im Staate geführt und seien „zugleich Ausdruck des inneren Ringens gewesen, das die Ärzteschaft als großen und kraftvollen Stand bis zum heutigen Tage bewegt“. Mit der „Verschmelzung“ der beiden Blätter komme nun zum Ausdruck, „daß die Aufgaben des ärztlichen Standes eine *Einheit* darstellen, die in einer Einheitsorganisation und in einem *einzigen* Ärzteblatt abgehandelt werden können. Noch vor dem Aufgehen des Deutschen Ärztevereinsbundes und des Hartmannbundes in die seit langem erstrebte Reichsärztekammer wird durch die Vereinigung der Zeitschriften die unlösbare Zusammengehörigkeit der beiden ärztlichen Spitzenorganisationen und der unaufhaltsame Wille zur gemeinsamen Einordnung in den Staat kundgetan!“

Am Schluß sandte der „Abschied vom alten Ärzteblatt“, den der langjährige Spitzenfunktionär des Deutschen Ärztevereinsbundes, Walder, unterzeichnet hatte, dem „beurlaubten Schriftleiter Herrn San. Rat. Dr. Vollmann“ einen Halbsatz als dürren Gruß hinterher: Vollmann habe das Ärzteblatt 17 Jahre in Ehren geleitet und scheide nunmehr aus. Sanitätsrat Dr. Vollmann war eben, leider, Jude. Der Abschied vom alten Ärzteblatt endete mit der Bitte an alle Leser, ihr Vertrauen und ihre Hilfe auch auf das neue Deutsche Ärzteblatt und seine Schriftleitung zu übertragen! Das neue Deutsche Ärzteblatt erschien eine Woche später zum gewohnten Termin und mit altbekannten Autoren (siehe Abb.).

Die „Verschmelzung“ der beiden Standesblätter ergab sich also völlig logisch und geordnet aus der unmittelbar folgenden „Verschmelzung“ der ärztlichen Spitzenorganisationen. Die Zusammenlegung hatte bereits vor 1933 zur Diskussion gestanden. Im Deutschen Ärztevereinsbund war deshalb extra ein Ausschuß eingesetzt gewesen. Am 29. Juni 1932 war in einer Sitzung des Geschäftsausschusses über diese Frage, die den Vorstand schon längere Zeit beschäftigt hatte, diskutiert worden: „Man gelangte aber wiederum zu der Folgerung, daß eine Verschmelzung, so sehr sie auch aus anderen Gründen sich empfehlen mag, rein wirtschaftlich nicht ein Gewinn, sondern einen erheblichen geldlichen Verlust nach sich ziehen würde, da der Vereinigung des Textteils beider Blätter keinesfalls eine Erhaltung der Summe der Anzeigenteile beider Blätter gegenüberstehen würde, denn alle Doppelanzeigen fallen dann naturgemäß weg.“ 1932 wollten die Funktionäre einfach „den Kapitalwert, den das Blatt ohne Frage darstellt“, durch eine „Verschmelzung“ mit den Ärztlichen Mitteilungen noch nicht aufgeben (DÄB 61 [1932], 284).

Knapp vierzig Jahre später, 1972, sprach das Standesblatt, das die „Schicksalsgemeinschaft“ der Ärztinnen und Ärzte in der Bundesrepublik inzwischen zwar mit ihren Zwangsbeiträgen zu den Landesärztekammern finanzierte, und das trotzdem immer noch von Anzeigen wimmelte, von einem „Phänomen“, daß das Jahr 1933 erst im Juli mit dem 63. Jahrgang begonnen habe.

Deutsches Ärzteblatt

vormals Ärztliches Vereinsblatt und Ärztliche Mitteilungen

Verlag der Deutschen Ärzteschaft, Berlin W 35, Potsdamer Straße 118B. Fernsprecher B1 Kurfürst 1461

Bankkonto: Dresdner Bank, Depositenkasse 51, Potsdamer Str. 103 a. Postscheckkonto: Berlin 40788

Schriftleitung: Dr. med. Haedenkamp, Berlin W 35, Potsdamer Str. 118B. Fernsprecher B1 Kurfürst 4236

63. Jahrgang | Berlin, 1. Juli 1933 | Nr. 1

Inhalts-Verzeichnis

Den Umschlag zeichnete der Graphiker Hans Gerhard Hintze, Berlin

Neudeutsche Umschreibung dafür, daß schlichtweg ein halbes Jahr Deutsches Ärzteblatt, der 62. Jahrgang nämlich, und damit das erste Halbjahr der neuen Zeit, im Archivregal der Bundesärztekammer „übersehen“ worden war. Der Empfang beim Führer beispielsweise war sozusagen im Keller geblieben, und manches andere auch.

Im August 1933 wurde per Gesetz die Kassenärztliche Vereinigung Deutschlands als zentrale Körperschaft des öffentlichen Rechts ins Leben gerufen. 1935 wurde die Reichsärzteordnung verabschiedet. 1936 die Reichsärztekammer als Körperschaft des öffentlichen Rechts mit Zwangsmitgliedschaft für alle Ärzte errichtet. Die Gewerbefreiheit, das Arzttum als freier Beruf und die Standesgerichtsbarkeit wurden festgeschrieben; die Kassenärztliche Vereinigung wurde eine Abteilung der Reichsärztekammer – die Grundstruktur konnte nach 1945 ohne Reichsärztekammer beibehalten werden (s. S. 143). Parallel dazu zerschlugen die Nationalsozialisten die noch bestehenden Ambulatorien und lösten die Selbstverwaltung der Krankenkassen auf. Ärztliche Spitzenfunktionäre hatten das erreicht, wofür sie jahrzehntelang gekämpft hatten.

Die Ärztezeitschrift status[17] hat die angeblich unübersichtlichen und ungeklärten Verhältnisse in der Ärzteschaft, von denen das Deutsche Ärzteblatt 1972 sprach, in einer Serie „Krankenversicherung bedrohte die Freiheit des Arztes schon immer“ als sehr geordnet geschildert: „Am 2. August 1933 wurde die Kassenärztliche Vereinigung (KVD) zur alleinigen Trägerin aller Beziehungen zwischen Krankenkassen und Kassenärzten gemacht. Sie hatte den ‚Sicherstellungsauftrag‘ für die kassenärztliche Versorgung. Die Auflösung des alten Hartmannbundes im Zuge der ‚Gleichschaltung‘ berührte, nachdem die führenden Männer selber rechtzeitig die Grundmauern für ein größeres und festeres Haus errichtet hatten, die Ärzteschaft wenig. Sie zog, ohne eigenes Zutun, Nutzen aus der Tatsache, daß die Selbstverwaltung der Ortskrankenkassen aus politischen Gründen von den neuen Machthabern zerschlagen wurde und die Ausschaltung der vielen jüdischen Kassenärzte (13 Prozent) den Konkurrenzdruck milderte. Auf der anderen Seite bewirkte der

Kompetenzstreit der Dienststellen von Staat und Partei, daß – trotz Reichsärztekammer, die schon in der Weimarer Zeit geplant war, und trotz ‚Reichsärzteführer' – die Ärzteschaft nicht allzu stark in den Sog des NS-Staates geriet. Reichsarbeitsministerium, Deutsche Arbeitsfront, Reichsärzteführer, das Amt für Volksgesundheit der NSDAP, das Reichsministerium des Innern, aber auch die SS (‚Reichsärzteführer' Conti war SS-Gruppenführer) neutralisierten sich." Das mit dem „neutralisieren" klang zwar schön, stimmte aber leider nicht.

III. Praktisches Wirken und wissenschaftliche Forschung

1. Neue Deutsche Heilkunde

Am 5. April 1933 hatte Adolf Hitler beim Empfang den ärztlichen Spitzenfunktionären nicht nur erläutert, daß er die jüdischen Intellektuellen auszumerzen gedenke, sondern weiter gesagt: ,,Die rassenhygienische Reinigungsarbeit, die jetzt geleistet wird, wirkt sich vielleicht erst in Jahrhunderten aus. Es handelt sich heute darum, ein festes Fundament für die künftige völkische Entwicklung aufzurichten. Die deutsche Ärzteschaft ist dazu berufen, an diesem Werke durch wissenschaftliche Forschung, durch weitgehende Aufklärung des Volkes und durch ihr praktisches Wirken mitzuarbeiten." Der nationalsozialistische Staat hofierte die von ,,jüdisch-marxistischen Elementen" gesäuberte Ärzteschaft, da er bei seinen rassistischen, biologistischen und sozialdarwinistischen Plänen auf die möglichst freiwillige Mitarbeit von zahlreichen Ärzten angewiesen war.

Nationalsozialisten suchten sich aus den Theorien und Ideologien das heraus, was ihnen in ihr Konzept einer an der Leistung des Einzelnen orientierten Billigmedizin paßte. In dem Konzept der ,,Neuen Deutschen Heilkunde" sollte versucht werden, naturheilkundliche und lebensreformerisch-gesundheitserzieherische Ansätze mit einer vom humanitären, sozialen, ,,jüdisch-marxistischen" Anspruch gesäuberten ,,Schulmedizin" zu verbinden. Dabei gab es natürlich Widersprüche und Interessengegensätze verschiedener Richtungen und Schulen – auch innerhalb der NS-Organisationen. Dennoch kann man generell festhalten, daß Krankheit immer offener zum Verschulden des Einzelnen erklärt und soziale Errungenschaften aus der Weimarer Republik immer weiter zurückgedrängt wurden.

Über allem stand die ,,Pflicht zur Gesundheit". In einem vom

Reichsarzt der Hitlerjugend herausgegebenen Gesundheitsbuch hieß es: „Jeder Deutsche hat die Pflicht, so zu leben, daß er gesund und arbeitsfähig bleibt. Krankheit ist ein Versagen. Wer krankheitshalber häufig am Arbeitsplatz fehlt, ist ein schlechter Arbeiter. Der Kranke ist nicht zu bemitleiden. Der Arzt ist nicht der barmherzige Samariter, sondern Mitkämpfer des Kranken, der selbst den Willen zur Gesundheit haben muß, der um seine Gesundheit kämpft und sich in diesem Kampf völlig einsetzen muß. Die Gesundheit wird ihm nicht geschenkt, auch nicht von Gott und der Natur, sondern er muß sich das, was er durch seine schlechte Lebensführung verloren hat, selbst wieder erkämpfen."[1] Zentraler Begriff in der medizinischen Terminologie war die „Gesundheitsführung". Sie umfaßte Rassenpolitik, Gesundheitserziehung im engeren Sinn („Kraft und Schönheit"), die Strukturierung des Freizeitverhaltens mit Blick auf die größtmögliche Arbeitsleistung, Ratschläge für gesunde Ernährung, die so billig wie möglich und so gesund wie nötig sein sollte.

Aufrüttelndes Gewissen der deutschen Nation

Die deutsche Ärzteschaft mußte nichts weniger als das mahnende und aufrüttelnde Gewissen der deutschen Nation werden, wie es der, kurze Zeit später, erste Reichsärzteführer Wagner am 1. Juli 1933 formulierte, bevor er den Aufgabenkatalog ziemlich detailliert umriß: „Vor allem werden wir darauf dringen, daß sich gerade die Sozialversicherung in hervorragendem Maße in den Dienst der bevölkerungspolitischen und rassehygienischen Aufgaben des Staates stellt, indem sie den individuellen Gesundheitsschutz des Einzelnen zwar nicht vernachlässigt, vor allem anderen aber die Pflege des Volkskörpers, die Erhaltung des leiblich und geistig Wertvollen und die Förderung des Lebenswerten und Lebenstüchtigen als ihre vornehmste Aufgabe betrachtet. Die Leistungen und Aufwendungen für das Unzulängliche und Belastende dürfen nicht länger in einem unerträglichen Mißverhältnis zu dem stehen, was Staat, Wirtschaft und Versicherung den Leistungsfähigen, Arbeitsfreudigen und

Arbeitswilligen gewähren können. Eigennutz und Selbstsucht dürfen die Versicherungseinrichtungen nicht schädigen, übertriebene Krankheitsbereitschaft und Begehrlichkeit sind durch zweckvolle Gestaltung der Versicherung, durch erzieherische Arbeit und durch strenge und charakterfeste ärztliche Pflichterfüllung auszurotten" (DÄB 63 [1933], 5). In der Zeitschrift Ziel und Weg des Nationalsozialistischen Deutschen Ärztebundes formulierte Wagner: „Der Begriff der neuen deutschen Heilkunde schließt in sich, daß der Arzt sich nicht darauf beschränkt, dem Entstehen von Krankheiten vorzubeugen und Leiden zu lindern oder zu heilen, sondern daß er zum Gesundheitsführer der Nation wird."[2]

Neue Aufgaben erwuchsen der Ärzteschaft beispielsweise im Zusammenhang mit der Arbeitsdienstpflicht, um die sich Ärzte „weniger in lauter Begeisterung" und mit „auffallenden Einzeltaten, als im stillen, unbeirrten Dienen" kümmern wollten, wie es Dr. K. Gebhardt, Privatdozent und Oberarzt an der Chirurgischen Klinik in München, den Kollegen am 1. Juli 1933 im „neuen" Deutschen Ärzteblatt unter der Schriftleitung Haedenkamps ans Herz legte. Gebhardt, späterer Oberster Kliniker beim Reichsarzt SS und Leibarzt Himmlers, betonte 1933, daß es den Erfolg der Arbeitsdienstpflicht gefährden werde, wenn diese ohne entscheidenden ärztlichen Einfluß aufgebaut würde. Der Nichtarzt nämlich verfalle in den Fehler, nur die Tauglichen im früheren, militärischen Sinne dafür heranzuziehen. Der neue deutsche Arzt aber sollte die „Arbeitsdienstpflicht gerade zur Körperschule der Schwächlinge, also jenes zweiten Drittels zwischen gesund und krank, ausbauen", da „Schwächlinge" an der „Grenze zur Anpassungsfähigkeit" stünden (DÄB 63 [1933], 37).

Bei ihrer Bereitschaft zum „stillen unbeirrten Dienen" waren Ärztefunktionäre ganz enttäuscht, als der neue Staat die Ärzteschaft einmal übersah, aus Versehen sicher. Es ging um den am 29. April 1933 vom Luftfahrtsministerium gegründeten Reichsluftschutzbund e. V. Die Richtlinie 1 dieses Bundes besagte: „Luftschutz, auch der zivile, ist ein wichtiges Glied der Landesverteidigung. Ausbildung im Luftschutz, Erziehung zum

Selbstschutz im Luftschutz hat somit zur Voraussetzung die Pflege des Wehrgedankens im ganzen Volk. Der so gewonnene Wehrwille bewirkt dann die Durchführung der Selbstschutzmaßnahmen." Die Führung der Landes- und der Ortsgruppen wurde einem Vorsitzenden und einem Geschäftsführer übertragen, dem ein Vorstand beratend zur Seite stehen sollte. In den Vorstand waren „Vertreter der Ortspolizeibehörde, der großen Wehrverbände, der Industrie, des Deutschen Luftsport-Verbandes, des Flak-Vereins und der großen Frauenverbände aufzunehmen*)". Hier war im Deutschen Ärzteblatt ein Sternchen angebracht: „*) Leider sind *hier* (Hervorhebung R. J.) die Vertreter der Ärzteschaft nicht erwähnt. D. S." (DÄB 62 [1933], 251).

Das Fundament, von dem der Führer gesprochen hatte, wurde sehr rasch errichtet, unter aktiver Mitarbeit der deutschen Ärzteschaft und ohne Zwang, auch wenn es heute, 1987, immer wieder so klingt, als wäre der Nationalsozialismus mehr oder weniger aus heiterem Himmel über die Ärzteschaft hereingebrochen. Bereits am 8. Juni 1933 stellten die ärztlichen Spitzenverbände in Berlin ein eigenes Aufklärungsamt für Bevölkerungspolitik und Rassenpflege mit einer großen öffentlichen Veranstaltung vor. Aufgabe des Amtes war es, einer Selbstdarstellung zufolge, für den Gedanken der Rassenpflege in der Ärzteschaft und in der Bevölkerung zu werben. In uneigennütziger Weise setze die Ärzteschaft hiermit Kräfte und Mittel für das Ziel ein, das deutsche Volk vor einem „biologischen Verfall" zu bewahren. Von der allgemeinen Hygiene und Seuchenbekämpfung führe der Weg des öffentlichen Gesundheitsdienstes zur Rassenhygiene. „Gerade die Ärzteschaft ist berufen, im Staate an den Aufgaben der Bevölkerungspolitik und Rassenpflege mitzuarbeiten; ihre richtungsweisende Tätigkeit auf diesen Gebieten verbürgt auch gleichzeitig den rechten Einsatz der ärztlichen Kräfte, die ja als Eheberater, Gutachter und Forscher in Rassenfragen große Aufgaben zu erfüllen haben" (DÄB 62 [1933], 255–256).

Der Leiter des Aufklärungsamtes war Dr. Walter Groß, ein junger Arzt, der nun, nach Anbruch der neuen Zeit, kometenhaft Karriere gemacht hatte. Groß warnte bei der Eröffnung davor, daß ein Volk, dessen rassische Substanz zerstört wäre, für ewig dahin sei und zwangsläufig den Weg ins Nichts gehe (DÄB 62 [1933], 256). Nach dem Emporkömmling war Professor Staemmler aus Chemnitz an der Reihe, der bekanntermaßen schon vor 1933 für die Ausmerzung von „Ballastexistenzen" plädiert hatte, die Ehe zwischen „Ariern" und Juden mit dem Tode bestraft sehen, sowie jüdische Kassenärzte ausgeschaltet wissen wollte.[3,4]

Einer der „führenden nationalsozialistischen Rassenpropheten", wie Julius Moses Staemmler genannt hatte, machte nun vor den versammelten Ehrengästen die Hauptaufgaben der Medizin deutlich: „Der Kampf ums Dasein als Grundprinzip des Lebens in der Natur" habe die Aufgabe, „Auslese zu halten zwischen dem Schwachen und dem Starken, Raum zu schaffen für das Starke". Das deutsche Volk werde durch den rassischen Niedergang bedroht. Dieser entstehe zum einen durch „Vermischung des Hochrassentums mit fremden Rassen und zweitens durch das Auftreten von Erbkrankheiten, die sich im Volke ausbreiten ... Besonders spielen dabei Geisteskranke, Schwachsinnige, Kriminelle, Trinker, Epileptische usw. eine Rolle. Deshalb muß das Ziel sein, die Erbkranken möglichst zurückzuhalten und soweit es geht, völlig von der Fortpflanzung auszuschalten. Das erspart dem Staat hunderte von Millionen Mark, die für die Versorgung der Minderwertigen ausgegeben werden, und schafft so für das Vollwertige neuen Lebensraum."

Das letzte Ziel sei also: „a) Bekämpfung des Geburtenrückganges. Deutschland muß wieder ein wachsendes Volk werden; b) Bekämpfung des Rassenniederganges durch Ausscheidung des Fremdrassigen und erblich Minderwertigen" (DÄB 62 [1933], 255–257).

Am 2. November 1933 wurde in München, in der Theatinerstraße 21, die Staatsmedizinische Akademie feierlich eröffnet. Mit einer weiteren Akademie in Berlin-Charlottenburg existierten damit zwei Schulungsstätten für die zukünftigen beamteten oder nebenamtlich tätigen Ärzte im Dienste des nationalsozialistischen Staates, wie es Ministerialrat Dr. med. L. Conti (der spätere Nachfolger Wagners als Reichsärzteführer) formulierte. An den beiden Staatsmedizinischen Akademien, die sich besonders an Amts-, Schul-, Kommunal- und Fürsorgeärzte wandten, werde „die weltanschauliche Rückkehr zu den Grundlagen des Staates, zu Blut und Boden" Ärzten, die in den Staatsdienst wollten, eingeprägt. Der Leiter der neuen Münchner Staatsakademie, Ministerialdirektor Dr. med. Walter Schultze, bezeichnete die Akademie, neben der gleichartigen in Berlin, als „die einzige wissenschaftliche Stätte in Deutschland, an welcher ausnahmslos alle im öffentlichen Dienst befindlichen Ärzte künftig in ihrer neuen rassenbiologischen und bevölkerungspolitischen Aufgabe vorgebildet werden" (DÄB 63 [1933], 392–395). Ab Juli 1934, nach Verabschiedung des Gesetzes „über die Vereinheitlichung des Gesundheitswesens", wurde ein Netz staatlicher Gesundheitsämter aufgebaut, in denen zahlreiche beamtete Ärzte die Aufsicht über alle Fürsorgeeinrichtungen übernahmen und sich der rassenhygienischen „Volksaufartung" (das heißt, der Einschränkung der Fürsorgeleistungen für chronisch Kranke und Behinderte sowie die Erfassung der sogenannten erb- und anlagebedingten Leiden) widmeten.[5]

Dementsprechend sahen die Vorlesungen in den beiden staatsmedizinischen Akademien aus. Der erste Lehrgang vom 2. November 1933 bis 10. Februar 1934 in München kostete 100 Reichsmark und befaßte sich mit folgenden Themenbereichen: „Rassenhygiene und Bevölkerungspolitik", beispielsweise anhand einer Vorlesung „Erbfragen bei Geisteskranken und psychopathisch Minderwertigen" von Professor Ernst Rüdin (Mitkommentator des „Erbgesundheitsgesetzes", s. S. 111). Eine andere der achtzehn Vorlesungen alleine zu dem Thema „Rassenhygiene und Bevölkerungspolitik" beschäftigte sich mit der „Technik der Sterilisierung". Hauptthemenbereiche waren neben der „allgemeinen Sozialhygiene" (beispielsweise mit einer Vorlesung „Einrichtung, Betrieb und Überwachung von Arbeitsdienstlager, Arbeitsdienstpflicht") die „spezielle Gesundheitsfürsorge und soziale Pathologie". Hier gab es für junge Ärzte Vorlesungen über „Krüppelfürsorge", „Taubstummenfürsorge" oder „Blindenfürsorge", aber auch „die kriminalpolitischen Probleme des Strafrechts vom rassenhygienischen Standpunkt aus (Stufenstrafvollzug, Entlassenenfürsorge, Sicherheitsverwahrung)". Einen weiteren Themenschwerpunkt bildete der Luft- und Gasschutz. Die Ärzte konnten in dem Lehrgang auch zahlreiche Besichtigungen machen, unter anderem: Krematorien und Friedhöfe, Anstalt Geisach bei Tölz für kranke Kinder, Heil- und Pflegeanstalten Eglfing-Haar, Psychiatrische Klinik, Polizeidirektion: Erkennungsdienst, Strafvollstreckungs-Gefängnis Stadelheim (mit psychiatrischer Abteilung), Krüppelheim Niederaschau, Taubstummenanstalt, Blindenanstalt, Asyl für männliche Obdachlose (DÄB 63 [1933], 396–397).

Der erste Lehrgang der Münchner Staatsmedizinischen Akademie wurde am 2. November 1933 im Rahmen eines Festaktes mit einem grundlegenden Vortrag des Präsidenten der Akademie, Dr. med. Walter Schultze, eröffnet. Der neue Präsident sagte in einer sehr langen Rede unter anderem der „durch unverantwortliche, meist fremdstämmige Ärzte ‚kultivierten' Abtreibungsseuche schärfsten Kampf an". Dann leitete der Präsident zur „dauernden Absonderung unsozialer und rassisch minderwertiger Personen" über, und er dachte dabei, „neben den leichteren, aber doch unbedingt sicher erblich Geisteskranken, auf welche die Sterilisierung keine Anwendung finden soll, und neben den schweren Trinkern und verschieden gearteten Süchtigen in erster Linie an einen gewissen Teil der dem weitverzweigten Krankheitsbild der Psychopathie angehörenden, absolut unsozialen Elemente, aus denen sich erfahrungsgemäß das Heer der stets rückfälligen Gewohnheitsverbrecher zusammensetzt". – Mit anderen Worten: alle diejenigen, die, aus welchen Gründen auch immer, nicht in das saubere, deutsche Menschenbild des neuen Staates paßten.

Der Arzt spielte den Juristen den Ball zu: „Wir brauchen eine *deutsche* Rechtsprechung, die nicht in erster Linie die Bestrafung des Verbrechers, sondern den Schutz des Volksganzen, der Rasse zum Ziel hat und die eine dauernde Unschädlichmachung krankhafter oder minderwertiger Veranlagter und die Verhinderung der Erzeugung neuer Elender unbedingt gewährleistet."

Ein Mittel sei „die Asylierung. Sie könnte in Arbeitshäusern, Arbeitskolonien usw. erfolgen und hat ihren Anfang teilweise schon in unseren heutigen Konzentrationslagern gefunden." Beinahe nahtlos leitete der Arzt zum nächsten, naheliegenden Problem, das zu lösen war, über: „... die ‚Judenfrage' muß auch noch in anderer Beziehung im Sinne rassenhygienischer Forderungen beantwortet und behandelt werden." Die Eheschließung zwischen Juden und Deutschen sei „ein für allemal durch Gesetz unmöglich zu machen, ja auch den außerehelichen Geschlechtsverkehr zwischen den Trägern beider Rassen unter schwere Strafe zu stellen" (DÄB [1933], 556–557).

1935, rechtzeitig zur Abschlußkundgebung des „Reichsparteitages" in Nürnberg, wurden die „Nürnberger Gesetze" erlassen: Das „Reichsflaggengesetz", das als „Reichs- und Nationalflagge" die Hakenkreuzfahne vorschrieb, das „Reichsbürgergesetz", das „Nicht-Deutschblütigen" alle staatsbürgerlichen Rechte absprach und „das Gesetz zum Schutz des deutschen Blutes und der deutschen Ehre". Dieses Gesetz, ein weiterer Schritt in der dann immer unbarmherziger werdenden Verfolgung jüdischer Menschen, verbot die Eheschließung zwischen „Juden und Staatsangehörigen deutschen oder artverwandten Blutes" sowie den „außerehelichen Verkehr" zwischen ihnen. Außerdem durften Juden keine Haushaltshilfen (oder, beispielsweise im Falle von Ärzten, Sprechstundengehilfinnen), die jünger als 45 Jahre waren, beschäftigen. Damit war nicht nur ein weites Feld für Denunziationen aller Art geschaffen, sondern neue Arbeitsmöglichkeiten für deutsche Ärzte eröffnet. Die Nürnberger Gesetze gaben den Anthropologen reichlich Gelegenheit zur Gutachtertätigkeit. Die Gutachten wurden vom „Reichssippenamt", einer Behörde des Innenministeriums, bei dazu ermächtigten Instituten und Forschern angefordert. Der Direktor des Kaiser-Wilhelm-Instituts für Anthropologie in Berlin, Professor Dr. med. E. Fischer, dankte deshalb vor der Berliner theologischen Fakultät 1935 dem Führer, daß er durch die Nürnberger Gesetze den Erbforschern ermöglicht habe, „ihre Forschungsergebnisse dem Volksganzen praktisch dienstbar zu machen."[6] Spätestens ab 1939 wurden

Gutachten über die Rassenzugehörigkeit „de-facto Todesurteile über Personen, bei denen lediglich die Vollzugsweise des Urteils relativ unbestimmt blieb (der direkte Weg in die Gaskammer oder die ‚Vernichtung durch Arbeit')", wie es der Medizinhistoriker Achim Thom (Leipzig) formulierte.[7]

Die Rede des Arztes Schultze im November 1933 verdient es aber auch aus einem anderen Grunde, besonders hervorgehoben zu werden. Allein diese eine Rede zeigt, wie öffentlich und selbstverständlich von Anfang an das, was die Nationalsozialisten vorhatten, im Deutschen Reich kundgetan werden konnte – auch im offiziellen Publikationsorgan der deutschen Ärzteschaft. Diese eine Rede, in der von „Konzentrationslagern" über „deutsche" Rechtsprechung bis zur „Lösung der Judenfrage" so gut wie alles sehr deutlich ausgesprochen worden ist, straft diejenigen Lügen, die nach 1945 behaupteten, die namenlose Mehrheit der Ärzteschaft habe *von allem* nichts gewußt.

2. *„Furchtbare Juristen" und Ärzte*

Die ideologischen Grundsteine zu dem festen Fundament völkischer Entwicklung, wie es der Reichskanzler vor den Repräsentanten der Ärzteschaft formuliert hatte, waren in den Jahren vor 1933 geschaffen worden. Die Führer des neuen Deutschland mußten das tödliche Puzzle nur noch zusammensetzen. Im Feldzug gegen körperlich und geistig „Minderwertige", die „leistungsunfähig" und damit für den neuen Staat zu teuer waren; gegen „Asoziale" und „Psychopathen", die womöglich den neuen Staat gefährden konnten, weil sie nicht bereit waren, „jederzeit" für ihn einzutreten; gegen „rassisch Minderwertige", die man systematisch zum Sündenbock gestempelt hatte, den der neue Staat für seine zahllosen Verbrechen brauchte, arbeiteten Juristen und Ärzte Hand in Hand.

Rechtzeitig zum Deutschen Juristentag, der Anfang Oktober 1933 in Leipzig stattfand, veröffentlichte das Preußische Justizministerium eine Denkschrift, die sich mit der Umgestaltung des Strafrechts befaßte. Sie behandelte die Fragen, die „am dringendsten einer Lösung" harrten, wie es der Jurist Dr. Gerhard Prost aus Berlin formulierte. Die Umwertung aller Werte habe sämtliche Gebiete des kulturellen Lebens ergriffen. Auch im Hause des Rechts sei vieles gestürzt, aber auch vieles bereits durch neues ersetzt worden. Für die Ärzteschaft sei besonders wichtig, „daß im neuen Strafrecht mit der bisherigen, das Wesen des ärztlichen Berufes in sein Gegenteil verkehrenden Auffassung gebrochen werden soll, nach der der ärztliche Eingriff als Körperverletzung gilt, deren Strafbarkeit lediglich durch die Einwilligung des Patienten ausgeschlossen wird." In der Denkschrift heiße es vielmehr: „Daß die zu Heilzwecken erfolgenden Eingriffe und Behandlungen eines gewissenhaften Arztes Körperverletzungen selbst dann nicht sind, wenn sie gegen den Willen des Kranken vorgenommen werden, sollte heute selbstverständlich sein."

Anschließend ging der Jurist auf die Euthanasie ein. Das geltende Recht erkenne die Euthanasie nicht an, die Denkschrift dagegen wolle „den Eingriff des Arztes zulassen, allerdings nur unter größten Vorsichtsmaßregeln. Die Tötung auf Verlangen soll nur dann straflos sein, wenn der Täter (! R. J.) ein staatlich zugelassener Arzt ist, der Patient unheilbar krank ist, und dies durch das Gutachten zweier beamteter Ärzte festgestellt ist." Der Jurist wollte aber keine „Weltanschauungs- und Gewissensfragen" erörtern, er wollte vielmehr „nichts weiter, als auf den Lösungsversuch selbst" hinweisen. Der nächste Schritt war wieder einmal folgerichtig und naheliegend: „Im Zusammenhang mit der Zulässigkeit der Sterbehilfe steht das Problem der Freigabe der Vernichtung lebensunwerten Lebens. Gedacht ist hier vor allem an unheilbar Geisteskranke. Die Denkschrift behandelt diese Frage nicht besonders, sondern überläßt ihre Beantwortung einer besonderen staatlichen Regelung. Eine eindeutige Stellungnahme des Gesetzgebers wird sich aber auch hier nicht umgehen lassen. Sie ist jetzt sogar um so notwendiger, als die Tendenz vor allem des neuen Strafrechts dahin geht, den Staat zu Eingriffen in die Persönlichkeitsrechte des einzelnen im Interesse des Wohles der Gesamtheit zu ermächtigen. Infolgedessen dürfen auf diesem Gebiete keinerlei Zweifelsfragen ungeklärt bleiben" (DÄB 63 [1933], 773–775). Abschließend wies der Jurist die Ärzte noch darauf hin, „daß die Denkschrift sogar in Erwägung zieht, ob nicht auch geisteskranke Verbrecher, die ein todeswürdiges Verbrechen begangen haben, zu töten sind" (DÄB 63 [1933], 773–775).

Diese Denkschrift macht deutlich, wie selbstverständlich und offen zu Beginn des „Dritten Reiches" über „Euthanasie" und über die „Vernichtung lebenswerten Lebens" diskutiert wurde. Juristen und Ärzte warteten nur noch auf ein Gesetz, das aber nicht zustande kam. Bei der Tötung Kranker arbeiteten die Nationalsozialisten lieber in einer Grauzone und die Euthanasie/Sterbehilfe-Diskussionen wurden immer mehr hinter verschlossene Türen verlagert, je mehr der „neue Staat" und seine vielen Helfershelfer in diesem Bereich von der Theorie zur Praxis schritten. Die Denkschrift zeigt weiter, wie eng Juristen und Mediziner zusammenarbeiteten. Der ehemalige Richter am Bundesverfassungsgericht, Martin Hirsch, hat in einem Vorwort zu dem Buch „Furchtbare Juristen. Die unbewältigte Vergangenheit unserer Justiz" von Ingo Müller auf einen eigentümlichen Kontrast von Figuren, Worten und Taten hingewiesen: „Nur wenige der (juristischen, R. J.) Akteure sind als unmenschliche Charaktere greifbar, von denen der Pesthauch der Barbarei ausgeht. Die meisten waren Wort- und Verfahrensfunktionäre, die die Imperative des Schreckens so penibel erfüllten wie die Reinigung einer Waffe. Die grausame Seite ihrer Taten, den Vollzug ihrer Urteile, überließen sie den kleinen Schergen und konnten sich am Ende auch auf deren Kosten entlasten."[8] Hier wird ein Unterschied zwischen Juristen und Ärzten deutlich: Ärzte beteiligten sich eigenhändig an der „grausamen Seite der Taten", sie führten Gesetze im Bereich der Medizin gewissenhaft und pflichtbewußt aus, sie machten sich sozusagen, im Gegensatz zu den juristischen Schreibtischtätern, auch die Finger blutig.

3. *Das „Erbgesundheitsgesetz"*

Am 14. Juli 1933 wurde das „Gesetz zur Verhütung erbkranken Nachwuchses" verkündet, das – wie alles andere vorher und sehr vieles später noch – postwendend, am 29. Juli 1933, im Standesblatt veröffentlicht wurde und am 1. Januar 1934 in Kraft trat. Der Paragraph 1 lautete:

„(1) Wer erbkrank ist, kann durch chirurgischen Eingriff unfruchtbar gemacht (sterilisiert) werden, wenn nach den Erfahrungen der ärztlichen Wissenschaft mit großer Wahrscheinlichkeit zu erwarten ist, daß seine Nachkommen an schweren körperlichen oder geistigen Erbschäden leiden werden.

(2) Erbkrank im Sinne dieses Gesetzes ist, wer an einer der folgenden Krankheiten leidet:
1. angeborenem Schwachsinn,
2. Schizophrenie,
3. zirkulärem (manisch-depressivem) Irresein,
4. erblicher Fallsucht,
5. erblichem Veitstanz (Huntingtonsche Chorea),
6. erblicher Blindheit,
7. erblicher Taubheit,
8. schwerer erblicher körperlicher Mißbildung.

(3) Ferner kann unfruchtbar gemacht werden, wer an schwerem Alkoholismus leidet."

Das Gesetz war an zahlreichen Stellen auf die Mitarbeit von deutschen Ärzten angewiesen: Jedem Antrag auf Sterilisation war eine „Bescheinigung eines für das Deutsche Reich approbierten Arztes beizufügen, daß der Unfruchtbarzumachende über das Wesen und die Folgen der Unfruchtbarmachung aufgeklärt worden ist" (§ 2). Antragsberechtigt war außer demjenigen, „der unfruchtbar gemacht werden soll" (wenn dieser „nicht geschäftsunfähig oder wegen Geistesschwäche entmündigt oder noch nicht achtzehn Jahre alt war"), der gesetzliche Vertreter (§ 2). Oder ein beamteter Arzt und, für die Insassen einer Kranken-, Heil- oder Pflegeanstalt oder einer Strafanstalt, der Anstaltsleiter (§ 3). Der Antrag mußte bei einem der neu eingerichteten Erbgesundheitsgerichte gestellt werden, hierzu bedurfte es eines ärztlichen Gutachtens (§ 4). Das Erbgesundheitsgericht, das einem Amtsgericht angegliedert war, bestand aus einem Amtsrichter als Vorsitzendem, einem beamteten Arzt und einem weiteren für das Deutsche Reich approbierten Arzt, der mit der Erbgesundheitslehre besonders vertraut war (§ 6). Das Erbgesundheitsgericht konnte Zeugen und Sachverständige vernehmen sowie das persönliche Erscheinen und die ärztliche Untersuchung des „Unfruchtbarzumachenden" anordnen und ihn bei unentschuldigtem Ausbleiben vorführen lassen (§ 7). Paragraph 12 lautete:

„(1) Hat das Gericht die Unfruchtbarmachung endgültig beschlossen, so ist sie auch gegen den Willen des Unfruchtbarzumachenden auszuführen, sofern nicht dieser allein den Antrag gestellt hat. Der beamtete Arzt hat bei der Polizeibehörde die erforderlichen Maßnahmen zu beantragen. Soweit andere Maßnahmen nicht ausreichen, ist die Anwendung unmittelbaren Zwanges zulässig." (DÄB 63 [1933], 151–152)

In der „Verordnung zur Ausführung des Gesetzes zur Verhütung erbkranken Nachwuchses" vom 5. Dezember 1933 war genau aufgeführt, wer als beamteter Arzt im Sinne des Gesetzes galt: Der örtlich zuständige Amtsarzt (Kreisarzt, Bezirksarzt usw.) und sein Stellvertreter oder der Gerichtsarzt und sein Stellvertreter. Strafanstalten im Sinne des Gesetzes waren „Anstalten, in denen Strafgefangene untergebracht oder in denen mit Freiheitsentziehung verbundene Maßregeln der Sicherung vollzogen werden. Als Pflegeanstalten gelten auch Fürsorgeerziehungsanstalten." Im Artikel 1 der Verordnung hieß es: „Die Unfruchtbarmachung setzt voraus, daß die Krankheit durch einen für das Deutsche Reich approbierten Arzt einwandfrei festgestellt ist, mag sie auch nur vorübergehend aus einer verborgenen Anlage sichtbar geworden sein." – Damit war deutschen Ärzten weitgehende Entscheidungsfreiheit eingeräumt worden, was sie alles unter „vorübergehend" und „verborgenen Anlagen" verstehen wollten.

Nicht gestellt werden sollte der Antrag, „wenn der Erbkranke infolge hohen Alters oder aus anderen Gründen nicht fortpflanzungsfähig ist, oder wenn der zuständige Amtsarzt bescheinigt hat, daß der Eingriff eine Gefahr für das Leben des Erbkranken bedeuten würde, oder wenn er wegen Anstaltsbedürftigkeit in einer geschlossenen Anstalt dauernd verwahrt wird. Die Anstalt muß volle Gewähr dafür bieten, daß die Fortpflanzung unterbleibt. Ein fortpflanzungsfähiger Erbkranker, der in einer geschlossenen Anstalt verwahrt wird, darf nicht entlassen oder beurlaubt werden, bevor der Antrag gestellt und über ihn entschieden ist."

Und noch etwas: „Die Unfruchtbarmachung soll nicht vor Vollendung des zehnten Lebensjahres vorgenommen werden."[9]

„Ausmerzung erbkranker Belastung"

Das Gesetz zur Verhütung erbkranken Nachwuchses wurde am 5. August 1933 vom Spitzenfunktionär des Hartmannbundes, Haedenkamp, der ansonsten zu dieser Zeit alle Hände voll im Reichsarbeitsministerium zu tun hatte, um bei der „Ausschaltung" der unliebsamen Kolleginnen und Kollegen mitzuwirken, im Standesblatt in gewohnter Weise kommentiert. Dieses Gesetz markiere „einen Wendepunkt nicht nur im Gesundheitswesen, sondern in unserer gesamten Staatspolitik". Der Gesetzgeber greife tief in das Selbstbestimmungsrecht des Staatsbürgers ein, er übernehme „für das einzelne Individuum auf einem wichtigen, ja dem wichtigsten Gebiet der Gesundheitsführung die Verantwortung". Der Staat verwirkliche „gleichzeitig eine der dringlichsten Aufgaben aktiver Rassenpflege"; er beginne mit der „Aufartung unseres Volkes" und schaffe „die Voraussetzungen für die Ausmerzung erbkranker Belastung". Der Funktionär hob einige Unterschiede hervor, „die zwischen dem jetzt Geschaffenen und den Vorschlägen bestehen, die der Deutsche Ärztevereinsbund vor etwa Jahresfrist gemacht hat". Der wesentlichste Unterschied sei, daß das Gesetz nun „die Anwendung unmittelbaren Zwanges gestattet, während die Ärzteschaft den Eingriff in jedem Falle von der

Zustimmung des Kranken abhängig zu machen vorschlug. Man glaubte vor einem Jahre das Zustandekommen des ganzen Werkes gefährdet gesehen, wenn man von vorneherein die Zwangssterilisation empfohlen hätte und entschied sich deshalb *zunächst* (Hervorhebung: Haedenkamp, R. J.) für die freiwillige Sterilisierung. Die Umwälzung der politischen Machtverhältnisse hat auch hier die Entscheidung herbeigeführt. Der von politischen Parteien unabhängige autoritär geführte Staat konnte sein Ziel weiter stecken und beim ersten Vorgehen bereits eine Lösung erreichen, die man ehedem als zweiten Schritt der Entwicklung vorgesehen hatte."

Der direkt anschließende Beitrag vom Medizinalrat im Reichsministerium des Innern, Dr. Gütt, war überschrieben: „Der deutsche Arzt und das Gesetz zur Verhütung erbkranken Nachwuchses." Gütt betonte ebenfalls, daß man „in den wesentlichsten Punkten" vom preußischen Entwurf habe abweichen müssen, der „für den nationalsozialistisch denkenden Arzt eine Unmöglichkeit war und sein sollte!" Mit den Erbgesundheitsgerichten erkenne „der Staat zum ersten Male dem Arzt ganz allgemein das Recht der Entscheidung über wertvoll und minderwertig zu, indem ein Amtsarzt und ein anderer Arzt in jedem Fall die absolute Mehrheit in dem Gremium haben." Gütt umriß die „Mitwirkung der Ärzteschaft":

„Es gibt in Deutschland schätzungsweise 500- bis 600000 Schwachsinnige, rund 280- bis 300000 Geisteskranke, 100000 Epileptiker, rund 50- bis 80000 Fälle der anderen Leiden, die von dem Gesetz erfaßt werden. Das ist für den Anfang eine ganz erhebliche Zahl, die sich bei Fortschreiten der Wissenschaft noch erhöhen wird. Es tut sich also ein weites Feld der Betätigung für die gesamte Ärzteschaft auf; denn der Arzt ist derjenige, der als Haus- und Familienarzt den Eltern oder Angehörigen die Sterilisierung empfehlen wird, der es in der Hand hat, die freiwillige Reinigung unseres Volkskörpers zu fördern. Fehlt die notwendige Einsicht, besteht die Möglichkeit, daß der Amtsarzt den Antrag stellt. Dem Amtsarzt wird hiermit eine neue verantwortungsvolle Aufgabe übertragen, durch die er erneut als staatliches gesundheitliches Überwachungsorgan anerkannt wird. Die Entwicklung führt damit zum Gesundheitsamt und dem Einheitsmedizinalbeamten, der nur in engem Einvernehmen mit der übrigen Ärzteschaft seinem neuen erbbiologischen Pflichtenkreis wird nachkommen können."

Naturgemäß, wie Gütt formulierte, seien zunächst die dringenden Fälle auszuwählen. Das wären nicht immer die schweren Fälle, sondern als „dringend im Sinne dieses Gesetzes wird man diejenigen ansehen müssen, bei denen die Gefahr besteht, daß sie sich fortpflanzen. Man wird also gerade die schwachsinnigen Menschen im fortpflanzungsfähigen Alter bevorzugt der Operation zuzuführen haben." Der angeborene Schwachsinn sei diejenige Krankheit, „die in ihrer Auswirkung für ein Volk als die gefährlichste anzusehen ist, weil aus dieser Gruppe sich Minderwertige, Asoziale und Verbrecher rekrutieren und diese ja gerade hemmungslos sich fortzupflanzen pflegen" – deshalb sei der Rahmen der zu erfassenden Personen nicht zu eng zu ziehen (DÄB 63 [1933], 163–164).

Dies wurde auch deutlich im Kommentar „Gesetz zur Verhütung erbkranken Nachwuchses vom 14. Juli 1933 mit Auszug aus dem Gesetz gegen gefährliche Gewohnheitsverbrecher und über Maßregeln der Sicherung und Besserung vom 24. Nov. 1933", das schon im Titel „Erbkranke" und „Verbrecher" in einen Topf warf. Der Gesetzeskommentar, der 1934 im Münchner Lehmanns Verlag in einer Ausgabe für die Mitglieder der ärztlichen Spitzenverbände erschien, war bearbeitet und erläutert von dem Ministerialdirektor im Reichsministerium des Innern und Allgemeinarzt Dr. med. Arthur Gütt, dem Professor für Psychiatrie an der Universität und Direktor des Kaiser Wilhelm-Instituts für Genealogie und Demographie der Deutschen Forschungsanstalt für Psychiatrie in München, Dr. med. Ernst Rüdin und dem Geschäftsführer des Reichsausschusses für Volksgesundheitsdienst beim Reichsministerium des Innern Dr. jur. Falk Ruttke. Die „Eingriffe zur Unfruchtbarmachung des Mannes und zur Entmannung" wurden der Ärzteschaft vom bekannten Chirurgen, Geheimrat Professor Dr. med Erich Lexer; die „zur Unfruchtbarmachung der Frau" vom bekannten Gynäkologen, Geheimrat Professor Dr. med. Albert Döderlein, beide München, beide bis heute hochangesehene Ärzte, mit Bildern anschaulich geschildert.

Im Vorwort schrieben die Verfasser, daß sich der deutsche Parlamentarismus als unfähig erwiesen habe, grundsätzlich neue Wege zur Rettung des Volkes zu beschreiten. Er habe an Einzelerscheinungen der sozialen oder wirtschaftlichen und staatspolitischen Mißstände herumkuriert, ohne dem Übel auf den Grund zu gehen. Dies sei dem Nationalsozialismus vorbehalten geblieben, der sich die Denkweise des Führers zu eigen gemacht habe. Deshalb wurde anschließend ausführlich aus Hitlers „Mein Kampf", Volksausgabe S. 279f. zitiert. Am Schluß des Buches schrieben die Verfasser, die selbstverständlich davon ausgingen, daß „verbrecherische Anlagen" vererbt würden, es komme „nunmehr darauf an, Richter, Staatsanwälte und Ärzte dahingehend aufzuklären, daß sie diese ausmerzenden Bestimmungen nun auch wirklich in Anwendung bringen. ... Diese beiden Gesetze lehren unser Volk die Erbgesundheit und die Erb- und Rassenpflege genauso zu würdigen, wie das Gesetz zur Wiederherstellung des Berufsbeamtentums unser Volk zur Wahrung der Rassenreinheit und zur Pflege der Familienkunde erzogen hat."[10]

Die betroffenen Menschengruppen wurden immer weiter definiert. Die Hauptdiagnose war „Schwachsinn". 1934 wurden 53% aller Sterilisationen auf Grund dieser Diagnose gemacht. Später kam noch die Kategorie „moralischer Schwachsinn" hinzu – im Prinzip konnte damit jeder sterilisiert werden, der „asozial" und in irgendeiner Form nicht angepaßt war. Der Humangenetiker Müller-Hill hat darauf hingewiesen, daß Repräsentanten der Rassenhygiene wie Lenz, Rüdin oder Verschuer ständig für Erweiterungen des Kreises der zu Sterilisierenden eintraten, insbesondere um „ethisch schwer defekte und dadurch sozial minderwertige Psychopathen" und „das ganze große Heer der schweren unverbesserlichen Anlageverbrecher".[11] 57,3% aller Zwangssterilisierten waren Frauen. Menschen wurden sterilisiert, weil sie zu den Sinti und Roma gehörten, also „Zigeuner" waren – ein weiteres Volk neben den Juden, das die Nationalsozialisten systematisch ausrotten wollten.

Es wurden kleine Kinder sterilisiert, obwohl das Gesetz eine Altersgrenze von 10 Jahren gesetzt hatte. Beispielsweise die „Rheinlandbastarde", Kinder deutscher Frauen und farbiger französischer Soldaten aus der Zeit der französischen Besetzung des linken Rheinufers nach dem Ersten Weltkrieg. Zwar war auch nach Einführung des „Erbgesundheitsgesetzes" eine Sterilisation zur „Reinerhaltung der Rasse" nicht zulässig, dennoch wurden die Kinder, zwischen sieben und siebzehn Jahre alt, zwangssterilisiert – nachdem die Einwilligung der Mütter zum Teil unter KZ-Androhung von der Gestapo erpreßt worden war.[12]

Ein großer Teil der Betroffenen waren Menschen in Anstalten, die auch nach der Sterilisierung nicht aus der Anstalt herauskamen. Mit Hilfe des „Erbgesundheitsgesetzes" wurden Hunderttausende körperlich und seelisch verstümmelt und es gibt Untersuchungen, denen zufolge mehrere tausend Menschen an den direkten Folgen des Eingriffes starben. Der Direktor der Würzburger Universitätsklinik, Professor Gauß, ermittelte 1936 einen „Sterblichkeitskoeffizienten" von nicht weniger als 5 Prozent. Bei etwa 350000 bis 400000 Sterilisierten müßte man danach also von 17500 bis 20000 Todesopfern des Gesetzes ausgehen.[13]

4. Eine deutsche Arzt-Karriere, Teil 2

1934 schrieb Naujoks, der inzwischen Professor und Oberarzt in Marburg war, in der Deutschen Medizinischen Wochenschrift einen Aufsatz „Zur Legalisierung der Schwangerschaftsunterbrechung aus eugenischer Indikation".[14] Der Gynäkologe, in der Weimarer Republik, im „ewigen Deutschland" und in der Bundesrepublik striktester Gegner einer sozialen Indikation, forderte darin die Schwangerschaftsunterbrechung aus eugenischer Indikation, die zu diesem Zeitpunkt im „Dritten Reich" noch verboten war. Am praktischsten wäre es, so der Mediziner, wenn man Sterilisation und Abtreibung miteinander verbinde. Um das zu demonstrieren, schilderte Naujoks einen

Fall, den er in der Zeitschrift Ziel und Weg des Nationalsozialistischen Deutschen Ärztebundes ebenfalls veröffentlichte.

Ein mit angeborener Blindheit (Retinitis pigmentosa) behaftetes Mädchen sei von einem gleichfalls fast blinden Mann mit angeborenem Star geschwängert worden. „Nach eingehender Beratung mit höchst sachverständigen, behördlich autorisierten Stellen habe ich der Patientin die Notwendigkeit der gleichzeitigen Schwangerschaftsunterbrechung und Sterilisierung dargelegt." Das „intelligente Mädchen" habe die Einwilligung zur Sterilisierung lange verweigert, „brach unter der Forderung derselben fast zusammen und gab schließlich erst ihre Zustimmung, als die Alternative gestellt wurde: Entweder beide Eingriffe oder keinen. Wir haben dann sowohl die Unterbrechung der Schwangerschaft, wie die Sterilisierung einzeitig durchgeführt. Unangebrachte Weichheit ist hier nicht zu verantworten."[15] Der Gesetzgeber zog nach: Am 26. 6. 1935 wurde die Abtreibung aus „eugenischer" Indikation bis Ende des sechsten Monats mit gleichzeitiger Zwangssterilisation legalisiert (Schwangerschaftsunterbrechungen aus sozialer Indikation dagegen waren streng verboten. Für eine deutsche Frau bestand sozusagen „Gebärzwang"; da hatte es keine soziale Not zu geben).

Am 19. Juni 1935 hielt der neuberufene Chefarzt und Direktor der Universitäts-Frauenklinik Köln, Professor Dr. med. Hans Christian Naujoks, verheiratet, vier Kinder, deutschblütig, NSDAP-Mitglieds-Nummer 2828601 (seit April 33), Mitglied des Nationalsozialistischen Deutschen Ärztebundes, in der Aula der Universität Köln seine öffentliche Einführungsvorlesung. Der Gynäkologe sprach über die Wandlung der deutschen Frau und machte in seinem Festvortrag deutlich, wie eng für deutsche Ärzte Politik und Medizin zusammengehörten: „Männer haben das Dritte Reich erkämpft, gebaut, mit ihrem Blute gefestigt. Es ist darum wohl verständlich, daß diese Bewegung härtester Männlichkeit in der Kampf- und Übergangsperiode zu einem gewissen Beiseitedrängen der Frau führte; aber niemals hat sie zu Gegensätzen oder gar zur Unterdrückung Anlaß gegeben." Der Arzt leitete zu den „Aufgaben und *Pflichten*" für „das Geschlecht der Frauen" über und wischte mit einem „Führerwort" auf dem Frauenkongreß in Nürnberg am 8. September 1934 die Frauenbewegung hinweg. Dort habe der Führer gesagt: „Das ist ja das Wunderbare in der Natur und Vorsehung, daß kein Konflikt der beiden Geschlechter unter- und nebeneinander möglich ist, solange jeder Teil die ihm von Natur vorgezeichnete Aufgabe erfüllt." Die Frauenbewegung, so der Gynäkologe in der Aula in Köln, sei „ein Scheingebilde, ein trügerisches Aushängeschild gewesen, hinter dem sich etwas ganz anderes verbarg, nämlich eine recht wirksame Stoßtruppe des jüdisch-marxistischen Klassenkampfes". Darüberhinaus habe die Frauenbewegung – sowohl die bürgerliche als auch die proletarische – die Frauen in eine Sonderstellung gedrängt, in der sie sich mit den Frauen aller Länder solidarisch fühlten: „Die Frauenbewegung wurde damit international, pazifistisch, vergaß ihre Pflichten, ihre Opfer gegenüber dem eigenen Vaterlande" und war nicht selten „beraten und geführt von Juden und Judengenossen".

Die weitaus schlimmsten Folgen der „Sucht nach Mannähnlichkeit, nach Gleichberechtigung" aber hätten sich auf sittlichem Gebiete gezeigt: „Bekämpfung der sog. doppelten Moral, die als eine ungerechte Bevorzugung des Mannes bezeichnet wurde, sexuelle Freiheit, das Recht auf den eigenen Körper, auf Sichausleben, auf den Genuß der Jugend, das waren die Schlagworte, das waren die Ziele, für die unsere deutsche Frauenwelt kämpfte, geführt und unterwiesen von jüdischen Literaten und perversen Pseudowissenschaftlern, die dem zersetzenden Gift ein schillerndes Aussehen und einen lieblichpikanten Geschmack zu geben verstanden." Damit war es ja nun, dem Führer sei Dank, vorbei: „Dieses Wunder hat die nationalsozialistische Lehre vollbracht. Sie hat nicht nur unser Volk erweckt, unser Vaterland wieder erstehen lassen, sie hat auch die deutsche Frau gerettet. ... Wenn unsere Frauen sich treu bleiben, kann Deutschland nicht untergehen. Die durch die nationalsozialistische Weltanschauung verwurzelte deutsche Frau ist die Garantin der Zukunft des Volkes; sie sichert das *ewige Deutschland.*"[16]

Der Festvortrag zeigte nicht nur deutlich, daß Naujoks ein überzeugter Anhänger des „ewigen Deutschland“ war, sondern auch, wie offen frauenfeindlich sich nun deutsche Ärzte äußern konnten. Mit allergrößter Heftigkeit jedenfalls flackerte bei Ärzten nach 1933 die Sorge um die deutsche Frau und Mutter wieder auf, nachdem vor Anbruch des „Tausendjährigen Reiches“ bereits im Deutschen Ärzteblatt ein Arzt seine Kollegen hatte mahnen müssen, im Zusammenhang mit der Gleichberechtigung der Frau nicht an den gesetzlichen Grundlagen der Republik zu rütteln. Nun, nachdem die Republik zu Fall gebracht worden war, konnte beispielsweise auch ein Dr. med. Walter Gmelin aus Immenstaad am Bodensee sich darüber Gedanken machen, wie am besten man dem „Frauenstudium seine Berechtigung und Voraussetzung entziehen“ könne, damit „der eigentliche Frauenberuf, das Muttertum, wieder zur allgemeinen Anerkennung und Geltung“ komme. Der Arzt glaubte allerdings nicht, daß es erst eines Verbotes oder einer Erschwerung des Frauenstudiums bedürfe: „Bei der Wahl zwischen Familie und Mutterschaft einerseits und Beruf andererseits wird jedes weiblich und mütterlich empfindende Mädchen für ihre höchste Bestimmung als – Mutter entscheiden. Von den ‚Mannweibern‘ dürfte aber der Familie und dem Volke kein Schaden zugefügt werden: Im Konkurrenzkampfe wird ein solches Zwitterwesen von selbst ausscheiden, da es von dem gesunden und natürlichen Volksinstinkt abgelehnt wird.“

Dieser deutsche Arzt war, schlicht und einfach, ein wilhelminisch erzogener, verklemmter und frauenfeindlicher Mann und „Untertan“. Der hatte, wenn er von der Obrigkeit die Macht dazu bekam, für alles, was ihn angeblich bedrohte, seiner Meinung nach leistungsuntüchtig oder – im Falle der emanzipierten Frau – ihm überlegen war, eine organische Lösung: Die Lösung der Judenfrage, die Lösung des Minderwertigen-Problems oder, im Falle des deutschen Arztes vom Bodensee, die „Lösung der Frauenfrage im allgemeinen“. Die Lösung war „organische Überwindung des Frauenstudiums. Im Schoße der deutschen Frauen schlummert die Zukunft des deutschen Volkes: An uns Männern liegt es, sie zum Leben zu erwecken.“ (DÄB

63 [1933], 55–60) Der Arzt hatte dieses eine Mal das „deutsch" vor „uns Männern" vergessen. Aber das verstand sich im Zusammenhang mit der „deutschen" Frau für einen „deutschen" Arzt von selbst. Da gab es keine anderen Männer.

Nach 1933 konnten Ärzte wie Naujoks, wenn sie von einer Methode wie der temporären Röntgensterilisation überzeugt waren, diese auch gegen den Willen des Erbgesundheitsgesetzgebers weiter ausprobieren. Naujoks jedenfalls bekannte 1935: „Wir haben vor zwei Jahren bei einer 40-jährigen schwachsinnigen Patientin von einem operativen Eingriff abgesehen, sondern zwecks Sterilisierung Radium in die Uterushöhle eingelegt und damit sicher und leicht den geforderten Effekt erzielt." Da das „Erbgesundheitsgesetz" zu diesem Zeitpunkt einen chirurgischen Eingriff zur Unfruchtbarmachung vorschrieb, weil nach den Erläuterungen von Gütt-Rüdin-Ruttke die Röntgenbestrahlung eine Schädigung der Keimdrüsen mit sich bringen würde, hatte sich Naujoks an das Reichsministerium des Innern gewandt: „Von dort aus erhielt ich unter dem 14. Juli 1934 folgende Antwort: Es ist unzweifelhaft, daß die Sterilisierung mit Radium auf Grund des Gesetzes zur Verhütung erbkranken Nachwuchses nicht zulässig ist." Naujoks hielt es dagegen „für durchaus gerechtfertigt, daß es dem Gynäkologen, der die Sterilisierung auszuführen hat, überlassen bleiben muß, nicht nur über die Technik des operativen Eingriffs zu entscheiden, sondern in vereinzelten, ganz besonders gelagerten Fällen auch die Strahlensterilisierung anzuwenden."[17]

Naujoks konnte sich derartiges leisten, er war inzwischen Direktor der Universitäts-Frauenklinik in Köln, und am 25. 2. 1936 wurde mit einer weiteren Gesetzesänderung die Zwangssterilisation durch Röntgen- und Radiumstrahlen gestattet; bis dahin waren nur chirurgische Eingriffe erlaubt gewesen. Damit waren im Prinzip gesetzliche Voraussetzungen für Sterilisations-Versuche in Konzentrationslagern an Jüdinnen und Juden oder sogenannten „Ostarbeitern" gegeben.

5. „Euthanasie“

Die staatlich verordnete „Ausmerze minderwertiger Belastung“ durch Zwangssterilisation und die Vernichtung „unwerten“ Lebens im Mutterleib, die zwar gesetzlich nur bis zum Ende des sechsten Monats erlaubt war, aber in Einzelfällen bis zum neunten Monat durchgeführt wurde,[18] war der Vorläufer des „Euthanasieprogramms“, wie die hunderttausendfache Ermordung von Menschen verharmlosend umschrieben wurde. Damit erreichten die immer unmenschlicher werdenden Übergriffe des nationalsozialistischen Regimes einen nächsten Höhepunkt, und wieder machten Ärzte aktiv oder als Gutachter und „Zulieferer“ an verschiedensten Schaltstellen mit. Da zum Komplex Euthanasie in den letzten Jahren zahlreiche Untersuchungen erschienen sind (siehe Literaturauswahl auf S. 186), soll hier im folgenden nur kurz an ein paar Aspekte erinnert werden.

Ebenso wie bei der Diskussion um die Sterilisation „Minderwertiger“ hatten auch bei der Euthanasie die ideologischen Vorarbeiten lange vor 1933 eingesetzt. Bereits in der Weimarer Republik hatten Juristen und Mediziner Argumente zusammengetragen, die ihrer Meinung nach für eine aktive Tötung schwer Behinderter, vor allem geistig Kranker sprachen. Den entscheidenden Auftakt zu dieser Debatte hatte die bereits erwähnte Schrift von Binding/Hoche „Über die Freigabe der Vernichtung lebensunwerten Lebens“ gebildet. Als Hauptgründe wurden, oft human verbrämt, wirtschaftliche und eugenische Argumente genannt. Zusammenfassend läßt sich festhalten, was Achim Thom so formuliert hat: „Jede nähere Beschäftigung mit solchen bereits vor 1933 vorliegenden Befürwortungen der massenhaften Tötung von Patienten läßt eine erschreckende Gleichgültigkeit der ‚wissenschaftlichen‘ Argumentation gegenüber dem fundamentalen Wert des menschlichen Lebens und dem Schicksal des einzelnen erkennen, die kaum einer rationalen Erklärung zugänglich ist und ihre tiefere Wurzel in den ‚biologischen‘ Beurteilungskriterien der Individuen hat, die in den genannten Fällen nur noch als ‚Ballastexistenzen‘ eingeordnet worden sind."[19] Bereits vor 1933 war es in der Sprache vieler Ärzte und Juristen selbstverständlich geworden, daß Kranke und Behinderte, denen das Siegel der Unheilbarkeit und der Belastung der Volksgemeinschaft aufgedrückt worden war, ihr Recht auf Leben verwirkt hatten.

Nach 1933, unter der zunehmenden Verrohung der Gesellschaft, wurde die Hemmschwelle zur aktiven Tötung kranker Menschen von Ärzten überschritten und von noch viel mehr Ärzten stillschweigend hingenommen, auch wenn manche von ihnen der Euthanasie innerlich ablehnend gegenüberstanden. Mit dem Massenmord an hunderttausend und mehr Kranken, Schwachen, Behinderten, Wehrlosen wurde der ärztliche Auftrag zur Lebenserhaltung in sein direktes, todbringendes Gegenteil pervertiert. Aus dem Arzt wurde der Henker. Der Auftakt war ein vorsichtig formulierter „Führererlaß" vom Oktober 1939, demzufolge die Befugnisse namentlich zu bestimmender Ärzte so zu erweitern seien, „daß nach menschlichem Ermessen unheilbaren Kranken bei kritischster Beurteilung ihres Krankheitszustandes der Gnadentod gewährt werden kann". Der Erlaß war auf den 1. September 1939 rückdatiert worden. Mit dem Überfall auf Polen und dem dadurch provozierten Krieg konnte der Staat endgültig keine unnützen Esser mehr gebrauchen.

Die Euthanasie begann mit einer breit angelegten Mordaktion an rund 5000 geistig und körperlich behinderten Kindern. Am 18. August 1939 wurde mit einem Runderlaß des Reichsministeriums des Innern eine „Meldepflicht für mißgestaltete usw. Neugeborene" angeordnet. Im Deutschen Ärzteblatt war darauf in der Rubrik „Bekanntmachungen der Reichsärztekammer" zu lesen:

„1. Zur Klärung wissenschaftlicher Fragen auf dem Gebiete der angeborenen Mißbildung und der geistigen Unterentwicklung ist eine möglichst frühzeitige Erfassung der einschlägigen Fälle notwendig.

2. Jeder Leiter einer Entbindungsanstalt oder einer geburtshilflichen Abteilung in Krankenhäusern sowie jeder Arzt, der

bei der Geburt eines Kindes Beistand geleistet hat, hat eine Meldung an das für den Geburtsort des Kindes zuständige Gesundheitsamt nach beifolgendem, bei den Gesundheitsämtern vorrätig gehaltenem Formblatt zu erstatten, falls das neugeborene Kind verdächtig ist, mit folgenden schweren angeborenen Leiden behaftet zu sein:

1) Idiotie sowie Mongolismus (besonders Fälle, die mit Blindheit und Taubheit verbunden sind),
2) Mikrocephalie,
3) Hydrocephalus schweren bzw. fortschreitenden Grades,
4) Mißbildungen jeder Art, besonders Fehlen von Gliedmaßen, schwere Spaltbildungen des Kopfes und der Wirbelsäule usw.,
5) Lähmungen einschließlich Littlescher Erkrankung.

3. Ferner sind von allen Ärzten zu melden Kinder, die mit einem der unter Abs. 2 Ziffer 1–5 genannten Leiden behaftet sind und das dritte Lebensjahr noch nicht vollendet haben, falls den Ärzten die Kinder in Ausübung ihrer Berufstätigkeit bekannt werden.

Die Meldung hat an den für den Wohnort des Kindes zuständigen Amtsarzt zu erfolgen; bei voraussichtlich längerem Anstaltsaufenthalt des Kindes ist die Meldung an das für den Sitz der Anstalt zuständige Gesundheitsamt zu erstatten.

4. Für den anzeigenden Arzt ist die Verpflichtung zur Anzeige aus Art. 3 Abs. 4 der Ersten Verordnung zur Ausführung des Gesetzes zur Verhütung erbkranken Nachwuchses vom 5. Dezember 1933 (Reichsgesetzblatt I Seite 1021) mit dieser Meldung erfüllt. Weitere Meldeverpflichtungen, insbesondere nach dem Preuß. Krüppelfürsorgegesetz vom 6. Mai 1920 (Ges. Sammlung Seite 280) bleiben nach wie vor in Kraft“ (DÄB 70 [1940], 142).

Götz Aly (Berlin), der sich seit langem mit dem Thema „Medizin im Nationalsozialismus“ befaßt, hat gezeigt, daß aufgrund dieser Meldepflicht bis Kriegsende rund 100000 Kinder von Gesundheitsämtern, Kinderärzten oder Hebammen der Berliner Zentrale des „Reichsausschusses zur Erfassung erb-

und anlagebedingter Leiden" gemeldet wurden. 20000 Meldungen wurden nach einer ersten Vorprüfung den als Gutachtern tätigen Ärzten Catel (siehe S. 152), Heintze und Wentzler zugeschickt. Falls diese eine „Sonderbehandlung" der Kinder befürworteten, und nachdem der Leibarzt Hitlers, Brandt, abschließend zugestimmt hatte, wurden die Kinder in eine von rund 20 Spezialabteilungen von psychiatrischen Anstalten und Kinderkliniken verlegt. Da nach 1945 wichtige Unterlagen vernichtet worden sind, ist die genaue Zahl der ermordeten Kinder nicht bekannt. Es sind aber mindestens 5000 Kinder, meistens mit einer Überdosis Luminal, getötet worden.[20]

Der nächste Schritt war der planmäßige Massenmord an rund 70000 psychisch kranken Menschen, der im Herbst 1939 begann. Mit Hilfe dreier Tarnorganisationen – der „Reichsarbeitsgemeinschaft Heil- und Pflegeanstalten", der „Gemeinnützigen Stiftung für Anstaltspflege" und der „Gemeinnützigen Krankentransportgesellschaft GmbH" – wurden die Kranken gesammelt und in Euthanasieanstalten (vor allem Hadamar in Hessen, Hartheim bei Linz, Grafeneck in Württemberg, Brandenburg a. d. Havel, Sonnenstein bei Pirna) abtransportiert. Die Adresse der Tarnorganisation war Berlin, Tiergartenstraße 4. Deshalb wurde der Massenmord „Aktion T 4" genannt. Einer der Gutachter, der Psychiater Dr. Pfannmüller, Direktor der Heil- und Pflegeanstalt Eglfing-Haar bei München, hat vom 14. November bis 1. Dezember 1940 die Fragebogen von 2109 Menschen „begutachtet" und über Tod oder Leben entschieden.[21]

Die „Aktion T 4" wurde am 24. August 1941 mit einem weiteren Führer-Erlaß offiziell gestoppt, aus verschiedenen Gründen. Zum einen waren deutliche Stimmen gegen die Euthanasie laut geworden. Der Münsteraner Bischof Clemens August Graf von Galen hatte öffentlich in einer Predigt protestiert und die Massentötungen als Mord angeprangert. Ein weiterer Gesichtspunkt aber ist, daß das gesteckte Planziel erreicht war; fast die Hälfte der 1936 noch registrierten Anstaltspatienten war ermordet worden. Ein Euthanasie-Gesetz hatten die Nationalsozialisten nicht erlassen, obwohl es vor allem von Ärzten gefordert worden war, die ihr Handeln – ähnlich wie beim „Erbgesundheitsgesetz“ – legalisiert sehen wollten. Die Tötung kranker Menschen aber ließen die Nationalsozialisten aus verschiedenen Gründen in einer juristischen Grauzone. Zum einen fürchteten sie wohl Proteste – auch aus dem Ausland –, wenn ein offizielles „Sterbehilfe“-Gesetz verabschiedet worden wäre. Zum anderen aber wurde so die Tötung Kranker zu einem nahezu individuellen, persönlichen Handeln zwischen Arzt und Patient gemacht – die Verantwortung lag letztlich beim tötenden Mediziner.

Nach dem offiziellen Stop der „Aktion T 4“ ging das Morden im Rahmen der sogenannten „wilden Euthanasie“ in den Anstalten weiter; Ärzte bestimmten nun völlig nach eigenem Ermessen über „Wert“ oder „Unwert“ eines Lebens. Patienten wurden mit Spritzen getötet, oder man ließ sie einfach verhungern. Dabei wurden die Menschengruppen, die in den Sog der Tötungsmaschinerie gerieten, immer weiter ausgedehnt – ähnlich wie beim „Erbgesundheitsgesetz“. Der Schwerpunkt des Mordens verlagerte sich auf soziale Randschichten, auf „Gemeinschaftsfremde“, „Asoziale“, die Insassen von Arbeits- und Bewahrungshäusern, auf Bettler, Prostituierte, „Kriminelle“. Während im Deutschen Reich die Auswahl der Opfer noch nach Kriterien wie „Arbeitsfähigkeit“ stattfand, wurden in den besetzten Gebieten im Osten, in Polen und der Sowjetunion, die Insassen ganzer psychiatrischer Anstalten von den der Wehrmacht folgenden Einsatzgruppen der SS ohne weitere Differenzierungen erschossen.[22]

6. Der letzte Schritt: KZ-Medizin

Die „Zigeunerkinder“ aus Mulfingen und Dr. med. Ritter

Am 9. Mai 1944 wurden aus dem Kinderheim St. Josefspflege in Mulfingen im Hohenlohekreis 39 Kinder im Alter zwischen sechs und 19 Jahren nach Auschwitz deportiert. Bis auf vier starben sie dort an Hunger und Seuchen oder wurden, weil sie „Zigeuner“ waren, ermordet,[23] wie insgesamt rund eine halbe

Million Sinti und Roma. Am 18. Mai 1984 hat Hildegard Lagrenne in der Evangelischen Akademie Bad Boll berichtet: „In unserer Familie gibt es keinen, der nicht im KZ war. Alle meine Familienangehörigen mütterlicherseits sind in Auschwitz ermordet worden. Von Auschwitz bis Natzweiler im Elsaß gab es kein Lager, in dem keine Sintis waren. Auschwitz war die schlimmste Stätte der Vernichtung, die es je gegeben hat. Dort sind zuletzt noch meine Schwiegereltern und meine Schwägerin mit ihren vier Kindern geblieben. Am 1. August 1944 wurden alle zu einem Transport zusammengesammelt, ‚zur Außenarbeit', wie es hieß. In derselben Nacht wurden sie alle, 3000 Sintis, vergast. Man sagt, daß eine halbe Million Sinti und Roma in den Lagern ermordet worden ist ohne diejenigen, die in den Wäldern erschossen wurden. Die gesamte Familie meines Mannes, die Familie Lagrenne, ist damals erschossen worden im Wald bei Kolmar."[24]

Bei der systematischen Erfassung der Sinti und Roma hatte ein Mediziner die Vorarbeiten geleistet. Der Psychologe und Psychiater Dr. Robert Ritter, Oberarzt in der Kinderabteilung der Universitätsnervenklinik Tübingen, hatte kurz nach der „Machtübernahme" einen Forschungsauftrag vom Reichsgesundheitsamt erhalten, in Südwestdeutschland erbwissenschaftliche Untersuchungen im Zusammenhang mit „Zigeunermischlingen usw" anzustellen. Die Ergebnisse veröffentlichte Ritter 1937 unter dem Titel „Ein Menschenschlag – ärztliche und erbgesundheitliche Untersuchungen über die durch zehn Geschlechterfolgen erforschten Nachkommen von ‚Vagabunden, Gaunern und Räubern'". Das Buch endete: „Weder Rad noch Galgen, noch Schwert, weder Rute noch Brandmarkung, weder Verschubung noch Landesverweisung, weder Zucht- noch Arbeitshäuser, weder Kinderheime noch Erziehungsanstalten, weder Kirche noch Schule haben diesen Menschenschlag zu ändern vermocht. Denn alle diese Maßnahmen konnten nicht rechtzeitig verhindern, daß diese Glieder des Gaunerschlages sich miteinander fortpflanzten, und daß sie damit ihr geprägtes Erbgut immer wieder durch die Jahrhunderte an die folgenden Geschlechter weitergaben."[25]

1938 wurde Ritter in das Reichsgesundheitsamt nach Berlin-Dahlem berufen, wo er die „Rassenhygienische und bevölkerungsbiologische Forschungsstelle" aufbaute und die Leitung übernahm. Dabei wurde er von der Deutschen Forschungsgemeinschaft (DFG) unterstützt – für ein Projekt „Arbeiten zur Asozialenforschung und zur Bastardbiologie (Zigeuner, Juden)" erhielt er eine Sachbeihilfe von 15000 Reichsmark.[26] Ritter und seine Mitarbeiter spürten systematisch die im Deutschen Reich lebenden „Zigeuner" auf, registrierten sie und beurteilten sie gutachterlich. Die Bewertung („Z" für Zigeuner, „ZM" für Zigeunermischling etc.) entschied über das weitere Schicksal der so „Begutachteten", die bei Kriegsbeginn nach Polen deportiert wurden. Allein im Konzentrationslager Auschwitz wurden 20943 „Zigeuner" registriert,[27] die meisten von ihnen starben an Hunger und Seuchen oder wurden ermordet – darunter auch die Kinder aus der St. Josefspflege in Mulfingen.

Ein nach Kriegsende gegen Ritter angestrebtes Verfahren wurde 1950 eingestellt, da Ritter sagte, er habe 1941 – also vor der Vernichtung der „Zigeuner" – seine Forschungen beendet, folglich könne er für das, was später geschehen sei, nicht belangt werden. Dabei hatte Ritter noch 1944 an die DFG geschrieben: „Aus dem Zigeunerarchiv der Forschungsstelle werden in angespanntester Arbeit nach wie vor zahllose amtliche Anfragen unter erbpflegerischen Gesichtspunkten beantwortet."[28]

Massensterilisationsversuche

In den Konzentrationslagern begannen im Frühjahr 1941 die experimentellen Vorarbeiten für Massensterilisationen, um möglichst viele Menschen möglichst einfach und unauffällig zu sterilisieren. Im Nürnberger Ärzteprozeß wurde ein „Bericht über die Versuche betr. Röntgenkastration" vorgelegt, den der Angeklagte Viktor Brack (Oberdienstleiter in der Kanzlei des Führers) zur Vorbereitung des „Sterilisationsprogramms mit Röntgenstrahlen" verfaßt und dem Reichsführer-SS, Heinrich

Himmler, im März 1941 vorgelegt hatte. Brack konnte auf zahlreiche wissenschaftliche Ergebnisse zurückgreifen und war zu dem Schluß gekommen:

„Die Versuche auf diesem Gebiet sind abgeschlossen. Folgendes Ergebnis kann als sicher und wissenschaftlich entsprechend unterbaut festgestellt werden. Sollen irgendwelche Personen für dauernd unfruchtbar gemacht werden, so gelingt dies nur unter Anwendung so hoher Röntgendosen, daß mit ihnen eine Kastration mit allen ihren Folgen eintritt. Die hohen Röntgendosen vernichten nämlich die innere Sekretion des Eierstocks, bzw. des Hodens. Geringere Dosen würden nur auf eine gewisse Zeit die Zeugungsfähigkeit unterbinden. Die in Frage kommenden Folgen sind z. B. das Ausbleiben der Periode, klimakterische Erscheinungen, Veränderung der Behaarung, Änderung des Stoffwechsels usw. Auf diese Nachteile muß auf jeden Fall hingewiesen werden.

Die Dosierung selbst kann auf verschiedene Weise gestaltet werden und die Bestrahlung völlig unmerklich vor sich gehen. Für Männer ist eine Herddosis von 500–600 r, für Frauen eine solche von 300–350 r notwendig. Grundsätzlich kann man bei stärkster Spannung und dünnem Filter sowie geringem Abstand mit einer Bestrahlungszeit von 2 Minuten für Männer bzw. 3 Minuten für Frauen auskommen. Dabei muß jedoch der Nachteil in Kauf genommen werden, daß, da eine unmerkliche Abdeckung der übrigen Körperteile mit Blei nicht durchzuführen ist, das übrige Körpergewebe geschädigt wird und dadurch der sogenannte Röntgenkater auftritt. Bei zu großer Strahlenintensität zeigen sich dann in den folgenden Tagen oder Wochen an den von den Strahlen erreichten Hautteilen individuell verschieden starke Verbrennungserscheinungen. ... Zusammenfassend darf also gesagt werden, daß nach dem augenblicklichen Stand der Röntgentechnik und -forschung es ohne weiteres möglich ist, eine Massensterilisation durch Röntgenstrahlen durchzuführen. Unmöglich erscheint es jedoch, diese Maßnahmen durchzuführen, ohne daß die Betroffenen über kurz oder lang mit Sicherheit feststellen können, daß sie durch Röntgenstrahlen sterilisiert, bzw. kastriert sind."[29]

Ein Jahr später, am 23. 6. 1942, erinnerte Brack Himmler an sein Sterilisierungsprogramm: „Bei etwa 10 Millionen europäischer Juden sind nach meinem Gefühl mindestens 2–3 Millionen sehr gut arbeitsfähige Männer und Frauen enthalten. Ich stehe in Anbetracht der außerordentlichen Schwierigkeiten, die uns die Arbeiterfrage bereitet, auf dem Standpunkt, diese 2–3 Millionen auf jeden Fall heranzuziehen und zu erhalten. Allerdings geht das nur, wenn man sie gleichzeitig fortpflanzungsunfähig macht. Ich habe Ihnen vor etwa einem Jahr bereits berichtet, daß Beauftragte von mir die notwendigen Versuche für diesen Zweck abschließend bearbeitet haben. Ich möchte diese Tatsache nochmals in Erinnerung bringen. Eine Sterilisation, wie sie normalerweise bei Erbkranken durchgeführt wird, kommt in diesem Fall nicht in Frage, da sie zu zeitraubend und kostspielig ist. Eine Röntgenkastration jedoch ist nicht nur relativ billig, sondern läßt sich bei vielen Tausenden in kürzester Zeit durchführen. Ich glaube, daß es auch im Augenblick schon unerheblich geworden ist, ob die Betroffenen dann nach einigen Wochen bzw. Monaten an den Auswirkungen merken, daß sie kastriert sind.“[30]

Das war der Auftakt zu barbarischen Versuchen an Juden, Polen, sogenannten Ostarbeitern – wie polnische und sowjetische Zwangsarbeiter bezeichnet wurden – und „Zigeunerkindern“. Eine im Konzentrationslager Ravensbrück inhaftierte Polin berichtete im Nürnberger Ärzteprozeß: „Ein Doktor kam von Auschwitz für einige Tage, möglicherweise für eine Woche, und beschäftigte sich den ganzen Tag, solange er sich im Lager aufhielt, mit der Sterilisierung von Zigeunerkindern durch Röntgenstrahlen, ohne dabei Betäubungsmittel anzuwenden. Die Kinder pflegten nach der Sterilisierung weinend herauszukommen und fragten ihre Mütter, was man ihnen getan hätte ...“[31]

Die Experimente in den Konzentrationslagern basierten *nicht* auf sinnvollen Fragestellungen, wie immer wieder anklingt. Bereits der Ansatz zu diesen Experimenten war inhuman! KZ-

Medizin war keineswegs die notwendige Folge „der" naturwissenschaftlich orientierten Medizin, wie immer wieder zu hören ist. Die KZ-Medizin war grauenvoller Teilaspekt und entsetzensvoller Höhepunkt einer „Medizin ohne Menschlichkeit" in einer menschenverachtenden, verbrecherischen Diktatur. Im Alltag, im Krieg und in den Konzentrationslagern wurde die Arbeitskapazität der Menschen bis zum Letzten ausgepreßt und die Menschen dann weggeworfen. In den Konzentrationslagern hieß es mit nicht zu überbietender Deutlichkeit: „Vernichtung durch Arbeit". Ohne die Berücksichtigung massiver wirtschaftlicher Interessen der führenden Elite ist die „Medizin ohne Menschlichkeit" des nationalsozialistischen Regimes überhaupt nicht „erklärbar" – es bleibt auch so noch genug übrig, was sich dem menschlichen Fassungsvermögen letztlich entzieht.

In den Konzentrationslagern wurden auch naturheilkundliche Versuche gemacht, ein Steckenpferd der SS. In Dachau beispielsweise wurden Menschen mit hochvirulenten Eitererregern infiziert, und dann wurden homöopathische Mittel ausprobiert, mit tödlichem Ausgang für die Opfer. Im Vorfeld der Röntgensterilisationen gab es Experimente mit pflanzlichen Mitteln, wobei auf Untersuchungen der Firma Madaus zurückgegriffen wurde.[32] KZ-Versuche dienten dazu, die Leistungsfähigkeit des Menschen unter Extrembedingungen zu testen. Nach 1945 wurden dann Ergebnisse der tödlichen Druck-Kammer-Versuche in den USA in der Raumfahrtforschung weiter verwendet, mit den dazugehörigen Wissenschaftlern. Tom Bower hat in der Zeit vom 8. Mai 1987 unter der Überschrift „Von Dachau zum Mond. Wie Nazi-Forscher zu den Vätern der US-Weltraumfahrt wurden" ausführlich darüber berichtet. KZ-Versuche wurden gemacht, um die verheerenden Auswirkungen des verbrecherischen Krieges in den Griff zu kriegen. KZ-Versuche wie barbarische Sterilisations-Experimente dienten dazu, den Größenwahn einer „Herrenmenschen"-Elite fabrikmäßig auf ganze „Untermenschen"-Völker zu übertragen.

Die entsetzlichen Menschenexperimente in den Konzentrationslagern waren der letzte Schritt von Ärzten, die sich dieser „Herrenmenschen"-Elite zurechneten und für die es „Menschen" und ,,Untermenschen" gab. Diese Ärzte waren zu ,,Menschen", zu ihresgleichen also, freundlich und betreuten sie wohl auch ärztlich gut. Mit ,,Untermenschen" aber machten sie, was sie wollten. An ihnen ließen sie die eigene Unterdrükkung, den Sadismus, den Haß auf alles Minderwertige aus, der ihnen jahrzehntelang eingehämmert worden war und den sie selbst geschürt hatten – in der festen, ebenfalls jahrzehntelang eingehämmerten und mitgetragenen Überzeugung, daß sie selbst auf der Seite der ,,Herrenmenschen" stünden. Die Wurzeln dieser Pervertierung der Medizin reichen weit vor 1933 zurück.

Anerkannte und viel gelesene Ärzte wie Erwin Liek hatten in der Weimarer Republik der sozialen Gesetzgebung sittliche Verwilderung, die zu einer ,,Bevorzugung des Unsozialen, des Faulen, des Untüchtigen auf Kosten des Sozialen, des Fleißigen, des Tüchtigen" führe, attestiert.[33] Solch menschenverachtende Einstellung gegenüber einem Großteil der Bevölkerung, der ,,Masse", über der der Arzt als Herr über Leben und Tod stand, machte es möglich, daß Patienten zu ,,Material" wurden, mit dem man nach Belieben verfahren konnte. Das menschliche Mitgefühl für alles, was ,,minderwertig", ,,schwach" oder ,,rassisch fremd" erschien, hatten viele Ärzte längst vorher verloren und damit bereits in der Weimarer Republik den Weg freigemacht für die ,,Experimentierwut" an deutschen Krankenhäusern.

,,Experimentierwut" an deutschen Kliniken

Anfang der dreißiger Jahre hatte der 1942 im KZ Theresienstadt ums Leben gekommene sozialdemokratische, jüdische Arzt und Reichstagsabgeordnete Julius Moses bereits wiederholt in der Öffentlichkeit auf die ,,Experimentierwut an deutschen Kliniken" hingewiesen. In wissenschaftlichen Arbeiten sei von Versuchskindern – Kontrollkindern – Material – Experimentierobjekt die Rede; der Mensch aber sei kein Material, über das Fachleute verfügen könnten, sondern ein Mensch mit eigenem Willen und Verfügungsrecht. Wo die Grenze zwischen zulässigen und nicht zulässigen, mißbräuchlichen Experimenten liege, sei eine ethische Frage, die nur vom eigenen Gewissen der Ärzteschaft beantwortet werden könne (DÄB 60 [1931], 41–42). Bereits am 14. März 1930 hatte auch der Reichsgesundheitsrat, unter maßgeblicher Beteiligung von Julius Moses, strenge Richtlinien über experimentelle Untersuchungen am Menschen vorgelegt.

Danach mußte jeder Versuch den Grundsätzen der ärztlichen Ethik entsprechen. Jedes grund- und planlose Experimentieren sowie jeder Versuch am Menschen, der durch den Tierversuch zu ersetzen sei, ferner alle Versuche an Sterbenden, soweit sie nicht zum Zweck der unmittelbaren Lebenserhaltung unternommen werden müßten, sowie alle Versuche, mit denen eine Ausnutzung sozialer Notstände verbunden sei, seien abzulehnen. Versuche dürften nur eingeleitet werden, nachdem die betreffende Person oder erforderlichenfalls ihr gesetzlicher Vertreter auf Grund vorangegangener Belehrung sich hiermit einverstanden erklärt habe. Die Form der Veröffentlichung der Ergebnisse von Versuchen dürfe die gebotene Achtung vor dem Kranken keinesfalls vermissen lassen. Bereits im akademischen Unterricht müsse auf die große Verantwortung hingewiesen werden, welche die Vornahme von Versuchen am Menschen für einen Arzt mit sich bringe. Dies gelte auch für die Notwendigkeit einer in ethischer Hinsicht einwandfreien Bekanntgabe der Versuchsergebnisse (DÄB 59 [1930], 122).

Diese vom Reichsgesundheitsrat empfohlenen Richtlinien wurden dem Reichsministerium des Innern übergeben, das 1931 einen endgültigen Entwurf vorlegte – am Ende des „liberalistischen Zeitalters" war es offensichtlich notwendig geworden, experimentierenden Ärzten Richtlinien für ihr Tun an die Hand zu geben. Zu spät, allerdings.

Der Arzt Julius Moses wurde in medizinischen Standesblättern bereits vor 1933 diffamiert – eine wirkliche *inhaltliche* Auseinandersetzung mit seiner Kritik findet sich hier nicht. Nach einer Rede über die „Experimentiersucht in den Krankenanstalten", die er am 21. November 1930 in Weißenfels gehalten hatte, entwickelte sich im Deutschen Ärzteblatt geradezu eine

Kampagne gegen den Arzt, der, wie es hieß, ,,die gesamte deutsche Ärzteschaft auf die gemeinste Weise herabgesetzt" habe: ,,Moses hat in Weißenfels die deutsche Ärzteschaft beleidigt. Deshalb hielt es der Weißenfelser Ärzteverein für seine Pflicht, alle Kollegen in Deutschland auf diesen Mann hinzuweisen, der auf Kosten des Volkes herumreist, um seinen Unflat abzusetzen" (DÄB 60 [1931], 80).

Ein Arzt wie der Gynäkologe Naujoks dagegen steht repräsentativ für viele andere Ärzte, die im ,,Dritten Reich" unangefochten und zielstrebig Karriere machten. In diesem Fall nicht zuletzt mit Röntgensterilisationen von Frauen. Mit dem, was in den Konzentrationslagern geschah, hatten diese Ärzte direkt wohl nichts zu tun; aber ihre Arbeiten, ihre ,,Experimentiersucht" und ihre ideologische Einstellung haben mit den Weg gebahnt.

Im Nürnberger Ärzteprozeß wurde deutlich, daß nicht einmal die verbrecherischen Versuche in den Konzentrationslagern ,,von der Außenwelt hermetisch abgeschlossen" durchgeführt worden waren, wie es der Präsident der Bundesärztekammer, Vilmar, im Mai 1987 behauptet hat (DÄB 84 [1987], 585). Über die menschenverachtenden Experimente wurde wiederholt auf Arbeitstagungen und wissenschaftlichen Konferenzen berichtet, beispielsweise auf der 3. Arbeitstagung Ost der Beratenden Fachärzte an der Militärärztlichen Akademie in Berlin am 24. bis 26. Mai 1943. Rund 200 Ärzte nahmen daran teil – darunter prominenteste Vertreter der deutschen Ärzteschaft wie beispielsweise der Chirurg Ferdinand Sauerbruch.[34] Aus dem Referat von Dr. K. Fischer, der bei Menschen künstlich schwerste bakterielle Infektionen (Gasbrand) erzeugt hatte, war für die Ärzte entnehmbar, daß Versuchspersonen bei den Experimenten umgekommen waren – Widerspruch gegen Art und Ergebnisse der Versuche wurden dennoch auf der Tagung nicht laut. Die Verlesung der Teilnehmerliste veranlaßte den alliierten Anklagevertreter McHaney im Nürnberger Prozeß zu der Äußerung, dieses Dokument beweise ohne Zweifel, ,,daß die Kenntnis von den verbrecherischen Experimenten den führenden Stellen der medizinischen Welt in Deutschland zuging ... Das waren Leute, die eine solche Stellung und die Pflicht hatten, Schritte zu unternehmen, solche Dinge nicht stattfinden zu lassen."[35]

In einer Eidesstattlichen Erklärung vom 18. Juni 1947 betonte ein Teilnehmer der Tagung an der Militärärztlichen Akademie 1943: „Ich habe nach der Sitzung mit zahlreichen Kollegen und übereinstimmend mit ihnen meiner Meinung dahin Ausdruck gegeben, daß ein positives Ergebnis der Versuche von vornherein nicht erwartet werden konnte, daß sie also als unnötig angesehen werden müßten. Ferner wurde von allen, mit denen ich sprach, einhellig die Grausamkeit der Versuche hervorgehoben. Kein einziger dieser Kollegen hat aber auch nur mit einem Wort erklärt, daß die Diskussionsredner moralisch verpflichtet gewesen wären, diese vorgenannte Ansicht in ihren Ausführungen auszusprechen. Die Versammlung bestand fast durchweg aus namhaften Vertretern der Wissenschaft, insbesondere aus Universitätsprofessoren, wenigstens aber aus selbständigen Leitern von Abteilungen großer Krankenhäuser, sowie aus aktiven Sanitätsoffizieren in leitenden höheren Stellungen. Nach meiner heute ehrlich ausgesprochenen Ansicht wäre es Pflicht aller mehr als 200 Anwesenden gewesen, die Stimme gegen die Versuche zu erheben..."[36]

Die Alltagsgeschichte der Medizin im „Dritten Reich" war eng mit dem menschenverachtenden, alltäglichen Rassismus verknüpft, und die Diskriminierung ganzer Menschengruppen, ihre anschließende „Selektion" und „Ausmerze" waren eskalierende Vor-Stufen der „Endlösung" – wobei „sozialer" Rassismus gegen „Gemeinschaftsfremde" im eigenen Volk und „ethnischer" Rassismus gegen sogenannte „Fremdvölkische" im Nationalsozialismus zusammengehörten. Dies wird besonders bei der Verfolgung und Ausrottung der Sinti und Roma deutlich – der medizinische Chefideologe Ritter vertrat die rassenbiologische These, daß Asozialität und Kriminalität durch die Beimischung von Zigeunerblut entstünden. Damit lieferte er angeblich wissenschaftliche Begründungen sowohl für die „Ausmerze" von sozial auffälligen Individuen als auch für die Verfolgung der Sinti und Roma insgesamt.

Der Historiker Detlev J. K. Peukert (Essen) faßt Alltag und Barbarei im „Dritten Reich“ so zusammen: „Der Name Professor Ritters steht hier nur stellvertretend für eine große Zahl von Wissenschaftlern und Verwaltungsbeamten, die mit Hilfe der Rassendoktrin auf wissenschaftlich begründete und technologisch fortgeschrittene Weise die ‚Endlösung‘ aller sie irritierenden sozialen und ethnischen Probleme anstrebten; eine ‚Endlösung‘, die durch Selektion, Aussonderung, also der ‚Unwerten‘, über Inhaftierung und Sterilisation bis zur ‚Vernichtung durch Arbeit‘ und bis zur industriemäßigen seriellen Ermordung bewirkt werden sollte.“[37]

Im Nürnberger Ärzteprozeß und in den wenigen weiteren Gerichtsverfahren, die es nach 1945 gab, sind „nur“ die mörderischen Exzesse der „Medizin ohne Menschlichkeit“ zur Sprache gekommen. Wie es aber möglich war, daß die Medizin bereits im Vorfeld derart pervertiert werden konnte, wird bis heute innerhalb der Ärzteschaft nicht wirklich diskutiert. Wie in anderen gesellschaftlichen Bereichen auch, wird zwischen Auschwitz und dem anderen, eigentlich ganz normalen Nationalsozialismus unterschieden. Nichts anderes steckt im Prinzip hinter der Floskel, von einer Handvoll verbrecherischer Elemente einmal abgesehen, habe die namenlose Mehrheit der deutschen Ärzteschaft unter dem nationalsozialistischen Regime Humanität geübt und ihre Pflicht getan.

Ralph Giordano, der während der Zeit des Faschismus auf der Seite der Opfer stand, hat die gängige Phrase: „Aber wir haben doch von nichts gewußt“ in seinem Buch „Die zweite Schuld oder von der Last Deutscher zu sein“ interpretiert: „Was ist damit gemeint, worauf bezieht sich das ... ‚von nichts gewußt‘? Es bezieht sich auf Auschwitz und auf alles, was dieser Name symbolisiert und materialisiert, das heißt, auf den Serien-, Massen- und Völkermord der Jahre 1941 bis 1945. Aber der kriminelle Charakter des Nationalsozialismus begann nicht mit seinem Vernichtungsapparat! Das Verbrechen begann bereits mit den Maßnahmen, die die demokratischen Freiheiten aufhoben, die erste Republik zerstörten, und es setzte sich fort über Verhaftungen, Folterungen und Ermordungen politischer

Gegner von gestern, die Errichtung von Konzentrationslagern, die Bücherverbrennungen, den Boykott jüdischer Geschäfte schon im April 1933, alles Geschehnisse, von denen jedermann in Deutschland gewußt hat. ... Jedermann wußte von der Proklamation der Nürnberger Rassengesetze; von der viehischen Brutalität, mit der Hitler seinen Rivalen Ernst Röhm und dessen Anhang umbringen ließ; von der sogenannten ,Reichskristallnacht' im November 1938, dem bis dahin schrecklichsten Pogrom gegen die Juden im Reich. Und jedermann wußte von der Deportation dieser Juden ab 1940/41, denn das geschah unter freiem Himmel, am hellichten Tag und über ganz Deutschland verstreut."

Mit der Floskel „Aber wir haben doch von nichts gewußt" werde von der Machtergreifung 1933 bis zum Beginn der Mordpraktiken im Großformat 1941 eine quasi verbrechensfreie Zeit geschaffen. Damit werde das „Dritte Reich" nivelliert, es werde geradezu eine Zone bürgerlicher Gesittung aufgebaut, „gegen die anzugehen und Widerstand zu leisten jegliches Motiv entfiel. Der Versuch, die kriminelle Gesamtheit des NS-Staates auf einen Teilsektor oder eine bestimmte Phase seiner Herrschaft zu reduzieren, dauert bis in unsere Tage an. Der Affekt signalisiert das immer noch fehlende Bewußtsein, daß der Nationalsozialismus verbrecherisch war, von seiner Peripherie bis zu seinem Zentrum. Die neun Jahre zwischen dem 30. Januar 1933 und der Wannseekonferenz am 20. Januar 1942, auf der die Endlösung der Judenfrage in Europa beschlossen wurde, waren keineswegs relativ, sie waren absolut verbrecherisch: als der Schoß, aus dem dann die höchste Institutionalisierung des NS-Staates kroch, die Mordmaschinerie der Einsatzgruppen und des Holocausts. Der Vernichtungsapparat war die Spitze einer Staatsstruktur, die voll in seinem Dienste stand."[38]

IV. Nach allen Regeln der ärztlichen Kunst?

1. Eine deutsche Arzt-Karriere, Teil 3

Sehr schnell hat nach 1945 die Ärzteschaft damit begonnen, die Vergangenheit, die eigentlich noch Gegenwart war, umzuschreiben. Am 1. April 1949 – in Nürnberg war inzwischen am 20. August 1947 das Urteil im Ärzteprozeß gesprochen worden und hatte 16 von rund 90000 Ärzten, die es zum Schluß im „Großdeutschen Reich" gegeben hatte, wegen Verbrechen gegen die Menschlichkeit für schuldig befunden – war Professor Naujoks Direktor der Universitäts-Frauenklinik in Frankfurt geworden und dachte – in der Deutschen Medizinischen Wochenschrift – über Kriegs- und Nachkriegsopfer der Frau nach. Der Gynäkologe begann, wie im Juni 1935, mit dem Mann:

„Der Mann hat während des jahrelangen, grausamen Krieges Anstrengungen und Entbehrungen auf sich genommen, die jetzt nach der Ernüchterung kaum noch begriffen werden. Während er draußen kämpfte und litt, zerschlugen zu Hause die Bomben Heim und Herd, machten Frau und Kinder obdachlos, zerstörten die Früchte jahrzehntelanger Arbeit und vernichteten Zukunftshoffnungen von Geschlechtern. ... Aber daneben dürfen nicht vergessen oder minderbewertet werden die Sorgen und Leiden, aber auch die Leistungen des weiblichen Geschlechts, das man so häufig auch das schwache genannt hat. Es braucht nicht unterschieden zu werden zwischen der Mutter, der Ehefrau, dem jungen Mädchen, der berufstätigen Arbeitskameradin, zwischen sozialen Schichten, zwischen Stämmen und Rassen."

– Nun, nachdem es keine anderen „Rassen" mehr gab, wurden sogar sie in die Volksgemeinschaft mit einbezogen. –

„... In den Trecks der Vertriebenen überwogen an Zahl bei weitem die Frauen, von ihren Leiden und Taten wird wenig gesprochen. Unbekannt wird auch die Zahl derer bleiben, die an Leib und Seele geschändet wurden, denen Scham und Verzweiflung aber die Lippen schließen, die ihr Leid weiter tragen und ihre Pflicht tun. Auch sei derer gedacht, die – anderes denkend oder ausgestoßen – in Gefängnissen, auf Transporten in Lagern schmachteten, einem ungewissen Schicksal oder grauenvollen Ende ausgeliefert, voll Heldenmut ihr Los sich erfüllen sahen."

Nachdem alle Rassen wieder in die Volksgemeinschaft aufgenommen waren, wurden die Opfer, die sich nicht mehr wehren konnten, sozusagen postum zu deutschen Helden, beziehungsweise in diesem Fall zu Heldinnen, ernannt. Warum sie „anders denkend oder ausgestoßen", einem „grauenvollen Ende" ausgeliefert worden waren, das hatte der Professor wohl vergessen. Verdrängt. Seine öffentliche Einführungsvorlesung in Köln am 19. Juni 1935 hatte er wahrscheinlich beim „Zusammenbruch" verloren. Der Beitrag 1949 endete mit einem Lob auf den „Mut und die Zähigkeit, die Hilfs- und Opferbereitschaft, die Geschicklichkeit und Kraft der Frau". Das Gros der Frauen habe „Unvorstellbares geleistet, hat das Schicksal tapfer gemeistert, hat sich im weitesten Sinne des Wortes bewährt und bewährt sich noch". – Für den Gynäkologen war sich, im weitesten Sinne des Wortes, die deutsche Frau treu geblieben! Damit konnte für ihn, wie er im Juni 1935 bereits angekündigt hatte, das „ewige Deutschland" auch nicht untergehen.[1]

1957 wurde in der Zeitschrift Die Medizinische dem derzeitigen Präsidenten der Deutschen Gesellschaft für Gynäkologie, Prof. Dr. H. Naujoks, zum 65. Geburtstag am 2. September gratuliert – Naujoks, seit 1936 bereits Schriftleiter der Gesellschaft, war 1956 auch deren Präsident geworden. Wie in medizinischen Zeitschriften so üblich, war der Glückwunsch verbunden mit einem besinnlichen Rückblick auf das Leben des Jubilars. Das „tausendjährige Reich" wurde kurz gestreift: „Von Marburg aus folgte er 1934 einem Ruf als Ordinarius nach Köln. Bereits in Köln machte sich sein großes organisatorisches und bauliches Talent bemerkbar. Unter seiner Leitung entstand eine geräumige, hochmoderne Klinik, die auch allen Anforderungen an Forschung und Lehre bestens gerecht wurde. Es war deshalb besonders schmerzlich für ihn, als die Kölner Klinik im Laufe des Krieges Stück für Stück in Trümmer sank. Erst als ein Arbeiten in Köln und seiner Umgebung, wo zunächst der Betrieb noch in Ausweichkrankenhäusern unter schwierigsten Bedingungen weiterlief, nicht mehr möglich war, folgte er einem Ruf nach Marburg. Hier erlebte er das turbulente Kriegsende und die ersten deprimierenden Nachkriegsjahre. Seit 1947 ist H. Naujoks Ordinarius in Frankfurt am Main."[2]

Im April 1951 fand in Bad Pyrmont die 28. Tagung der Deutschen Gesellschaft für Gynäkologie statt. Ähnlich wie 20 Jahre vorher waren Themenschwerpunkte die Schwangerschaftsunterbrechung und die Sterilisation. 1931 war allerdings neben der Sterilisation die Verhütung oder besser gesagt, die Nichtverhütung im Mittelpunkt der Diskussion gestanden, da Ärzte sonst zu „Totengräbern unserer Zukunft" würden, wie es der Gynäkologe August Mayer formuliert hatte, der nun in Bad Pyrmont „als Senior der deutschen Gynäkologie" anwesend war. Hauptreferent aber war der Gynäkologe Naujoks. Er beklagte sich darüber, daß nach dem Zusammenbruch anfänglich die ärztliche Tätigkeit kontrolliert worden war und forderte, „bei der operativen Sterilisierung den Arzt von allen formalistischen Fesseln zu befreien", wobei der Redner nicht versäumte, die ungeheure Verantwortung aufzuzeichnen, die der Arzt übernehme und „die er dann auf niemand abwälzen kann: die Verantwortung gegenüber dem Individuum und den Angehörigen, gegenüber der Allgemeinheit und gegenüber dem ärztlichen Stande". Allerdings seien die Auswirkungen „einer weitgehenden Sterilisierung auf die Allgemeinheit, auf die gesamte Bevölkerung in quantitativer Hinsicht, auf den Gebärwillen der Frauen, ihre Pflicht (! R. J.) zur Sicherung des Nachwuchses und ähnliches" sehr ernst zu bewerten. Zwar scheine es, als ob die „bevölkerungspolitischen Momente, die manchem etwas abgedroschen vorkommen mögen, in Notzeiten keine große Rolle spielen" würden, dennoch „dürfen sie keinesfalls bagatellisiert werden. Durch eine Propaganda für die Sterilisierung würden

Tausende gesunder Kinder dem Volke vorenthalten bleiben. Der Arzt darf sich keineswegs leichtfertig dazu hergeben, dem bevölkerungspolitischen Massenmord Vorschub zu leisten."

Ganz schnell ließ sich eben die Sprache eines ,,tausendjährigen Reiches" nicht abschütteln, und letzlich hieß das, was der Gynäkologe da sagte, nichts anderes als das, daß es dem Arzt doch bitteschön selbst überlassen bleiben sollte, wen er zu sterilisieren gedenke und wen nicht – mit gesetzlicher, juristischer Rückendeckung natürlich, die Naujoks trotz der alleinigen Entscheidungsgewalt des Arztes für die Ärzteschaft wünschte. Diese juristische Rückendeckung mit Hilfe des ,,Erbgesundheitsgesetzes" war nämlich nach 1945 außerordentlich fragwürdig geworden, auch wenn Juristen, Ärzte und Politiker sehr schnell versuchten, das Gesetz als ein *nicht* typisches NS-Werk darzustellen (s. S. 167). Naujoks fuhr deshalb 1951 fort: Solange die ,,Legalisierung solcher Maßnahmen" *noch* nicht erfolgt sei, bestehe die Hauptaufgabe der Ärzteschaft jetzt erst einmal darin, ,,feste erbbiologische Grundlagen zu schaffen und einzelne Krankheiten mit weitgehend gesicherter Erbprognose herauszuarbeiten, sei es auf dem Gebiet immer wiederkehrender körperlicher Mißbildungen, sei es bei den durch die Generationen sich hinziehenden Geistes- und Nervenkrankheiten".

Es versteht sich beinahe von selbst, daß auch 1951 ,,die Freigabe der unbegründeten Unterbrechung, die völlige Straflosigkeit, die juristische und moralische Sanktionierung der Abtreibung *kompromißlos abgelehnt* werden muß. Es ist auch nur höchst selten von ernst zu nehmenden Gruppen oder Personen diese extreme Forderung erhoben worden." – 1930 beispielsweise von 356 Berliner Ärztinnen –, aber so genau ging Naujoks auf die Gruppen oder Personen, die er 1935 mehr oder weniger direkt dem jüdisch-marxistischen Umkreis zugerechnet hatte, 1951 nicht ein.

,,Nürnberger Erfahrungen"

Allerdings könne der Arzt ,,sekundär in diesen Fragenkomplex hineingezogen werden und damit in eine schwierige Konfliktstellung kommen: wenn nämlich der Staat oder seine verantwortlichen Führer in ihrer Verpflichtung, die Lebensverhältnisse des Volkes zu sichern und zu bessern, sich entschließen sollten, als letzte und äußerste Maßnahme zur Behebung des Notstandes die Tötung des keimenden Lebens als Recht zu proklamieren, so könnte für den Arzt die Pflicht erwachsen, dem Staate dabei zu helfen. Es würde sich also hierbei handeln um die Legalisierung der sozialen Indikation durch eine nichtärztliche, behördliche Stelle auf eine bestimmte, meist relativ kurz begrenzte Zeit unter dem Druck einer bestehenden Notlage. In welch entsetzlichen Konflikte aber der Arzt, der zum Helfen und Heilen bestimmt ist, kommen kann, wenn er sich dazu verpflichtet oder mißbrauchen läßt, auf Befehl zu töten, geisteskranke Menschen, idiotische Kinder oder die Frucht im Mutterleibe aus wirtschaftlichen Gründen zu beseitigen, das haben in erschreckender Weise die Diskussionen, die Verhandlungen und Urteile der letzten Jahre gezeigt. Die Situation des Arztes bleibt in solchem Falle stets umstritten und gefährlich", und deshalb sei „das Eintreten für die soziale Indikation durch die Ärzteschaft unter allen Umständen abzulehnen".[3]

Daß im verflossenen „Tausendjährigen Reich" in allererster Linie die Situation für Patienten gefährlich war, kam in diesem medizinischen Referat von 1951 nicht vor. Naujoks hatte mehrere Fliegen mit einer Klappe geschlagen. Zum einen gab er, durch die Blume, eine Erklärung dafür, daß, „wenn nämlich der Staat oder seine verantwortlichen Führer ... als letzte und äußerste Maßnahme zur Behebung des Notstandes die Tötung ... als Recht proklamieren, für den Arzt die Pflicht erwachsen könnte, dem Staate dabei zu helfen". Zum anderen aber verknüpfte er ausgerechnet das Eintreten für die soziale Indikation mit den „Diskussionen, den Verhandlungen und Urteilen der letzten Jahre", mit den „Nürnberger Erfahrungen" eben, wie diese Stelle seines Referats in einer medizinischen Zeitschrift zusammengefaßt wurde. Zwar war bei den „Nürnberger Erfahrungen" sehr viel zur Sprache gekommen, wozu sich Ärzte hatten „verpflichten oder mißbrauchen" lassen – allerdings nicht „auf Befehl" –, aber das hatte nichts, aber auch gar nichts mit der sozialen Indikation zu tun gehabt. Da waren sich nämlich „der" Staat, „die" Nationalsozialisten und „die" Ärzteschaft, die Naujoks mehrfach in seinem Referat beschwor, sehr einig in der allerstriktesten Ablehnung gewesen, aus völkischen Gründen, und ohne allzugroße Rücksicht auf die Situation der Frau, der gesunden, deutschblütigen Frau natürlich nur...

Im Prinzip legte der Ordinarius 1951 einen Grundstein für das, was der damalige (und heute wieder) Vorsitzende des Münchner Ärztlichen Kreis- und Bezirksverbandes, Dr. med. Hartwig Holzgartner, auf einer CSU-Veranstaltung zum § 218 am 14. 7. 1979 dann kurz und bündig so formulierte: „Die Nationalsozialisten haben die Juden getötet, und die internationalen Sozialisten töten ungeborenes Leben. Das, was in unserem Volk passiert, ist exakt der Weg zurück nach Auschwitz." (s. S. 158) Aus den Opfern, und das waren die „internationalen Sozialisten" unter den Nazis, werden die Täter. Die Verdrehung der „deutschen" Vergangenheit macht, natürlich, auch vor der „deutschen" Medizin nicht halt. Wie auch?

2. *„Fluchtversuch der Verdrängung"*

„Und dann schien alles vergessen. Es begann der erstaunliche Wiederaufstieg der Bundesrepublik, der psychologisch betrachtet sich unter dem Begriff des Ungeschehenmachens, einer gigantischen Beseitigung der Spuren, einordnen läßt. Man hat Berge von Schutt beseitigt und ein neues, wohlhabenderes Deutschland erstehen lassen, als wir alle es aus unserer Lebenszeit kannten. Wer heute durch Deutschland fährt, kann sich nicht vorstellen, daß vor zwanzig Jahren hier die Gasöfen rauchten, in denen die Geisteskranken verbrannt wurden, daß vor 15 Jahren erst sich die Konzentrationslager für die letzten Überlebenden von Millionen öffneten, daß junge deutsche Soldaten, von ihren eigenen Standgerichten verurteilt, an den Apfelbäumen der Landstraßen hingen. Wieder hat Tüchtigkeit und Ordnungsgabe das Grauen gebannt. Aber diese Tüchtigkeit, die Berge von Trümmern versetzen konnte, den Schuldberg konnte sie nicht versetzen. So erfolgte die Schuldentlastung auf psychischem Wege durch den Fluchtversuch der Verdrängung. So weit sind wir jetzt. Aber es scheint, daß mit dem Grad der Sättigung, der Vollendung des äußeren Ungeschehenmachens, das Verdrängte wiederkehrt", hat Alexander Mitscherlich 1960 in seinem Vorwort zur „Medizin ohne Menschlichkeit" geschrieben.[4]

Sechs Jahre später, 1966, ist im angesehenen Gustav Fischer Verlag in Stuttgart, nachdem vermutlich ein Lektor das Manuskript gelesen und in Satz gegeben hat, ein dickes, vierbändiges Lehrbuch der Anthropologie von Dr. phil. et med. Karl Saller, Professor für Anthropologie an der Universität München erschienen. In Band IV mit 184 Abbildungen war unter anderem zu lesen: „Dem Schwachsinn stehen in mancher Beziehung gewisse Verbrechertypen nahe. Die moderne Humanität hat in der Behandlung der Verbrecher ebenso wie der Geisteskranken einen Wandel geschaffen, der für die Zukunft der Gesellschaft in eugenischer Hinsicht nicht unbedenklich erscheint. Noch vor 150 Jahren stand in England auf 223 Gesetzesverletzungen die Todesstrafe. In der Gegenwart sind die Strafen wesentlich milder geworden als früher und die Asozialen und Antisozialen werden nicht mehr so stark in ihrer Fortpflanzung durch Haft und Hinrichtung behindert wie früher."

In dem medizinischen Lehrbuch wurden „neben den Auslesefaktoren, welche die Asozialen und Kranken betreffen", noch weitere Faktoren diskutiert, die „nicht nur zu einem Fortpflanzungsunterschied zwischen sozialen und asozialen, gesunden und kranken, sondern auch zwischen weniger oder gar nicht belasteten Kreisen" führten. Dazu gehörten „Säuglingssterblichkeit, Auswanderung, Krieg, Zölibat, Strahleneinwirkungen, Inzucht und Rassenmischungen". Im Abschnitt „Säuglingssterblichkeit" hieß es unter dem Stichwort Abtreibung, für diese werde angenommen, „daß sie ähnlich wie die Geburtenverhütung im allgemeinen mehr die Fortpflanzung der wertvollen als diejenige der minderwertigen Erbmassen einhemmt".

Anschließend wurden im Kapitel „Eugenik (Erbhygiene)" die Maßnahmen, mit denen der „nationalsozialistische Staat vielfach gearbeitet und auch seine bevölkerungspolitischen Erfolge erzielt" habe, zusammengefaßt:

„Als praktische, wenn auch nicht in allen Einzelheiten nachahmenswerte Beispiele einer systematischen quantitativen Eugenik (Bevölkerungspolitik) seien die folgenden hervorgehoben:

In Italien

1925 Hilfswerk für Mutter und Kind (Opera nazionale per la maternita e l'infancia)

1926/28 Gesetz über Junggesellensteuer, Kinderzulagen für Kinderreiche

1927 Scharfe Einschränkung der Auswanderung

1928 Plan zur Melioration des gesamten meliorationsfähigen Bodens, um Siedlungen zu schaffen

1936 Errichtung von Familienausgleichskassen, Heirats- und Geburtsprämien, gestaffelt nach sozialer Stellung und Kinderzahl

1937 Gesetz über Ehestandsdarlehen

1938 Beförderungssperre für unverheiratete Beamte

1937/38 Verbot der Eheschließung und außerehelicher Beziehungen zwischen Italienern und Afrikanern sowie Juden

Die Gesetze waren nahezu wirkungslos und wurden mit dem Zusammenbruch des Faschismus wieder aufgehoben.

In Deutschland

1919 Bund der Kinderreichen als Selbsthilfeorganisation gegründet

1930 Ledigensteuer

1932 Vorbereitung umfassender Maßnahmen

1933 Ehestandsdarlehen (1000 M.), von dem bei Geburt des 1.–4. Kindes jeweils 25% erlassen wurden (bis 1940 1575000 solcher Darlehen ausgezahlt, dadurch Förderung früher Eheschließung, vor allem in der Arbeiterschaft)

Gesetz zur Verhütung erbkranken Nachwuchses, Sterilisierung Erbkranker und erblich Belasteter, Erbgesundheitsgerichte

1934 Steuerreform zugunsten Kinderreicher, erhöhte Lasten für Ledige und Kinderlose
1935 „Gesetz zum Schutz des deutschen Blutes und der deutschen Ehre" gegen die Juden (Verbot von Mischehen, Verbot außerehelichen Verkehrs usw.)
1936 Einführung von Kinderbeihilfen, Familienausgleichskassen, Ehrung kinderreicher Mütter (Mutterkreuz, Ehrenbücher), Siedlungspolitik
1943 Geheimbefehl zur Massenvernichtung der Juden zumal in Osteuropa
1945 wurden mit dem Zusammenbruch die nationalsozialistischen Gesetze wieder aufgehoben."[5]

Der medizinische Fachbuch-Verlag und der Professor der Medizin hatten eine praktische Maßnahme nicht aufgeführt, vielleicht weil sie nie Gesetzeskraft erlangt hatte: Den Geheim-„erlaß", nicht -„befehl" (ein solcher war nicht notwendig) des Führers vom 1. September 1939, mit dem die Euthanasie von oben halb legitimiert worden war. Ein Euthanasie-Gesetz zu verabschieden, hatten selbst die Nationalsozialisten, trotz mancher Diskussionen und Vorstöße, nicht gewagt. Leider hatten Verlag und Autor in dieser dritten, völlig umgearbeiteten und erweiterten (und inzwischen, 1987, vergriffenen) Auflage von 1966 (die Erstauflage war 1957; der Vorläufer wurde bereits in der Weimarer Republik von Rudolf Martin herausgegeben) auch vergessen darauf hinzuweisen, was sie nun als nicht in „allen" „Einzelheiten" „nachahmenswerte" „praktische" Beispiele ansehen. Die „Ehrung kinderreicher Mütter" mit dem „Mutterkreuz", oder den „Geheimbefehl zur Massenvernichtung der Juden zumal in Osteuropa".

Daß so etwas nach Ende der Nazi-Barbarei in der angeblich von allem nationalsozialistischen Gedankengut gesäuberten Bundesrepublik in einem „medizinischen", „wissenschaftlichen" mehrbändigen „Lehrbuch" gedruckt werden, auf den Markt gelangen, in Büchereien und Bibliotheken gestellt, und damit wohl auch jungen Ärzten in die Hände fallen konnte, ohne auch nur ansatzweise einen Skandal auszulösen – eigentlich genügt dieses eine Beispiel, um zu zeigen, wie in diesem Land – über Millionen Todesopfer, „zumal in Osteuropa" hinweg –, die „Vergangenheit" „bewältigt" worden ist. Dabei war Saller sogar ein Mediziner, der sich „der nationalsozialistischen Rassenpolitik entgegenstellte oder Zweifel an ihrer Richtigkeit anmeldete" und dem im „Dritten Reich" die Lehrbefähigung entzogen wurde, „weil er Lehren verbreitet hat, die den Auffassungen der Nationalsozialisten entgegenstanden" (DÄB 69 [1972], 3173).

3. Der „Wiederaufbau"

Der „erstaunliche Wiederaufstieg der Bundesrepublik" nach 1945, wie es Alexander Mitscherlich 1960 formuliert hat, läßt sich auch im Bereich der ärztlichen Standesorganisationen feststellen. Dabei hatte sich *eine* der alten Schicksalsfragen der Ärzteschaft mehr oder weniger freiwillig beantwortet, sprich erübrigt: „Die" Ärzteschaft, wie sie von ihren führenden Repräsentanten pausenlos beschworen wurde und wird, war auch nach dem „Zusammenbruch" eine Schicksalsgemeinschaft geblieben, unter deren öffentlich-rechtlicher Standesorganisation sich alle Ärztinnen und Ärzte zwangsweise versammeln müssen. Die lange erkämpfte, nach 1933 mit der Reichsärzteordnung endlich erhaltene, berufsständische, vom Staat gesetzlich geregelte Selbstverwaltung war – nach anfänglichen Unsicherheiten – in ihrer Grundstruktur bewahrt geblieben.

Der Wiederaufbau ging rasch vor sich, noch bevor die Krankenkassen oder die Gewerkschaften wieder funktionsfähig waren. Zwar wurde die Reichsärztekammer als NS-Organisation von den Alliierten aufgelöst, sehr schnell aber erfolgte der Neuaufbau öffentlich-rechtlicher Landesärztekammern, die sich bereits im Oktober 1947 zu einer Arbeitsgemeinschaft Westdeutscher Ärztekammern zusammenschlossen. 1955 hat sich diese Arbeitsgemeinschaft privatrechtlich in Bundesärztekammer umbenannt. Da es sich beim Wiederaufbau der Standesorganisationen um ein besonders heißes Eisen innerhalb der Ärzteschaft handelt, sei im folgenden ein unverdächtiger Zeuge, ein hoher Standesfunktionär, zitiert, ein Hauptgeschäftsführer der Bundesärztekammer, Josef Stockhausen, der vor einem unverdächtigen Gremium, dem 76. Deutschen Ärztetag im Oktober 1973 in München, kaleidoskopartig das Wiedererstehen der ärztlichen Standesorganisationen nach 1945 dargelegt hatte. Es war ein Jubiläumsjahr, hundert Jahre vorher hatte der erste Deutsche Ärztetag in Wiesbaden stattgefunden. Von 1932 (!, nicht erst 1933, wie es heute immer heißt) bis 1948 hatte es keine Ärztetage gegeben, die Verhältnisse hatten sie überflüssig gemacht.

In seinem Tätigkeitsbericht erinnerte der damalige Bundesgeschäftsführer der Bundesärztekammer die Delegierten des Deutschen Ärztetages in München daran, daß 1945 die „beiden umfassenden ärztlichen Reichsorganisationen, die Reichsärztekammer und die Kassenärztliche Vereinigung (KVD), beide Körperschaften des öffentlichen Rechts" durch „Dekret der alliierten Militärregierung zusammen mit einer Vielzahl anderer, unter nationalsozialistischen Vorzeichen errichteter Organisationen" aufgelöst worden waren. „De facto beseitigt wurden dabei jedoch nur die zentralistischen Spitzen von Reichsärztekammer und KVD. Auf regionaler Ebene ... bestanden oder zumindest funktionierten die Landesärztekammern und die Landesstellen der Kassenärztlichen Vereinigungen in den drei Westzonen weiter." In Bayern „wurde durch Landesgesetz schon 1946 eine Bayerische Landesärztekammer als Körperschaft des öffentlichen Rechts gegründet. In der französisch besetzten Zone des zerschlagenen Deutschen Reiches wurde die Ärztekammer im wesentlichen in der gleichen rechtlichen und organisatorischen Form und ebenso der gleichen Aufmachung wiederhergestellt, wie sie die vormalige Reichsärztekammer innegehabt hatte. Dem rechtlichen Aufbau der aufgelösten Reichsärztekammer entsprechend, bestanden die Kassenärztlichen Vereinigungen in dieser Zeit des Wiederaufbaus organisatorisch im Rahmen der Ärztkammern" (DÄB 70 [1973], 2649–2650).

Der Bundesgeschäftsführer wies 1973 in seinem Tätigkeitsbericht an anderer Stelle noch darauf hin, daß, anknüpfend an die

Vorstellungen der Ärzteschaft über eine schlagkräftige und einheitliche Standesorganisation nach 1945 auch eine Bundesärztekammer auf gesetzlicher Basis gefordert worden sei. Die wurde allerdings nicht genehmigt, da die Reichsärztekammer eben als NS-Organisation verboten worden war. Deshalb ist die Bundesärztekammer bis heute nur eine Arbeitsgemeinschaft der Westdeutschen Landesärztekammern, deren Macht eigentlich auf ziemlich tönernen Füßen steht – auch wenn sie von einem Teil der Zwangsbeiträge finanziert wird, die jede Ärztin und jeder Arzt aufgrund ihrer oder seiner Zwangsmitgliedschaft an die Landesärztekammern entrichten muß.

In Bayern übrigens war der Übergang anfänglich so nahtlos, daß die Bayerische Landesärztekammer im Herbst 1946 einen staatlichen Kommissar vorgesetzt bekam, der im Bayerischen Ärzteblatt am 15. 9. 1946 auf der ersten Seite feststellte, daß „bis in die jüngste Zeit Personen weiterbeschäftigt worden sind, die infolge schwerer politischer Belastung einem strikten Beschäftigungsverbot unterliegen", und daß diese „bei der Landesärztekammer übliche Einstellung Festhalten an jenem Ungeist, dem wir unsere Toten und Trümmer verdanken"[6] bedeute.

In Nordrhein-Westfalen versuchte die Ärztekammer der Nord-Rheinprovinz zur Jahreswende 1945/46, in den regionalen Ärztevereinen politische Ausschüsse zu bilden, die von allen Ärzten die Ausfüllung von Fragebögen zur Entnazifizierung verlangen und nachprüfen sollten. „Dies war offensichtlich ein Versuch der Ärztekammer, die Beratungsfunktion in den Entnazifizierungsangelegenheiten ausschließlich durch berufsständische Vertreter durchführen zu lassen – womit sie aber offensichtlich ihre Kompetenzen überschritt. Denn sofort nach Bekanntwerden dieser Anweisungen erklärte die britische Militärregierung sie für ungültig", war im September 1982 im Deutschen Ärzteblatt zu lesen. Aus diesem Beitrag ging hervor, daß nach einer Aufstellung der Gesundheitsabteilung der Nord-Rheinprovinz vom Januar 1946 von 129 beamteten Ärzten, die bei den Gesundheitsämtern beschäftigt waren, 70 Prozent als Mitglieder der NSDAP oder ihren Gliederungen angehört hatten. Ähnlich sah es bei den niedergelassenen Ärzten aus. In Bochum beispielsweise wies der Ärzteverein darauf hin, daß „bei strenger Beurteilung" fünfundsechzig Prozent aller Ärzte Bochums in selbständigen oder freien Stellungen nicht entnazifiziert werden könnten. Letztlich waren von der Entnazifizierung nur wenige Ärzte betroffen. Eine allzugründliche Säuberung hätte die ärztliche Versorgung der Bevölkerung zusammenbrechen lassen (DÄB 79 [1982], 75–78).

Bundesverdienstkreuz für Haedenkamp

Untrennbar mit dem Neuaufbau der Standesorganisationen nach 1945 verbunden ist der Name Haedenkamps. Der Spitzenfunktionär war bis 1939 Schriftleiter des Deutschen Ärzteblattes gewesen. Nach dem Tode des ersten Reichsärzteführers Wagner, mit dem er sich gut verstanden hatte, kam es mit dem zweiten Reichsärzteführer L. Conti zum Bruch. In den Ärztlichen Mitteilungen (das Standesblatt war nach dem „Zusammenbruch" zuerst unter diesem Namen erschienen, bevor es 1961, ohne Angabe von Gründen diesmal, wieder in altes?, neues?, altes? Deutsches Ärzteblatt umbenannt worden ist) vom 20. Februar 1954 hieß es in einem Beitrag zum 65. Geburtstag Haedenkamps: „1939 führte Haedenkamp ein schweres Zerwürfnis mit dem Reichsärzteführer Dr. Conti herbei und löste fristlos alle Beziehungen zur ärztlichen Organisation durch Aufgabe seines lebenslänglichen Pensionsvertrages. Durch das Ausscheiden aus seiner Stellung fand seine berufspolitische Tätigkeit damals ein Ende. Mit dem Ausbruch des 2. Weltkrieges ist Haedenkamp als Marine-Oberstabsarzt d. R. wieder Soldat. Er nahm am Kriege vom 1. Tage an teil und wurde 1944 zum Geschwaderarzt d. R. befördert. Wieder wurde er vielseitig verwendet bei Unternehmungen im Schwarzen Meer, Mittelländischen Meer, Ostsee und Nordsee und wurde mit den Spangen zu den Eisernen Kreuzen I. und II. Klasse, dem Minensuchabzeichen, dem Zerstörerabzeichen sowie dem Kriegsverdienstkreuz I. und II. Klasse ausgezeichnet" (Ärztliche Mitteilungen 39 [1954], 100).

Nach 1945 erhielt Haedenkamp das Große Verdienstkreuz der Bundesrepublik, wegen seiner Bemühungen um die „innere Erneuerung des Ärztestandes nach dem Zusammenbruch". Nach Haedenkamp benannt war bis Mai 1986 die Straße in Köln (s. S. 85), in der Bundesärztekammer und Kassenärztliche Vereinigung Deutschlands, an deren Wiederaufbau er maßgeblich beteiligt war, ihren Sitz haben. Eine Ehrung, die nach dem Tode Haedenkamps im Jahre 1956 erfolgt und so begründet worden war:

„Der Hauptausschuß der Kölner Stadtverordnetenversammlung hat in seiner Sitzung vom 19. 6. 1956 den Beschluß gefaßt, die neue Planstraße ... an der das neuerrichtete Bundesärztehaus steht, Haedenkampstraße zu benennen. Er hat damit einem Wunsch der Bundesärztekammer entsprochen, die die Stadtverwaltung darauf hingewiesen hat, daß der verstorbene Hauptgeschäftsführer der Bundesärztekammer und Geschäftsführende Vorsitzende des Präsidiums des Deutschen Ärztetages, Dr. Karl Haedenkamp, durch seine jahrzehntelange Tätigkeit in der Ärzteschaft und im politischen Leben, auch u. a. als Abgeordneter des Deutschen Reichstages, zu einem Begriff für die gesamte deutsche Ärzteschaft geworden ist" (Ärztliche Mitteilungen 41 [1956], 525).

4. Frankfurter Euthanasie-Prozeß

In Frankfurt begann im Januar 1986 der wohl letzte Euthanasie-Prozeß in der Bundesrepublik. Vor Gericht standen schließlich zwei alte Männer: Dr. med. Aquilin Ullrich aus Stuttgart und Dr. med. Heinrich Bunke aus Celle, beide 72 Jahre alt, beide angeklagt wegen Beihilfe zur Tötung von mehreren tausend Menschen während des nationalsozialistischen Terrorregimes (das Verfahren gegen den dritten Angeklagten, Dr. Klaus Endruweit, war nach einigen Wochen wegen Verhandlungsunfähigkeit des Angeklagten eingestellt worden).

Nachdem Ullrich und Bunke einige Monate lang so gut wie alle Angaben zur Person verweigert hatten, fingen sie Mitte

Dezember 1986 plötzlich an, ihre Lebensgeschichte in aller Ausführlichkeit zu schildern. Am 4. Februar 1987 war der Angeklagte Ullrich gerade im Frühjahr 1940. Damals war er in der Tötungsanstalt Brandenburg an der Havel gewesen. Der rundliche, weißhaarige Herr schilderte nun, 1987, seine Zeit in der Tötungsanstalt und die Zeit danach bis zum Jahre 1945. Er las von einem geschliffen formulierten Manuskript ab, dreimal dreißig Minuten, nach genau einer halben Stunde war jeweils Pause. Im Prinzip trug ein netter alter Herr in monotonfreundlicher Stimme seine Memoiren vor.

Ullrich fragte sich, wie lange er im Frühjahr 1940 in Brandenburg gewesen sei. Wieviele Transporte er gesehen habe. Wieviele Kranke an ihm vorübergekommen seien. Genaue Zahlen könne er nicht nennen, also versuche er zu rekonstruieren. Und er rekonstruierte fein säuberlich zuerst einmal die Zeit, in der er keine Transporte mitbekommen hatte: März, April, Pfingsten, Urlaub in den Bergen, zwölf Tage Berlin im Juli, zwei Wochen Büroarbeiten. Als der Krematoriumsofen verlegt worden sei, wegen der Rauchentwicklung und der Geruchsbelästigung, seien weniger Transporte gekommen. Durchschnittlich seien es vielleicht zwei bis drei Transporte pro Woche gewesen: drei Transporte aber die „absolute Ausnahme", da die „Kapazität des Krematoriums" für mehr nicht ausgereicht habe. – Ein Transport bedeutete zwei bis drei Busse; in einem Bus waren 24 bis 40 Menschen. – Fünf bis sechs „Einschläferungen" habe er selbst vorgenommen. Persönlich habe er auch – aber nur einmal – den „eintretenden Tod" durch das Guckloch kontrolliert. Ein Todeskampf habe nicht stattgefunden. Öfter hätte er aber nicht zusehen können, da er ja das Manometer (den Druckmesser für das Gas) habe beobachten müssen. Den Kranken habe er niemals Fragen gestellt, das sei völlig „sinnlos" gewesen, außerdem habe er als junger Arzt schließlich seine fachliche Unkenntnis nicht durch Fragen verraten wollen.

Nahtlos, im gleichen altväterlichen Plauderton, folgt die Schilderung seiner Hochzeit im Sommer 1940. Im Dezember 1940 war er nochmals in Brandenburg, aber er wollte zur Truppe, denn schließlich: „Der Krieg war ja noch nicht aus". In

Brandenburg habe er jetzt an einem Fragebogen für alle Anstalten gearbeitet, zusammen mit einem „guten, keineswegs unkritischen Kameraden" aus Günzburg. Der Fragebogen bekam Gesicht, sie wurden „ein gutes Team". Gemeinsam sind sie durchs Reich gefahren, haben die Anstalten besucht, auch in Eglfing/Haar bei München waren sie. Der Aufenthalt dort war „sehr produktiv", weil er sehr viel über den Elektroschock gelernt habe. In Bethel war er auch, mit Brack und Heyde (zwei Hauptverantwortlichen der Euthanasie). Bei den Gesprächen hat er aber nicht zugehört, er fand den Inhalt nicht interessant, weil er ja selbst nicht mehr „direkt" mit der Euthanasie befaßt war. Hübsche Stickereien hat er aber in Bethel gesehen, gerade Epileptiker sind ja so geschickt in Feinmechanik und bei Gobelin-Stickereien. Pause. Die erste halbe Stunde ist vorbei.

In der zweiten halben Stunde geht es weiter: Da sitzt ein netter alter Herr im Gerichtssaal, der gerne Bach und Beethoven hört, der heldenhaft deutschen Kameraden an der Front geholfen hat. Ein bißchen böse ist er auch heute noch auf die katholische Kirche, weil die Predigt, die Bischof Galen im Sommer 1941 gehalten hat, die Euthanasie-Aktion, die bis dahin „geheime Reichssache" gewesen war, offenkundig und damit natürlich auch „der Feindpropaganda zugänglich" gemacht hat. Ullrich will ein ganz normales Bild von sich zeichnen und verrät sich doch mit der Sprache, mit jedem Satz. Er hat nichts dazugelernt in den letzten 47 Jahren: Kameradschaft, aufrechte Gesinnung, Vaterland, die alten, scheinbar unvergänglichen Werte. Keine erkennbare Reue, keinerlei Grübeleien, ob nicht vielleicht der mörderische Weltkrieg, an dem teilzunehmen bis zum bitteren Ende ständig sein größter Wunsch war, nicht eng mit den Euthanasie-Morden, den Morden in den Konzentrationslagern, den weiteren Verbrechen des Faschismus zusammenhing.

Zu Beginn des Prozesses, im Frühjahr 1986, war nochmals deutlich geworden, daß die Nationalsozialisten keinen Arzt zur aktiven Mitarbeit bei der Euthanasie-Aktion gezwungen haben. Ende März 1986 wurde die Zeugenaussage des verstorbenen Psychiatrie-Professors Gottfried Ewald verlesen, aus der hervorging, daß Ärzte ohne Nachteile für Beruf oder Privatleben die Teilnahme an der Tötungsaktion ablehnen konnten. Ewald war damals Ordinarius der Universitäts-Nervenklinik Göttingen und als einer der führenden Psychiater zur Mithilfe an der „Aktion T 4" aufgerufen worden. Er hatte sich als einziger der dazu bestellten Mediziner geweigert, Gutachten als Grundlage für eine „Selektion" von Patienten zu erstellen. Ewalds Aussage zufolge bekam er weder deshalb Schwierigkeiten, noch wegen verschiedener Schreiben, in denen er unter anderem beim Reichsgesundheitsführer im Herbst 1940 gegen die „Voreinführung des Gesetzes zur Vernichtung lebensunwerten Lebens" protestiert hatte. Weder im beruflichen noch im privaten Leben sei er Repressalien ausgesetzt gewesen.

Die Ärzte Ullrich und Bunke waren zwei Jahrzehnte vorher schon einmal vor dem Frankfurter Landgericht angeklagt gewesen, gemeinsam mit Endruweit und Dr. Kurt Borm. Im ersten Urteil vom 23. Mai 1967 hatte es geheißen, Ullrich habe Beihilfe zur Ermordung von mindestens 1815 Menschen geleistet, dabei in mindestens 210 Fällen durch eigenhändige Tötung. Bunke wurde die Beihilfe zur Ermordung von mindestens 4950 Geisteskranken, Endruweit von mindestens 2250 Kranken angelastet. Trotzdem hatten die Richter die Angeklagten freigesprochen. Zwar seien die Massentötungen im Rahmen der „Aktion T 4" Mord gewesen. Auch nach damals geltendem Recht. Aber die Ärzte hätten das „Unerlaubte" ihres Tuns nicht erkannt und in einem „unvermeidbaren Verbotsirrtum gehandelt". Die Angeklagten seien davon ausgegangen, „daß sie nur bei der Tötung von Geisteskranken ‚ohne natürlichen Lebenswillen' mitwirkten und daß deren Tötung erlaubt sei".

Der Bundesgerichtshof hatte das Urteil drei Jahre später wieder aufgehoben. 1971 war in Frankfurt ein zweiter Prozeß angesetzt gewesen, an dessen Ende Borm freigesprochen wurde. Zwar habe er „objektiv Beihilfe zur Tötung von mindestens 6652 Geisteskranken geleistet", aber das „Unerlaubte" seines Tuns nicht erkennen können: „In den entscheidenden Jahren seines Heranwachsens . . . hat er kaum etwas anderes vernommen als die Verherrlichung nationalsozialistischen Gedankenguts." Der Bundesgerichtshof hat diesen Freispruch am 20. März 1974 bestätigt. Gegen Ullrich, Bunke und Endruweit war das Verfahren nicht eröffnet worden, weil sie immer wieder Kollegen fanden, die ihnen Verhandlungsunfähigkeit bescheinigten: ,,Zugleich praktizieren sie weiter, operieren zum Teil auch. Sie können in Urlaub fahren, ihren Wohlstand mehren, während die Opfer niemals als Verfolgte des NS-Regimes anerkannt wurden, die Angehörigen nie eine Entschädigung bekamen", hat Ernst Klee am 7. März 1986 in der Zeitschrift Die Zeit geschrieben.

Bereits im Vorfeld des ersten Prozeßes 1967 hatte es eine breite Solidarisierungswelle für die angeklagten Ärzte gegeben, als es darum ging, ihnen die Approbation zu entziehen. Der Ärzteverein Celle und mehr als 5000 Bürger aus Celle und Umgebung hatten sich bei der Niedersächsischen Landesregierung für Bunke eingesetzt – mit der Folge, daß Bunke weiterpraktizieren konnte. Ähnlich war es bei Endruweit, nachdem der Regierungspräsident von Hildesheim im September 1966 das Ruhen der Bestallung angeordnet hatte. Endruweit, der lange Jahre im Vorstand der Kassenärztlichen Vereinigung und im Vorstand der Ärztekammer war, nahm ,,serienweise Beistandserklärungen entgegen: von Kollegen, vom örtlichen Sportverein, einem früheren Gemeindepastor, dem evangelischen Altersheim, der Spar- und Vorschußkasse Hoheneggelsen und der Kreissparkasse Hildesheim-Marienburg. Der Bürgermeister der Gemeinde Nettlingen versteigt sich sogar zu der Behauptung: Bereits jetzt werden in nicht zu übersehendem Maße peinliche und dem Ansehen der Regierung sehr schädliche Vergleiche mit Willkürmaßnahmen des 3. Reiches gezogen ...", um nochmals Ernst Klee in der Zeit vom 7. März 1986 zu zitieren. Aus Tätern wurden Opfer, und Endruweit konnte ebenso weiter praktizieren wie Bunke und Ullrich.

Die Urteilsverkündung im zweiten Prozeß war am 18. Mai 1987. Ullrich und Bunke wurden zu je vier Jahren Gefängnis verurteilt, das Gericht sprach von Beihilfe zum Mord an 4500 beziehungsweise 11000 Menschen. Die beiden Ärzte werden ihre ,,Strafe" wahrscheinlich niemals absitzen müssen. Bunke konnte bis 1979 Patienten behandeln; Ullrich mußte seine Tätigkeit als Arzt erst im Februar 1984 beenden, nachdem der Stuttgarter Regierungspräsident das Ruhen der Approbation angeordnet hatte.

Namen wie Ullrich, Bunke oder Endruweit stehen exemplarisch für andere Ärzte, die am Massenmord von Kindern und Erwachsenen beteiligt gewesen waren und nach 1945 weiterpraktizieren konnten. Werner Catel, einer von drei Obergutachtern der ,,Kinder-Euthanasie", wurde im Juni 1947 als ,,überzeugter Antifaschist und Vertreter der Humanität im Dritten Reich" entnazifiert. 1954 wurde er Ordinarius für Kinderheilkunde an der Universität Kiel. Er war auf Mediziner-Kongressen eingeladen, hat ein Standardlehrbuch der Kinderheilkunde geschrieben und ließ sich erst 1960, nach massiven öffentlichen Protesten, in den Ruhestand versetzen. Ein Gerichtsverfahren gegen Catel wurde 1964 endgültig eingestellt, da der Mediziner der Überzeugung gewesen sei, durch seine Beteiligung an dem Gutachterausschuß, der die Kinder zur Euthanasie ausgewählt hatte, ,,das Beste für die Kinder zu tun, für die der Tod nach seiner Meinung eine Erlösung von ihren Leiden darstellte". Catel hat nach eigenen Angaben die ,,Gesamtzahl der durch mich erfolgten Begutachtungen" auf ,,etwa 1000 pro Jahr" geschätzt. Als er 86jährig starb, rühmte ihn die Kieler Universität in einer Todesanzeige, er habe ,,in vielfältiger Weise zum Wohle kranker Kinder beigetragen"; kurze Zeit später, im Februar 1984, machte der verstorbene Catel erneut von sich reden, weil er der Universität eine runde halbe Million Mark vermacht hatte, unter der Bedingung allerdings, daß aus den Zinsen eine ,,Werner-Catel-Stiftung" zur Förderung medizinischer und naturwissenschaftlicher Forschung eingerichtet werden müsse. Nach empörten Reaktionen in der Öffentlichkeit lehnte die Universität am 28. Februar 1984 die Annahme des Vermächtnisses ab.[7]

Ernst Klee nennt in seinem Buch ,,Was sie taten – was sie wurden" weitere Beispiele für Ärzte, die nach 1945 weiterarbeiten konnten. 1949 hatte die Hamburger Ärztekammer zu entscheiden, ob Ärzten, die an der Ermordung behinderter Kinder beteiligt gewesen waren, die Approbation zu entziehen sei. Der Vorstand der Ärztekammer kam zu dem Schluß, daß das „hier zugrundeliegende Problem der Euthanasie ... noch keineswegs im rechtlichen oder berufsethischen Sinne geklärt" sei. Zwölf Jahre später hieß es in einer gemeinsamen Erklärung der Hamburger Gesundheitsbehörde und der Ärztekammer: „Bei der am 10. Januar 1961 nach stundenlanger und sorgfältiger Beratung erfolgten Prüfung ist der Vorstand der Ärztekammer Hamburg zu der Auffassung gekommen, daß die Handlungen der beschuldigten Ärztinnen und Ärzte aus den Jahren 1941 bis 1943 keine schweren sittlichen Verfehlungen im Sinne des § 5 Abs. 1 Ziffer 3 der Reichsärzteordnung darstellen und somit heute nach etwa 20 Jahren nicht Anlaß zu einem Antrag auf Entziehung der Approbation sein können."[8]

Diese Einstellung paßt zu den Gepflogenheiten, mit denen nach 1945 von den Möglichkeiten der ärztlichen Berufsgerichtsbarkeit Gebrauch, vielmehr kein Gebrauch gemacht worden ist, wenn es um ärztliche NS-Täter ging. Das Kammergesetz läßt die Eröffnung berufsgerichtlicher Verfahren auch gegen Ärzte zu, die bereits einem strafrechtlichen Verfahren ausgesetzt sind; Ärzte, die in einem strafrechtlichen Verfahren freigesprochen wurden, können berufsgerichtlich belangt werden, wenn ihre Handlungen eine Verletzung der ärztlichen Berufspflichten darstellen; Berufsgerichte können zu der Feststellung gelangen, daß die Schwere der Verfehlung eines Arztes den Entzug der Approbation erfordere und diese Entscheidung den zuständigen Behörden vorlegen.

Soweit also die Theorie. Wer allerdings im Zusammenhang mit Ärzten, die nachweislich an NS-Verbrechen beteiligt gewesen waren, von ärztlichen Standesorganisationen Berufsgerichtsverfahren fordert, wird immer wieder mit ähnlich lautenden Begründungen abgekanzelt – ob es sich um einen Chefredakteur 1956 oder eine Medizinstudentin 1987 handelt. Im ersten Fall ging es um den Chefredakteur des Rheinischen Merkur, O. B. Roegele, im Zusammenhang mit dem Mediziner Carl Clauberg, der im Oktober 1955 aus sowjetischer Haft in die Bundesrepublik entlassen worden war (wo er im August 1957 in Untersuchungshaft starb). Bereits im Nürnberger Ärzteprozeß war aktenkundig geworden, daß Clauberg in Auschwitz brutalste Sterilisationsversuche an jüdischen Frauen gemacht hatte, denen ein entzündungsverursachendes, formalinhaltiges Mittel direkt in die Gebärmutter gespritzt worden war. 1956 nun hatte der Chefredakteur des Rheinischen Merkur von der Ärzteschaft eine moralische Verurteilung Claubergs durch die Organisation der Ärzteschaft gefordert und war darauf von den Ärztlichen Mitteilungen belehrt worden:

„... ein verantwortungsvoller Publizist sollte weiter denken: Daß nämlich auch solche Distanzierung in aller Öffentlichkeit schon ein moralisches Urteil enthält, das man eben nicht aussprechen sollte, wenn man nicht vorher geprüft hat oder prüfen konnte – ein moralisches Urteil, das man auch zu diesem Zeitpunkt nicht auszusprechen brauchte, eben weil es sich von selbst verstand. Zudem: Die Ärztekammern sahen keinen Anlaß, dem bereits laufenden Verfahren der ordentlichen Gerichtsbarkeit vorzugreifen. Das entspricht den Gepflogenheiten des Rechtsstaates ebenso wie die Tatsache, daß z. B. Berufsgerichte nur im Rahmen ihrer gesetzlich gegebenen Zuständigkeit wirksam werden können. Der Chefredakteur des Rheinischen Merkur mag sich über diese Gepflogenheiten und Tatsachen hinwegsetzen, Körperschaften des öffentlichen Rechts können das nicht. Wenn der Chefredakteur des Rheinischen Merkur dies dennoch von den Ärztekammern verlangt, so ist das nicht mehr und nicht weniger als die Aufforderung, den Gepflogenheiten und Gesetzen des Rechtsstaates zuwider zu handeln, ein doch wohl erstaunliches Ansinnen ... Wie die Ärzteschaft und ihre Organisationen zu den Verbrechen in den Konzentrationslagern stehen, ist seit Jahr und Tag unzweifelhaft. Der Fall Clauberg ist jedoch solange noch nicht abgeschlossen, als die ordentlichen Gerichte der Bundesrepublik noch nicht entschieden haben. Ihrer Entscheidung aber soll und darf im Rechtsstaat nicht vorgegriffen werden" (Ärztliche Mitteilungen 41 [1956], 86-87).

Clauberg starb im August 1957, wenige Wochen vor Eröffnung des Prozesses vor dem Schwurgericht beim Landgericht Kiel. Die Frankfurter Rundschau schrieb darauf am 13. August 1957: „Es war der Staatsanwaltschaft reichlich schwergefallen, Sachverständige zu finden, die gewillt waren, ihre Gutachten in unmißverständlicher Weise abzugeben ... Clauberg ist ein Symbol gewesen, eines der Symbole des Dritten Reiches. Man muß hoffen, daß die Ärzte, die Bedenken trugen, seine Methoden als das zu bezeichnen, was sie waren, nicht als lebende Symbole der Nachkriegszeit anzusehen sind."

Daß sich ordentliche Gerichte in der Bundesrepublik mit der Verurteilung von Nazi-Tätern in anderen Fällen schwer getan haben, nicht zuletzt deshalb, weil nicht nur der eine oder andere Jurist den Wechsel von der Diktatur in die Demokratie ziemlich unbeschadet auf dem Richterstuhl überstanden hat, sei hier nur nebenbei erwähnt. Den „großen Frieden mit den Tätern", von dem Ralph Giordano spricht, haben Jörg Friedrich: „Die kalte Amnestie. NS-Täter in der Bundesrepublik" und Ingo Müller: „Furchtbare Juristen. Die unbewältigte Vergangenheit unserer Justiz" eindrücklich dargestellt. 1956 also wollte „die" Ärzteschaft einem ordentlichen Gericht nicht vorgreifen.

Zwanzig Jahre später aber hatte ein Gericht im Zusammenhang mit Ullrich und Bunke zum zweiten Male festgestellt, daß beide an tausendfachem Mord beteiligt gewesen waren. Dies hatte eine Medizinstudentin im Frühsommer 1987, nach der Urteilsverkündung, veranlaßt, dem Präsidenten der Bundesärztekammer, Vilmar, zu schreiben und zu fragen, „wie eine Ärzteschaft sich von der Schuld der NS-Zeit freisprechen zu können meint, wenn sie wissentlich 40 Jahre sog. Ärzte weiterpraktizieren läßt, die nachweislich zig-tausendfach die ‚höchste ethische Grundnorm ärztlichen Handelns' – den Eid des Hippokrates – in verabscheuungswürdigster Form gebrochen haben?" Berufsgerichtliche Verfahren würden doch sonst „ständig wegen unvergleichbarer Lappalien eingeleitet". In der Antwort des Präsidenten vom 18. August 1987 hieß es unter anderem: „Ihr Brief und die darin enthaltenen Fragen und Folgerungen lassen befürchten, daß Ihnen nicht nur historische Entwicklungen und Tatsachen, sondern auch wesentliche Prinzipien unseres Rechtsstaates unbekannt sind oder von ihnen verdrängt werden. Die von Ihnen angeregte Verfahrensweise ließe nach meiner Auffassung keinen Unterschied zu den Willkürakten nationalsozialistischer Machthaber und deren Rechtsprechung erkennen, weil auch Sie ohne rechtskräftige Verurteilung durch ordentliche Gerichte Strafaktionen gegen die Beschuldigten fordern." Es wäre deshalb für die „spätere Tätigkeit als Ärztin" der Briefschreiberin nützlich, „wenn Sie unverzüglich versuchen würden, die aus Ihrem Brief offenbar zu folgernden erheblichen Kenntnislücken über das Funktionieren unseres demokratischen freiheitlichen Rechtsstaates zu schließen".

Wie schnell Standesorganisationen in anderen Fällen mit Berufsgerichtsverfahren an der Hand sein können, sei abschließend an einem Beispiel gezeigt. 1984 hatte ein Ärztefunktionär, der hessische Vorsitzende des Marburger Bundes, Daten von Schwangerschaftsabbrüchen zweier Wiesbadener Ärzte unter Namensnennung einem breiten Verteilerkreis zur Kenntnis gebracht, unter anderem der Bundesärztekammer und der „Europäischen Ärzteaktion", einer stark rechts orientierten Gruppe, deren Mitglied der Funktionär war. Die „Europäische Ärzteaktion" vertrat die These, daß der legale Schwangerschaftsabbruch „echter Genozid" – also Völkermord – und daß die „Folgen dieser Entwicklung noch katastrophaler als die Massenliquidationen des Dritten Reiches" seien. Diese Aussagen und die Denunziation der beiden Wiesbadener Kollegen hatte nun den hessischen Listenführer der Liste demokratischer Ärzte zu der Äußerung veranlaßt, dies erinnere ihn an die Veröffentlichung von Namen jüdischer Ärzte während des Faschismus. Darauf wurde im Mai 1984 vom Präsidium der hessischen Landesärztekammer ein Berufsgerichtsverfahren gegen ihn eingeleitet, das aber im Dezember 1984, nach massiven öffentlichen Protesten, wieder eingestellt worden ist.[9]

5. „*Was ist heute lebensunwert?*"

Bei allem Vorhergesagten ist es eigentlich nicht verwunderlich, daß sich das Deutsche Ärzteblatt, das offizielle Publikationsorgan der deutschen Ärzteschaft, die Chance hat entgehen lassen, den letzten großen Euthanasie-Prozeß in Frankfurt endlich zum Anlaß zu nehmen, eine fundierte, inhaltliche Auseinandersetzung zu der Problematik „Medizin im Nationalsozialismus" zu eröffnen. Der ganze, über ein Jahr dauernde Prozeß war dem Standesblatt nur einen einzigen Kommentar wert. Im Februar 1986, zu Beginn also, wurde gefragt: „Was ist heute lebensunwert?" (DÄB 83 [1986], 285). Die Ermordung tausender von Menschen wurde als eine Art Jugendsünde verführter junger Ärzte dargestellt, und es hieß: „Linke Ideologen hingegen bestehen auf Mord". Damit wurde kommentiert, daß Zeitschriften wie Der Spiegel oder große Tageszeitungen zu Beginn des Prozesses an dessen skandalöse, Jahrzehnte dauernde Vorgeschichte erinnert hatten.

Im Februar 1986 hieß es also im Ärzteblatt lapidar: „Linke Ideologen bestehen auf Mord". Anschließend wurde übergangslos auf einen „heutigen Arzt" hingewiesen, der einer todkranken Frau mit Zyankali geholfen habe: „Diese heutigen Untaten werden von den gleichen verharmlost, gar propagiert, die frühere Untaten vehement verurteilen. Heuchlerisch? Oder weil sie damals nicht ‚linker', sondern ‚rechter' Ideologie entsprangen?" Damit waren die Aktionen eines Julius Hackethal und einer Deutschen Gesellschaft für Humanes Sterben (s. S. 169), die im Prinzip nichts anderes versuchen, als die alte „Euthanasie" wieder neu aufleben zu lassen, den „Linken" in die Schuhe geschoben worden – wen immer auch das Ärzteblatt darunter verstehen mag.

Der Kommentar zum letzten Euthanasie-Prozeß endete: „Und manchem Heutigen mag die ganze Diskussion darüber ohnehin unverständlich sein, weil es ja schon fast selbstverständlich geworden ist, tausende und abertausende – im Mutterleib heranwachsende – Menschenkinder zu töten, deren Leben aus Gründen, die sich nicht einmal auf sie selbst, sondern auf bloße äußere Umstände beziehen, ‚lebensunwert' erscheint." Das wars im Deutschen Ärzteblatt zum letzten großen Euthanasie-Prozeß in der Bundesrepublik. Wenn man es genau nimmt, dann diente dieser Kommentar nur dazu, Ärztinnen und Ärzte, die einen Schwangerschaftsabbruch aus sozialer Indikation vornehmen, und Frauen, die eine Schwangerschaft abbrechen, wieder einmal in die Nähe von NS-Täter rücken zu können.

Daß man Frauen mit einer Verschärfung des § 218 nicht davon abhalten kann, in einer Situation, die für sie eine Notlage darstellt, eine Schwangerschaft abzubrechen, hat die Geschichte deutlich gezeigt. Die Angriffe auf die vor 11 Jahren liberalisierte Fassung des § 218 passen aber in eine Zeit, in der in der Bundesrepublik „alte" Werte neu herausgeputzt werden. Dazu gehört auch, daß Frauen ihre „natürliche" Rolle zu spielen haben, und die ist nun einmal – nach den Auffassungen einer Koalition aus katholischer Kirche, Ärztevertretern und christlichen Politikern – sozusagen naturgesetzlich die Rolle der Hausfrau und Mutter am heimischen Herd. Möglichst ohne allzu viel Mitspracherecht oder gar Selbstbestimmung über den eigenen Körper. Da hat sich in den Köpfen einer konservativen Männer-Elite seit den Diskussionen in der Weimarer Republik nicht allzuviel geändert. Nur wird heute nicht mehr offen vaterländisch oder gar völkisch argumentiert.

Dafür wurde aber ein Ersatz gefunden. Während ansonsten die NS-Zeit möglichst verdrängt, vergessen, unter den Teppich gekehrt wird, wird im Zusammenhang mit dem § 218 bedenkenlos der Bogen von der sozialen Indikation zum „millionenfachen Mord durch die Nationalsozialisten" geschlagen. Dabei spielt in der Argumentation keinerlei Rolle, daß gerade im Nationalsozialismus die soziale Indikation strikt verboten war und daß die Nationalsozialisten für deutsche Frauen geradezu einen „Gebärzwang" befohlen hatten. Im Prinzip werden mit dem Vergleich Liberalisierungstendenzen in der Gesellschaft als Wiederherstellung von NS-Praktiken dargestellt; obwohl gerade unter den Nazis noch viel strengere Abtreibungsregelungen gegolten haben, die damals allerdings offen bevölkerungspolitisch und rassistisch begründet worden sind. Wie eh und je wird an der wirklichen Situation der Frauen vorbei argumentiert und in keinster Weise berücksichtigt, wieviel Elend der § 218 und die mit ihm verbundene Heuchelei schon über Frauen gebracht hat. In der Praxis hört sich das in der katholisch-ärztlichen Koalitionssprache so an:

„Die große Zahl von Schwangerschaftsabbrüchen aus sozialer Notlage ist kaum verständlich, und es stellt sich die Frage, wo es in unserem Sozialstaat noch so viel Not und Elend gibt, die auf keine andere Weise als durch Tötung gebessert werden können. Unabhängig davon drängt sich die Frage auf, ob etwa Tötung überhaupt als geeignetes Mittel zur Besserung sozialer Schwierigkeiten und zur Beseitigung von Mißständen angesehen werden kann. Läßt man die Tötung zur Lösung sozialer Probleme zu, besteht kein qualitativer Unterschied mehr, eine Problemlösung nicht nur am Anfang des Lebens, sondern auch im Alter gleichsam durch ‚Sozialtötung' zuzulassen. Damit wäre allerdings der ‚Vernichtung lebensunwerten Lebens' und der ‚Vertilgung lästigen Lebens' Tür und Tor geöffnet. Ein unerträglicher Gedanke und eine Entwicklung, die nach der millionenfachen Vernichtung menschlichen Lebens durch Nationalsozialisten mit allen Mitteln verhindert werden muß."[10]

Soweit der Präsident der Bundesärztekammer, Vilmar, in einem Interview mit der Katholischen-Nachrichten-Agentur am 31. Juli 1985. Kurze Zeit später, am 15. August 1985, verglich der Erzbischof von München und Freising, Kardinal Wetter, die Abtreibungen in der Bundesrepublik mit den Auswirkungen der Atombombenabwürfe auf Hiroshima und Nagasaki: „Mit der Abtreibungspraxis steht über unserem Volk ein schlimmes Zeichen, das an Schrecklichkeit nicht hinter den Atompilzen von Hiroshima und Nagasaki zurücksteht." – Eine Argumentation, die umgehend vom Deutschen Ärzteblatt (82 [1985], 2589) aufgegriffen wurde. Die Zeit vom 23. August 1985 hat diese Vergleichspraxis heftig kritisiert: „Es ist Anlaß, zornig zu sein. ... Wer vergleicht, muß nicht nur Glück, er muß auch

Geschmack haben". Daran habe es Kardinal Wetter aber gefehlt. „Drastischer, infamer noch" sei fünf Jahre vorher die Gleichsetzung des CSU-Mannes Hartwig Holzgartner zwischen Abtreibung und Auschwitz gewesen. „Damals hatte ihm der Kölner Erzbischof Kardinal Höffner beigestanden. Auch diesmal handele es sich um ‚Mord in Massen'. Einer, zumal ein katholischer Würdenträger, kann mit guten Gründen selbst wider den gesetzlich erlaubten Schwangerschaftsabbruch argumentieren. Aber auch mit Worten ohne Würde, Worten ohne das geringste Maß an Takt, Humanität? Auschwitz als Knüppel, um Andersdenkenden noch einmal Angst zu machen, Schrecken einzujagen – das ist nicht nur dummdreiste Geschichtsklitterung. Es ist üble Geschichtsverfälschung. Hiroshima und Nagasaki ebenso zu benutzen, ist nicht minder verwerflich. Gerade Männer der Kirche müssen sich hüten, so mißraten, so miserabel zu reden." Dem ist nur hinzuzufügen: Ähnliches sollte auch für führende Repräsentanten der Ärzteschaft gelten!

In dem Interview mit der Katholischen-Nachrichten-Agentur vom 31. Juli 1985 hat der Bundesärztekammerpräsident gesagt, „Leben beginnt mit der Empfängnis", eine Unterscheidung der Schutzwürdigkeit zwischen ungeborenem und geborenem Leben sei daher nicht möglich.[11] Die Bundesärztekammer sah offensichtlich keinen Widerspruch darin, Richtlinien vorzulegen, die Wissenschaftlern erlauben, mit im Reagenzglas gezeugten menschlichen Embryonen Experimente vorzunehmen. „Verantwortbare, wissenschaftliche Untersuchungen", wie es heißt. An Embryonen, die einer Frau eingesetzt werden sollen, dürfen nach diesen Richtlinien „keine Eingriffe vorgenommen werden, die nicht unmittelbar dem Wohle des Kindes dienen".[12] Im Umkehrschluß sind also Manipulationen erlaubt, die nach Ansicht eines Wissenschaftlers „dem Wohle des Kindes" dienen.

Wie fragwürdig diese „Richtlinien zur Forschung an frühen menschlichen Embryonen" sind, wurde Anfang Dezember 1987 erneut deutlich, nachdem die Deutsche Presseagentur das Protokoll einer nichtöffentlichen Anhörung der Bund-Länder-Arbeitsgruppe Fortpflanzungsmedizin vom Juli 1987 teilweise veröffentlicht hat. Dem Protokoll ist zu entnehmen, daß weltweit ,,Embryonen für verbrauchende Forschung" verwandt würden. Führende bundesdeutsche Wissenschaftler hielten Forschungen an lebenden Embryonen in den ersten 14 Tagen nach der Verschmelzung von Samen und Eizelle unter bestimmten Bedingungen für gerechtfertigt. Einzelne Experten, darunter der Direktor der Universitätsfrauenklinik in München, Hermann Hepp, sahen laut Protokoll in einem ,,Verbot der Erzeugung von Embryonen für Forschungszwecke" für die ,,Bundesrepublik einen Rückschritt". Die Arbeitsgruppe hat in einem ebenfalls unveröffentlichten Zwischenbericht dem Gesetzgeber ein weitreichendes Verbot für Forschungen an menschlichen Embryonen vorgeschlagen; nicht zuletzt deshalb, weil ,,hochrangige medizinische Ziele, für die eine Forschung an Embryonen notwendig wäre, bisher nicht dargelegt worden sind" (Ärzte Zeitung und Süddeutsche Zeitung vom 10. 12. 1987).

Der Freiburger Psychiater und Neurologe Rudolf Degkwitz hat darauf in einem offenen Brief an die Ärzte der Bundesrepublik appelliert und geschrieben: ,,Hervorragende Wissenschaftler reden die Ungeheuerlichkeit dieses Vorgehens herunter und erarbeiten in den medizinisch-wissenschaftlichen Spitzenorganisationen der Deutschen Forschungsgemeinschaft, der Bundesärztekammer, unterstützt von der Max-Planck-Gesellschaft, Richtlinien, die solche Forschung in geordnete Bahnen lenken sollen, gleichzeitig aber den Bestimmungen des Grundgesetzes sowie der ärztlichen Ethik widersprechen." Degkwitz warf ,,hochrangigen Vertretern aller Bereiche der Wissenschaft und des öffentlichen Lebens" vor, ,,für die geordnete Tötung menschlichen Lebens, denn nichts anderes bedeutet ,verbrauchende Forschung'" einzutreten. Zugleich warf der Mediziner den offiziellen ärztlichen Gremien in diesem Zusammenhang Schönfärberei vor und forderte die Ärzte auf, ,,aus der Mauer wissenden Schweigens" hervorzutreten (Süddeutsche Zeitung, 4. 1. 1988).

Kaum ein Bereich der modernen Wissenschaft entzieht sich mehr einer gesellschaftlichen Kontrolle als die Forschung über

Gen-Technologien oder die Reproduktionsbiologie – wie die Möglichkeit, Menschen im Reagenzglas herzustellen, genannt wird. In diesem Forschungsbereich aber spielen wirtschaftliche, sozialdarwinistische und eugenische Gedanken mit eine Rolle, auch wenn es heißt, alles geschehe nur zum Wohle des Menschen. Gezielte Gentherapie oder die Klonierung des Menschen – die labormäßige Erzeugung identischer Menschen aus einer Ursprungszelle – sind derart möglich geworden, daß Aldous Huxleys Zukunftsroman aus den zwanziger Jahren „Schöne neue Welt" beinahe altmodisch klingt. In den USA wird offenherzig über „positive Eugenik" diskutiert, beispielsweise soll versucht werden, das Erbgut des Menschen so zu verändern, daß Arbeiter Umweltbelastungen und Schadstoffe am Arbeitsplatz möglichst ohne gesundheitsschädigende Wirkungen vertragen. Mit anderen Worten: Es wird darüber diskutiert und geforscht, den Menschen an die verseuchte Umwelt anzupassen. Damit würde dann die Notwendigkeit entfallen, dafür zu sorgen, daß die Umweltverseuchung verringert wird.

Wenn Repräsentanten der Ärzteschaft und „die" Ärzte etwas aus dem „Tausendjährigen Reich" gelernt haben sollten, dann dies: Die Verantwortung des einzelnen Wissenschaftlers, Forschers, Arztes, der vollkommen unpolitisch, alleine auf sich gestellt, im Elfenbeinturm der Wissenschaft nur zum Wohle des Menschen vor sich hinforscht, diese isolierte, elitäre, ich-bezogene Verantwortung des Einzelnen gibt es nicht! Wissenschaftler und Ärzte leben – wie alle anderen Menschen auch – in einer gesellschaftspolitischen Wirklichkeit, sie gehören einer bestimmten Schicht an, sie haben Ideologien und Wertvorstellungen im Kopf, mit denen sie erzogen werden und sie werden, vor allem, bezahlt! Ihre Auftraggeber sind Forschungsinstitute, Industrieunternehmen und, in ganz erheblichem Ausmaß, der militärische Komplex.

In Kreisen der Grünen, der SPD, der Kirchen werden Gen-Technologien und Reproduktionsbiologie kritisch und mißtrauisch diskutiert. Die Landesärztekammern in Hessen und Berlin haben die Richtlinien der Bundesärztekammer zurückgewiesen. Das hindert das Deutsche Ärzteblatt nicht daran, Frauen, die sich kritisch mit der Erzeugung menschlichen Lebens im Reagenzglas auseinandersetzen, mit Hohn zu überschütten – aus höchstem Pathos wird blanker Zynismus, und straft damit das Pathos Lügen: „Es ist schon geradezu erheiternd, bisweilen politisierende Frauen zu sehen, die von ihrem Körper keine Ahnung haben – und das dann noch fast gleichzeitig in zwei verschiedenen Parteien. Nach Zeitungsberichten jedenfalls haben sich mehrere führende Damen aus der Arbeitsgemeinschaft sozialdemokratischer Frauen (AsF) mit zahlreichen Argumenten gegen die In-vitro-Befruchtung ausgesprochen ... Daß ‚grüne' Frauen da nicht nachstehen wollen, ist fast zu erwarten. Und tatsächlich tönt es auch da: Eine Bundestagsabgeordnete der Grünen meinte, bei einer In-vitro-Fertilisation seien die menschlichen Körper nur noch Rohstofflager. Nun, das Wort einmal ganz wertfrei genommen – was sind sie im Rahmen der Reproduktion denn sonst?" (DÄB 83 [1986], S. 357).

6. *„Bewältigte" Vergangenheit?*

Kein Deutscher Ärztetag nach 1945 hat als Hauptthema die „Medizin im Nationalsozialismus" behandelt und darüber diskutiert, was das „Tausendjährige Reich" für Ausbildung, Forschung, Lehre und die Alltagsmedizin in der Bundesrepublik bedeutet. (Von der eingangs geschilderten Debatte auf dem 90. Deutschen Ärztetag in Karlsruhe, im Mai 1987, einmal abgesehen. Diese Debatte fand sozusagen außerplanmäßig statt und war von Delegierten der Listen demokratischer Ärztinnen und Ärzte erzwungen worden.) In den Standard-Geschichtsbüchern der Medizin, die in der Regel Heldentaten „der" Medizin aufzählen, ohne (selbst)kritische Fragen zu stellen, sucht man die Zeit zwischen 1933 und 1945 vergeblich – allenfalls wird nebulös in einem Halbsatz auf „Verirrungen" hingewiesen. In seinem Kommentar zum „8. Mai 1945" hat das Deutsche Ärzteblatt 1985 nicht zum ersten Mal der „namenlosen Mehrheit" der deutschen Ärzteschaft bescheinigt, sie habe während des Nationalsozialismus Humanität geübt und „nach allen Regeln der ärztlichen Kunst" gehandelt. Die hunderttausendfachen Opfer der alltäglichen Medizin der Nazi-Diktatur sind in diesem Kommentar mit keinem Wort erwähnt worden. Diese unbarmherzige Art, einen Schlußstrich unter „die Vergangenheit" zu ziehen, während überlebende Opfer noch mehr oder weniger vergeblich um ihre Rechte kämpfen, ist allerdings nicht medizin-typisch, sondern entspricht der gesellschaftlichen Normalität in der Bundesrepublik.

Zahllose Opfer der nationalsozialistischen zwölf Jahre sind niemals entschädigt worden; auch hier haben, nach 1945, Behörden, Juristen und Ärzte als Gutachter wieder Hand in Hand gearbeitet. Die Art und Weise, in der medizinische Gutachten erstellt wurden, hat den amerikanischen Psychoanalytiker K. R. Eissler 1963 zu der beschämenden Frage veranlaßt: „Die Ermordung von wie vielen seiner Kinder muß ein Mensch symptomfrei ertragen können, um eine normale Konstitution zu haben?"[13] Ein Fall, den Eissler geschildert hat, sei hier kurz wiedergegeben: „Ein KZ-Opfer, dessen Mutter, Frau und vier Kinder im Zuge der Verfolgungen ums Leben kamen und das offenbar auch schweren Mißhandlungen ausgesetzt war ..., wird von einem Vertrauensarzt der Simulation verdächtigt; ein anderer erklärt, seine Neurose sei anlagebedingt." Der Patient sei fast blind und gebe an, von einem Lastwagen geworfen, dabei auf das Gesicht gefallen und an einem Auge während seiner Inhaftierung operiert worden zu sein. Der Befund des vertrauensärztlichen Augenspezialisten schließe eine Operation aus. Der Patient habe eine „anlagebedingte maligne Myopie (extreme Kurzsichtigkeit, R. J.), nicht verfolgungsbedingt. Das Gericht fand jede weitere Untersuchung durch Spezialisten unnötig und wies die Klage" auf Wiedergutmachung ab. Bei der neuerlichen Begutachtung fand Eissler die Aussagen des Patienten bestätigt und er wies auf die Folgen der „psychischen Mißhandlung" hin, „die dieser Mensch von seiten der untersuchenden Ärzte erleiden mußte". Eissler stellte fest: „Der Patient müßte eigentlich eine Entschädigung erhalten für die Aufregungen und Erniedrigungen, die er im Zuge der Wiedergutmachung erlitten hat".[14]

Große Gruppen von Verfolgten sind von vornherein nicht unter das 1953 in Kraft getretene Bundesentschädigungsgesetz gefallen, das für Menschen galt, ,,die wegen ihrer Gegnerschaft zum Nationalsozialismus oder wegen ihrer Rasse, ihres Glaubens oder Weltanschauung" Nachteile erlitten hatten. Das war nach Meinung von Behörden und Gutachtern bei hunderttausenden von Zwangssterilisierten ebenso wenig der Fall wie bei Angehörigen der im Zuge der Euthanasieaktion Ermordeten oder bei Homosexuellen. Anträge Zwangssterilisierter auf Wiedergutmachung wurden regelmäßig zurückgewiesen, ,,weil die Sterilisation nicht etwa eine Verfolgungsmaßnahme war, sondern allein aus erbbiologischen Gründen vorgenommen worden" sei und ,,das Gesetz zur Verhütung erbkranken Nachwuchses als solches nicht rechtswidrig ist". Im Falle der Sinti und Roma kam der Bundesgerichtshof noch 1956 zu dem Ergebnis, daß ,,trotz des Hervortretens rassenideologischer Gesichtspunkte nicht die Rasse als solche den Grund für getroffene Maßnahmen bildete, sondern die asozialen Eigenschaften der Zigeuner".[15]

Opfer des Nationalsozialismus mußten im Prinzip vor denen beweisen, daß sie Opfer seien, die ihnen noch wenige Jahre zuvor als Täter gegenübergestanden waren. In der Evangelischen Akademie Bad Boll hat Stefan Romey im Mai 1987 am Beispiel des Landes Hamburg die Linien einer ungebrochenen Kontinuität in der Ausgrenzung NS-Verfolgter dargestellt und das Beispiel des bekannten Hamburger Psychiaters Hans Bürger-Prinz geschildert. Der Psychiater sei ehemaliger Gutachter beim Erbgesundheitsgericht Hamburg gewesen, er habe in seiner Funktion als Beratender Psychiater der Wehrmacht mit dazu beigetragen, daß ,,Kriegsneurotiker" an Kriegsgerichte ausgeliefert worden seien. Nach 1945 habe er vielfach als Gutachter bei Gesundheitsschäden von NS-Verfolgten mitgewirkt und aufgrund seiner Gutachten in Verfolgtenkreisen den Beinamen ,,Gesundbeter von Eppendorf" erhalten. Bereits im Juni 1949 habe die ,,Vereinigung der Verfolgten des Nationalsozialismus" an das Amt für Wiedergutmachung geschrieben: ,,Die ambulanten Untersuchungsmethoden in einzelnen Kliniken geben häufig Anlaß zu Beschwerden, denn sie ähneln in der Form zu sehr den Untersuchungsmethoden, die man an den Antragsstellern in den Jahren der nationalsozialistischen Verfolgung erprobt hat."[16]

Stefan Romey faßte in Bad Boll die Wiedergutmachungspraxis so zusammen: „Damit ein Gesundheitsschaden als verfolgungsbedingt anerkannt werden konnte, mußte neben der lükkenlosen Beweisführung des Verfolgungstatbestandes – gerade bei Spätschäden – eine naturwissenschaftlich nachvollziehbare Kausalkette sogenannter Brückensymptome zwischen der Verfolgungszeit und dem Ausbruch der Krankheit nachgewiesen werden können. So kam es zu einer ständigen Herabminderung, Verharmlosung und Leugnung der Schäden. Zu gängigen Formulierungen in ablehnenden Urteilen wurden dabei immer wieder die Begriffe ‚anlagebedingt', ‚altersbedingt' und ‚schicksalsbedingt'. Wurde ein Gesundheitsschaden anerkannt, wurde in den entsprechenden Gutachten das Opfer ‚zerstückelt', nur der verfolgungsbedingte Anteil der Minderung der Erwerbsfähigkeit wurde entschädigt. Die Prozedur der Begutachtung löste bei vielen NS-Opfern akute psychische und körperliche Krisen aus. Die NS-Opfer brachen vollends zusammen."[17]

Der Psychiater Klaus Dörner bemüht sich seit Jahren gemeinsam mit einzelnen Politikern und kirchlichen Vertretern um eine Rehabilitation der im „Dritten Reich" wegen „seelischer, geistiger und sozialer Behinderung Zwangssterilisierten oder ermordeten Bürger und ihrer Familien als Unrechtsopfer und NS-Verfolgte", wie es auf einer umfangreichen, zweibändigen Dokumentation: „Gestern minderwertig – heute gleichwertig?" heißt. Im September 1986 hat Klaus Dörner im Deutschen Ärzteblatt (83 [1986], 2578-2590) darauf hingewiesen, daß es sich bei den Bemühungen, den noch lebenden Opfern der Nazi-Diktatur (die heute teilweise von der Sozialhilfe leben müssen), endlich zu einer moralischen und materiellen Rehabilitation zu verhelfen, durchaus auch um ein ärztliches Problem handele und Bundesärztekammer und Landesärztekammern aufgefordert, sich „dieser schwerwiegenden Frage" nicht zu entziehen. Ziemlich vergeblich bisher.

Kein Deutscher Ärztetag hat sich mit dem Schicksal der überlebenden Opfer der NS-Medizin befaßt. Auf dem 90. Deutschen Ärztetag wurde ein Antrag von Delegierten der Listen demokratischer Ärztinnen und Ärzte an den Vorstand der Bundesärztekammer überwiesen. Auf dem 40. Bayerischen Ärztetag in München wurde ein ähnlich lautender Antrag nicht einmal zur Diskussion zugelassen. Der Antrag hatte geheißen: „Der 40. Bayerische Ärztetag in München fordert die zuständigen Stellen in der Bundesrepublik auf, endlich, mit 42jähriger Verzögerung, das Gesetz ‚zur Verhütung erbkranken Nachwuchses' vom 14. Juli 1933 für nichtig zu erklären. Noch lebende Opfer der Nazi-Diktatur sollen moralisch rehabilitiert und materiell entschädigt werden. Bei körperlichen und/oder seelischen Gesundheitsschäden ehemals Verfolgter ist ein Zusammenhang mit der Verfolgung anzunehmen und eine umfassende medizinische Betreuung zu gewährleisten, ohne daß sich der Betreffende unwürdigen Untersuchungs- und Gutachterverfahren aussetzen muß."

Zwangssterilisierte Menschen und ihre Familien schämen sich bis heute und halten sich und ihre Angehörigen für „minderwertig" – nicht zuletzt deshalb, weil das „Erbgesundheitsgesetz" bis in die Gegenwart nicht als nationalsozialistisches Unrechtsgesetz eingestuft worden ist. Diese von Bundesministerien vertretene Auffassung, der sich auf dem 90. Deutschen Ärztetag auch der Justitiar der Bundesärztekammer weitgehend angeschlossen hat, dient vor allem dazu, den Opfern eine finanzielle Entschädigung vorenthalten zu können. Verkürzt gesagt wurde das „Erbgesundheitsgesetz" als nicht typisch nationalsozialistisch erklärt, weil es ja bereits vor 1933 Bestrebungen gegeben habe, ein Sterilisierungsgesetz einzuführen. Das beweise, daß es sich bei dem dann nach der „Machtergreifung" erlassenen Gesetz um kein wirklich nationalsozialistisches Gesetz gehandelt haben könne. Im Prinzip beweist das aber nur, daß bereits *vor* 1933 Gedankengut weit verbreitet war, das nationalsozialistisch war. Wenn man die Interpretation, die das „Erbgesundheitsgesetz" nicht als Unrechtsgesetz einstuft, weiterführt, dann kann man im nächsten Schritt auch die „Euthanasie" als nicht typisch nationalsozialistisch bezeichnen – das wiederholt genannte Buch von Binding und Hoche über die „Freigabe der Vernichtung lebensunwerten Lebens" ist bereits 1920 erschienen, hat in der Weimarer Republik zahllose Diskussionen ausgelöst und den Boden für das, was nach 1933 geschehen ist, mit vorbereitet.

Während einzelne Ärzte, wenige Politiker und Vertreter kirchlicher Kreise – im Wettlauf mit der Zeit, da immer mehr Überlebende wegsterben – um die Rehabilitation der Opfer kämpfen, hat die Bundesärztekammer bereits wieder Richtlinien für die „Zulässigkeit einer Sterilisation geistig Behinderter aus eugenischer Indikation (Gefahr erbkranken Nachwuchses) oder sozialer Indikation (Unfähigkeit zur Wahrnehmung elterlicher Pflichten)" vorgelegt. Es geht um „geistig behinderte", „einwilligungsunfähige" Frauen und Minderjährige. Schwammiger kann angesichts eines derartigen körper- und würdeverletzenden Eingriffes kaum argumentiert werden. Diese Richtlinien sind am 22. Oktober 1987 im Deutschen Ärzteblatt veröffentlicht worden. Die Bundesärztekammer betont, „der" Arzt erwarte zu Recht eine Interpretation durch „die Ärztekammer", und vermittelt damit wieder einmal den Eindruck, für „die" Ärzteschaft sprechen zu können. Dabei ist die Bundesärztekammer – wie gezeigt – nichts anderes als eine Arbeitsgemeinschaft der westdeutschen Landesärztekammern. Die Hamburger Ärztekammer beispielsweise hat die Sterilisationsrichtlinien bereits im Sommer 1987 abgelehnt – mit einer Begründung, die sehr deutlich an unsere jüngste Vergangenheit und das „Gesetz zur Verhütung erbkranken Nachwuchses" vom 14. Juli 1933 und dessen ständige Ausdehnung erinnert. Diese ausführliche und sorgfältig argumentierende Begründung hat das Deutsche Ärzteblatt den Ärztinnen und Ärzten in der Bundesrepublik ebenso vorenthalten wie die Information, daß die Hamburger Kammer die Richtlinien entschieden zurückgewiesen hat (DÄB 84 [1987], 1979–1982).

Das „Erbgesundheitsgesetz", dies sei nochmals betont, war „nur" der erste Schritt zur „Ausmerze minderwertiger Belastung", wie es der Funktionär Haedenkamp 1933 offen und zustimmend formuliert hat. Obwohl in diesem Gesetz die Indikationen für eine Sterilisation relativ scharf umrissen waren, jedenfalls nicht so schwammig wie „geistig behindert", wurde die Anwendung immer weiter ausgedehnt. Bereits in der Weimarer Republik haben Ärzte Politikern laut und deutlich vorgerechnet, wie teuer Kranke, Schwache, Behinderte, Blinde, Taube, Alte ... für die Volksgemeinschaft seien. Das Fundament für die barbarische Nazi-Diktatur ist lange vor 1933 bereitet worden und Ärzte haben, wie gezeigt, tatkräftig daran mitgebaut.

Nach 1945 war in der Bundesrepublik die Diskussion über „Euthanasie" und „aktive Sterbehilfe" – also die Freigabe der Tötung eines Menschen auf Verlangen – zuerst einmal Tabu, wie so vieles andere auch, was kurz vorher noch mehr oder weniger offen zur Tagesordnung gehört hatte. Seit Anfang der siebziger Jahre aber haben sich die Auseinandersetzungen um „das Recht auf humanes Sterben" geradezu verselbständigt. In der Regel wird „der" Apparatemedizin pauschal vorgeworfen, sie greife in das Selbstbestimmungsrecht schwerkranker Menschen ein und hindere diese am sanften Sterben, verlängere „qualvoll" ihr Leiden „um jeden Preis". Ärzte wie Julius Hakkethal oder andere „Sterbehelfer", die Patienten mit Zyankali zu einem – mitunter qualvollen! – Tod verhelfen, werden von der Boulevardpresse schlagzeilendick gefeiert. Ein Motor der Diskussionen ist die im November 1980 gegründete „Deutsche Gesellschaft für Humanes Sterben" (DGHS), die sehr rasch zahlreiche Aktivitäten entwickelt hat. Sie hat den Deutschen Ärztetag beschäftigt, Anfragen an die Bundesregierungen vor und nach der Wende gerichtet, Kontakte zu Parteien aufgenommen, mit ärztlichen Standesvertretern diskutiert und publikumswirksame Veranstaltungen organisiert. Auf dem 56. Deutschen Juristentag 1986 bemühten sich Juristen darum, die Möglichkeit durchzusetzen, bei einer Tötung auf Verlangen auf Bestrafung zu verzichten.. Ein „Alternativentwurf eines Gesetzes für Sterbehilfe" ist 1986 im Thieme-Verlag von einem Arbeitskreis aus Professoren des Strafrechts und der Medizin vorgelegt worden.

In all den Diskussionen fällt auf, wie selbstverständlich der Begriff „Euthanasie" längst wieder verwendet wird, als habe es den hunderttausendfachen Mord an für „lebensunwert" befundenen Menschen nie gegeben. Erinnerungen daran werden von Vertretern der DGHS entrüstet zurückgewiesen. In einer Broschüre der Gesellschaft mit dem Titel: „Unsere Verstorbenen klagen an", heißt es, es wäre eine Gewissenlosigkeit, daß vor der Gründung der Gesellschaft „jedes humanitäre Engagement für Sterbehilfe mit dem ‚Schreckgespenst Hitler' verhindert worden" sei.

Im Prinzip knüpft die Auseinandersetzung um Sterbehilfe in der Bundesrepublik nahtlos an die Tradition der zwanziger Jahre an; immer neue Aspekte werden einbezogen; juristische, gesellschaftliche, medizinische und – unterschwellig zwar noch, aber erkennbar – wirtschaftliche Gründe werden herangezogen. Im Mai 1985 fand in Bonn ein öffentliches Hearing vor dem Rechtsausschuß des Bundestages statt. Die 15 Sachverständigen, Mediziner, Juristen, Theologen, aber auch Vertreter der DGHS oder der Humanistischen Union, hatten zuvor einen „Fragenkatalog Sterbehilfe" erhalten und schriftlich beantwortet. Sogar der Sterbe-Experte Hackethal räumte in seinen Antworten ein, daß Bitten von Kranken, ihr Leben nicht zu verlängern, „eher selten" vorgetragen würden. Im Gegenteil: „Die meisten kämpfen bis zuletzt ums Weiterleben", so Originalton Hackethal in der schriftlichen Stellungnahme. Dieser Aspekt, der auf den ersten Blick in einem seltsamen Widerspruch zu den „Erlösungstod"-Diskussionen zu stehen scheint, macht einen entscheidenden Punkt deutlich: Wünsche nach „Erlösungstod" werden häufig von Gesunden geäußert, die sehr leicht Gefahr laufen, einem Schwerstkranken voreilig Todeswillen zu unterstellen, weil sie – die Gesunden – dessen „sinnloses" Leiden nicht mehr ansehen und „ertragen" können.

In der bereits erwähnten Broschüre der DGHS mit dem Titel „Unsere Verstorbenen klagen an", geht es immer wieder um noch lebende, aber bewußtlose Menschen, die überhaupt nicht in der Lage wären, über ihren „Erlösungstod" selbst zu entscheiden; und es sind immer wieder Angehörige, die in austauschbar klingenden Berichten „anklagen“, nach dem Motto: „So geht unser Vater (78 Jahre) jeden zweiten Tag zu Besuch in das Krankenhaus, um sich das Elend anzuschauen. Worin der Nutzen liegen sollte, Leben erhalten zu müssen, das kein Leben mehr ist, sondern nur noch von vegetieren gesprochen werden kann, läßt sich für uns nicht erkennen.“ In der Regel wird an Beispielen von Einzelschicksalen polemisch und pauschal gegen Ärzte und „die“ Krankenhaus- und Intensivmedizin argumentiert, ohne dabei darauf hinzuweisen, daß gerade die moderne Intensivmedizin im Bereich der Schmerzbekämpfung zahlreiche wirksame Methoden entwickelt hat, die es erst ermöglichen, Leiden zu lindern oder einzudämmen. In den Polemiken gegen „Monsterkliniken“ und Apparatemedizin wird zwar vordergründig die Kritik aufgegriffen, die sich in den letzten Jahren über verbesserungswürdige Zustände in Krankenhäusern und einen zu leichtfertigen Einsatz von Medizintechnik erhoben hat. Wer dann aber den Tod als Ausweg anbietet, fällt denjenigen in die Arme, die mit ihrer Kritik versuchen, die Zustände und Bedingungen zu verbessern, unter denen Menschen bei uns leben und sterben müssen. Die Rufe nach einem menschenwürdigen Sterben bekommen einen zynischen Unterton, wenn sie losgelöst von der konkreten Situation, unter der gerade alte Menschen in der Bundesrepublik oft leben müssen, erhoben werden; und es stellt sich zumindest die Frage, ob ein menschenwürdiges Leben und ein menschenwürdiger Tod nicht zwei Seiten einer Medaille sind.

Ärzte, die Sterbende betreuen, machen jedenfalls darauf aufmerksam, daß hinter der Bitte eines Schwerkranken, „sein Leben nicht zu verlängern“, sehr häufig der Wunsch nach mehr menschlicher Zuwendung stehe. Es scheint daher absurd, wenn Gesetzesänderungen gefordert werden, die – sei es „aktiv“ oder „passiv“ – die Tötung eines Menschen „legalisieren“ sollen, anstatt laut nach mehr und besser ausgebildetem Personal im Krankenhaus und in Altersheimen zu rufen, nach Ärzten, Schwestern und Sozialarbeitern, die es gelernt haben und die die Zeit aufbringen können, einem Sterbenden körperliche und seelische Schmerzen zu lindern und ihm in sozialen Nöten zu helfen, wenn möglich in enger Zusammenarbeit mit den Angehörigen. Wie sehr eine derartige Sterbe-Begleitung – und darum sollte es in erster Linie gehen! – an der gesellschaftspolitischen Realität in der Bundesrepublik scheitert, machte der Oberkirchenrat vom Kirchenamt der Evangelischen Kirche T. Winkler auf dem Hearing in Bonn 1985 deutlich: „Geradezu grotesk ist hier freilich die Erfahrung, wie störend sich der Druck zur Kostensenkung gerade dort auswirkt, wo es darauf ankommt, daß sich Ärzte und Pfleger sehr eingehend um hoffnungslose Fälle kümmern und beispielsweise die Möglichkeit wahrnehmen, lange Zeit am Bett des Sterbenden zu sitzen." An diesem Punkt müßte die Diskussion um Sterbehilfe einhaken. Hier wird deutlich, daß eine derart brisante Auseinandersetzung, in der es, im wahrsten Sinne des Wortes, um Leben und Tod geht, nicht losgelöst betrachtet werden kann von sozialen, psychologischen und wirtschaftlichen Beweggründen. Daß letztere schleichend Einzug halten, darauf wiesen einige der Sachverständigen in Bonn 1985 leise hin. Gewarnt wurde auch vor Nebenwirkungen, die diese Diskussionen auf den Umgang mit alten und behinderten Menschen in Pflegeheimen oder auf das ärztliche Ethos haben könnten. Nebenwirkungen vor allem auf alte, schwerkranke und behinderte Menschen selbst, die in einer Gesellschaft leben, in welcher der gesunde und leistungsfähige Mensch zum Maßstab wird. Rufe nach dem „Erlösungstod" können leicht zur Nötigung werden, nach dem Motto: „Wann stellst Du alter, schwerkranker, behinderter Mensch (endlich) diese Forderung?"

Der Psychiater Klaus Dörner hat darauf Ende November 1987 nochmals in aller Deutlichkeit hingewiesen. In einem Beitrag „Euthanasie gestern – Sterbehilfe heute?" im Deutschen Ärzteblatt schreibt Dörner: „Wenn jetzt die liberal-fortschrittlichen Juristen, ohne reflektiert und gelernt zu haben, und mit ihnen der 56. Deutsche Juristentag die Möglichkeit des Verzichtes auf Bestrafung bei Tötung auf Verlangen durchsetzen wollen, und wenn dieser Sieg des Wertes der Selbstbestimmung von den Medien nur hinreichend hochgejubelt wird, dann kann allmählich eine soziale Erwartungshaltung in der Bevölkerung entstehen, wonach alle behinderten, unheilbaren oder alten Menschen es für anständig halten müssen, sich von den medizinischen Vertretern der Wissenschaft den Tod geben zu lassen. Es entstehen ungeahnte Möglichkeiten, soziale Kosten einzusparen. Wer sich in die unvermeidliche Abhängigkeit von einem Arzt begibt, wird nicht mehr wissen können, ob dieser seine Tatherrschaft mehr aufs Leben oder mehr aufs Sterben richten wird" (DÄB 84 [1987], S. 2282–2287).

Klaus Dörner verteidigt in diesem Artikel seine „ach so reaktionäre Bundesärztekammer", die vor einem „Dammbruch in Sachen Sterbehilfe" warne. Dem ist zuzustimmen. Allerdings, und diesen Vorwurf müssen sich Repräsentanten der Ärzteschaft gefallen lassen, verlieren ihre Warnungen an Gewicht, solange eine wirkliche, inhaltliche Auseinandersetzung über die Rolle der Ärzteschaft im Nationalsozialismus und über die Beschönigungsversuche nach 1945 nicht ernsthaft stattgefunden hat. Auch in der Weimarer Republik wurde die durch alle gesellschaftspolitischen Bereiche sich ziehende Sterbehilfe-Diskussion vom Deutschen Ärzteblatt nur vorsichtig gestreift. Die Grenze zwischen angeblicher Barmherzigkeit und offensichtlichem Töten eines Wehrlosen war bereits damals zu schwammig. Trotzdem fanden sich nach 1933 genügend Ärzte, die bereit waren, beim Morden mitzumachen. Außerdem ist zu kritisieren, daß sich Warnungen vor einem „Dammbruch" bei den ärztlichen Standesorganisationen derzeit in der Regel auf die Sterbehilfe-Diskussion beschränken.

Ideologische Tendenzen, die unter entsprechenden politischen Machtkonstellationen zu einer „Medizin ohne Menschlichkeit" geführt haben, die von vielen Ärzten und hohen Repräsentanten der Ärzteschaft entweder offen oder stillschweigend unterstützt und getragen worden ist, existieren bis heute in der Gesellschaft der Bundesrepublik. Randgruppen wie psychisch Kranke, Behinderte, Alte, Ausländer, Asylsuchende werden ausgegrenzt. Dies gilt vor allem für Aids-Kranke und potentielle Aids-Kranke, auf deren Rücken reaktionäre Politiker mit Meldepflicht, Zwangstestung, unterschwelliger oder offener Drohung von Asylierung versuchen, ihre Vorstellungen von Moral, Familie und gesellschaftlichem Zusammenleben durchzudrücken.

Immer noch klammern Ärztevertreter drängende soziale und gesellschaftspolitische Probleme, die mit in den Verantwortungsbereich einer humanen, sozialen Medizin gehören müßten, vordergründig mit dem Satz aus: „Medizin ist unpolitisch". Damit wird alles, was als „links" verdächtig sein und die herrschenden Machtstrukturen gefährden könnte, in Frage gestellt. Trotzdem sind konservative Standesfunktionäre Vorreiter, wenn es darum geht, konservative gesundheitspolitische Vorstellungen mitzutragen und durchzusetzen; nach wie vor mischen sie sich hochpolitisch in drängende gesellschafts- und gesundheitspolitische Probleme – auf der Seite der Mächtigen stehend. Dies sei an einem Beispiel gezeigt.

Am 12. Juni 1986, sechs Wochen nach der atomaren Katastrophe in Tschernobyl, erschien in den überregionalen Tageszeitungen eine Halbseitenanzeige der Elektrizitätswerke mit einem Text der Bundesärztekammer. Darin erfuhr „die Bevölkerung der Bundesrepublik Deutschland und Berlin (West)", daß der Präsident der deutschen Ärzteschaft, Karsten Vilmar, der Meinung war, daß „nach dem zuverlässigen Urteil von Experten, insbesondere Nuklearmedizinern, Strahlenschutzärzten, Strahlenbiologen und Kernphysikern in unserem Land durch die erhöhte Strahlenexposition kein Bürger gesundheitlichen Schaden erlitten" habe. Die biologischen Auswirkungen der Radioaktivität auf den Menschen und seine Umwelt seien „weitgehend bekannt. Aus ihnen wurden u. a. die Grenzwerte für eine Strahlenexposition abgeleitet. Bei Einhaltung dieser Grenzwerte kann nach derzeitigem Wissen eine Schädigung der Gesundheit ausgeschlossen werden". Die Bundesärztekammer begrüßte deshalb „nachhaltig die vorsorglichen Empfehlungen der Strahlenschutzkommission, die dem Schutz des Lebens und der Gesundheit den eindeutigen Vorrang vor anderen Überlegungen geben". Ärzte sollten nämlich ihre Patienten „ausschließlich auf der Grundlage wissenschaftlicher Erkenntnisse aufklären, um unsinnige Spekulationen, Unsicherheit der Bürger und Hysterie zu begegnen", wurde der Bevölkerung der

Bundesrepublik vom Präsidenten der Bundesärztekammer in oberlehrerhaftem Ton mitgeteilt. Da dem „Laien" die Wirkung ionisierender Strahlung nur schwer verständlich zu machen sei, komme „den mit der Kernforschung und der Nutzung der Kernenergie im weitesten Sinne befaßten Wissenschaftlern besondere Verantwortung" für eine sachkundige, angemessene Aufklärung zu.

Damit hielt der Präsident der Ärzteschaft den „Laien" ein Argument entgegen, mit dem die Gegner der Atomenergie seit Jahren als „inkompetent" abgetan werden. Anerkannte Experten sind eben nur diejenigen, die sich für die „Kernforschung und die Nutzung der Kernenergie im weitesten Sinne" einsetzen, die Atomlobby also im weitesten Sinne. Daß allerdings auch die Bundesärztekammer Schwierigkeiten hat, die komplizierte Materie von der Wirkung ionisierender Strahlung zu verstehen, dürfte aus dem Text der Anzeige deutlich werden. Eine Aussage wie: „Bei Einhaltung dieser Grenzwerte kann nach derzeitigem Wissen eine Schädigung der Gesundheit ausgeschlossen werden", war schlichtweg falsch. Nach derzeitiger gängiger medizinischer Lehrmeinung muß vielmehr davon ausgegangen werden, daß es im Zusammenhang mit radioaktiver Strahlung *keine* Grenzwerte gibt, unterhalb derer eine gesundheitliche Gefährdung *mit Sicherheit* ausgeschlossen werden kann.

Die Anzeigenkampagne wurde am 13. Juni 1986 von der Ärzte Zeitung glossiert: „Nachhilfe in Sachen Tschernobyl, braucht dies die Bundesärztekammer? Der Schnell-Leser kann diesen Eindruck gewinnen, wenn er die Großanzeige der E-Wirtschaft in Tageszeitungen überfliegt. Die Schlagzeile: ‚Die Elektrizitätswirtschaft informiert Die Bundesärztekammer zu Tschernobyl'. Wars so gemeint? – Wohl kaum. Zwei entscheidende Pünktchen fehlten, sogleich gibt es einen anderen Sinn. Dem BÄK-Präsidenten kann dies gleich sein, hat er doch einen potenten Finanzier für seine Informationen gefunden. Quasi als Gratisgabe übernahm er sogleich noch die Werbung fürs Standesblatt. Ein schöner Zug. Bleibt zu hoffen, daß die Stromzahler nicht bald zur Kasse gebeten werden."

Wenige Tage später war der Ärzte Zeitung (16. 6. 86) zu entnehmen, daß man sich bei der Vereinigung der deutschen Elektrizitätswerke (VDEW) die Hände reibe. In der Zentrale des Frankfurter Wirtschaftsverbandes sei man uneingeschränkt froh über die Werbehilfe. Die stellvertretende Pressesprecherin habe erklärt: „Wir sind doch über jede kompetente Aussage zur Atomenergie dankbar". Im Düsseldorfer Gesundheitsministerium dagegen herrsche ungläubiges Kopfschütteln. Minister Heinemann habe der Ärzte Zeitung gegenüber erklärt, er habe mit Befremden festgestellt, daß die Bundesärztekammer nicht davor zurückschrecke, sich „vor den Karren der Elektrizitätswirtschaft spannen zu lassen". Außerdem sei die Verlautbarung eine Verharmlosung der Risiken und der Minister frage sich, von wem die Kammer das Mandat für solche Aktionen habe. Der Hauptgeschäftsführer der Bundesärztekammer wiederum, Dr. Heinz-Peter Brauer, verstand die Aufregung nicht. Über seinen Schreibtisch sei die Anfrage der VDEW zur Veröffentlichung der Erklärung gegangen. Die Abdruckgenehmigung habe die Bundesärztekammer gerne gegeben, „weil wir uns sagten, daß dies eine gute Chance sei, den Text ungekürzt allen Bürgern zugänglich zu machen".

Ärztliche Standesvertreter fordern seit Jahren ein Zivilschutzgesetz und die Fortbildung aller Ärzte in einer Katastrophenmedizin, deren Kernpunkt die „Triage" darstellt: das Aussortieren von Verwundeten in solche, denen noch ärztliche Hilfe zuteil werden soll und anderen, die im Kriegsfall nur noch „zuwartend" behandelt werden sollen. Nach den Ursachen möglicher Katastrophen aber soll nicht gefragt werden. Friedenspolitische Aktivitäten von Ärzten werden deshalb von Standesorganisationen als „allgemeinpolitisch" abgelehnt und diffamiert. Im Dezember 1987 wurden die Aufnahmeanträge des Vereins demokratischer Ärztinnen und Ärzte und der Internationalen Ärzte für die Verhütung des Atomkrieges e. V. (IPPNW) in das Präsidium des Deutschen Ärztetages abgelehnt. In diesem höchsten politischen Organ der offiziellen Ärzteschaft sind mehr als 30 ärztliche Organisationen vertreten, die auf dem Ärztetag Rederecht haben. Dazu gehören alle freien

Ärzteverbände bis hin zum Deutschen Sportärztebund, aber auch der oberste Militärarzt der Bundeswehr oder ein Vertreter des Bundesministeriums für Jugend, Familie, Frauen und Gesundheit. Im Zusammenhang mit der IPPNW hieß es, Aufgabenstellung und Struktur des Präsidiums stünden einer Mitgliedschaft ärztlicher Organisationen mit allgemeinpolitischer Zielsetzung entgegen; beim Verein demokratischer Ärztinnen und Ärzte wurde die Ablehnung inoffiziell damit begründet, daß er sich nicht zu einer berufsständischen Politik bekenne.

Wer verfolgt, wie Ärzte seit der Jahrhundertwende versucht haben, wirtschaftliche und ideologische Interessen unter dem Banner des „unpolitischen Arzttums" durchzusetzen, der kann sich des Eindrucks nicht erwehren, hier habe sich ein Berufsstand aufgemacht, gesellschaftliche Veränderungen einzudämmen, wie sie beispielsweise von der Sozialgesetzgebung initiiert worden sind. Die Formulierungen, mit denen sich Ärzte über Sozialversicherte äußern, sind bis in unsere Tage hinein ähnlich geblieben. Manche Zitate erscheinen so austauschbar, daß es ohne Quellenangabe nicht möglich wäre, sie einer bestimmten Zeit zwischen 1885 und der Gegenwart zuzuordnen. Dies sei in drei Beispielen gezeigt:

– „Wir werden ja sehr bald dahin gelangt sein, daß nur noch ein kleiner Teil unserer Bevölkerung arbeitet und schafft, der größere Teil aber aus Rentenempfängern besteht."

– „In der Praxis erleben wir das tagtäglich und sind entsetzt, daß heute viele Mitbürger krampfhaft nach Krankheiten suchen, nur um in den Genuß von Ausweisen zu kommen. Der Staat fördert, daß in unserem Volke die Tendenz dahin geht, lieber eine Krankheit zu haben, als gesund zu sein. Er schafft allmählich ein Volk von Frührentnern und Hobby-Arbeitern."

– „Die Quellen der unterschwelligen Angst und der daraus resultierenden Dauerspannung liegen aber noch anderswo, nämlich im viel zu dicht gewobenen sozialen Netz. Keiner braucht mehr durchfallen und deswegen braucht sich auch keiner mehr anzustrengen, um sich und seiner Familie das Äußerste zu ersparen, nämlich nur noch das nackte Dasein fristen zu können. Die Natur hat uns aber zum Lebenskampf ausgestattet und dieser Kampf hat dem Menschen Lebensinhalt und Profil gegeben."

Das erste Zitat stammt von Erwin Liek aus dem Jahre 1926. Das zweite Beispiel enthält Äußerungen des damaligen Landesvorsitzenden des Gesundheitspolitischen Arbeitskreises der CSU, Hartwig Holzgartner, auf einem gesundheitspolitischen Kongreß der CSU im Juli 1982. Das letzte Beispiel ist den Münchner Ärztlichen Anzeigen vom Februar 1981 entnommen.[18]

In gesundheitspolitischen Diskussionen werden krankmachende Faktoren wie zunehmende Umweltverseuchung, Belastungen am Arbeitsplatz oder Arbeitslosigkeit weitgehend ausgeklammert. Krankheit wird immer offener zum individuellen Verschulden des Einzelnen erklärt und an Risikofaktoren wie Rauchen, Alkohol oder Übergewicht festgemacht, ohne daß dabei hinterfragt würde, warum ein Mensch raucht oder trinkt oder übergewichtig ist. Wenn es um das angeblich überstrapazierte soziale Netz und die „Selbstbeteiligung" der Patienten geht, dann argumentieren konservative Ärztevertreter und Politiker, Arbeitgebervertreter und Wirtschaftswissenschaftler nur graduell unterschiedlich. Der Präsident der Bayerischen Landesärztekammer, H. J. Sewering, erklärte im November 1986 im Bayerischen Ärzteblatt: „Gefäßerkrankungen, Schlaganfall, Herzinfarkt, chronische Bronchitis, Lungenkrebs, Zukkerkrankheit, Hochdruck. Für die Entstehung dieser Killerkrankheiten liegt die Verantwortung allein beim einzelnen Bürger ... Die Entscheidung zu einer Änderung der Lebensgewohnheiten kann dem Bürger niemand abnehmen, und wenn er sie nicht ändert, muß er auch bereit sein, die Folgen zu tragen."[19] – In den gesundheitspolitischen Diskussionen der Wenderepublik klingt das beinahe wie eine Drohung.

Heiner Geißler meinte in seinem Eröffnungsreferat auf dem gesundheitspolitischen Kongreß der CDU im September 1986 in Bonn, zwar gebe es gesellschafts- und umweltbedingte Krankheitsursachen, „aber das eine wollen wir doch festhalten:

zunächst ist jeder für seine Gesundheit verantwortlich. Der Staat kann nicht jedem einzelnen seine Gesundheit garantieren. Jeder weiß, daß Rauchen, übermäßiger Alkoholkonsum und Bewegungsmangel die Ursachen vieler Krankheiten sind ... Der Kampf für die Gesundheit und gegen die Krankheit ist nicht zu gewinnen, wenn der einzelne seine persönliche Verantwortung auf den Staat abschiebt." Die „Behauptung", in zunehmendem Maße litten Menschen an Umweltkrankheiten wie Allergien, Pseudo-Krupp usw. wäre ein typisches Beispiel für „unverantwortliche Propaganda". Der Zusammenhang zwischen diesen Krankheiten und der Umweltverschmutzung werde zwar diskutiert: „Erwiesen aber ist nichts. Tatsache ist eben, daß der Lungenkrebs zunimmt. Hier ist wissenschaftlich erwiesen, daß dafür in erster Linie das Zigarettenrauchen verantwortlich ist."[20]

Die in ihrem Wirtschaftsteil sicher nicht als „links" verdächtige Süddeutsche Zeitung hat am 10. April 1985 einen Kommentar „Ärzte als Systemveränderer" veröffentlicht, in dem es hieß: „Ginge es nach Ärzteverbänden, wären alte Menschen im Netz sozialer Sicherung nicht mehr solidarisch aufgefangen ... Was heute die Rentner sind, können morgen die mitversicherten Kinder und übermorgen die chronisch Kranken und Behinderten sein. Am Ende eines solchen Weges steht die Privatisierung der Gesundheitsrisiken. Über eine solche sozialpolitische Kehrtwende darf diskutiert werden. Aber ihre Befürworter sollten sich dann auch offen dazu bekennen, daß sie ein anderes System wollen. So aber sägt die Ärzteschaft an den Eckpfeilern des Solidarsystems, dessen Vorzüge sie andererseits mit großer Selbstverständlichkeit genießt."

In der alten Schicksalsfrage Sozialversicherung hat sich in den Formulierungen in den letzten hundert Jahren nur wenig geändert. Wenn „die" Ärzteschaft etwas aus dem sozialen, ethischen und moralischen Niedergang der Medizin zwischen 1933 und 1945 gelernt hat – und es waren nur kurze zwölf Jahre, in denen Verbrechen an Hunderttausenden und schließlich Millionen von Menschen begangen worden sind – dann müßten sich ihre Repräsentanten als Fürsprecher einer sozialen, humanen Medizin laut in die gesundheits- und gesellschaftspolitischen Diskussionen der Gegenwart einmischen; und zwar klar und deutlich auf der Seite der Behinderten, Schwachen, Kranken, Alten, Arbeitslosen ... Dann müßten sie sämtliche Angriffe auf soziale und demokratische Errungenschaften in der Bundesrepublik strikt zurückweisen und, vor allem, vom hohen Podest herabsteigen, sich auf gleiche Stufe mit ihren Patienten begeben und diese als wirklich gleichberechtigte Partner mit einem Recht auf Behandlung, Mitsprache und Mitbestimmung ansehen.

Die Pervertierung der Medizin im Nationalsozialismus hat nicht erst mit der Euthanasie oder in den Konzentrationslagern begonnen, sondern sehr viel früher. Ein entscheidender Faktor war die Diffamierung und Ausgrenzung ganzer Menschengruppen zum Wohle des übergeordneten „Ganzen" und die immer offenere Forderung nach einer „Pflicht zur Gesundheit". Eine Medizin, die derartige Forderungen unterstützt, muß unbarmherzig und, unter den entsprechenden politischen Voraussetzungen, unmenschlich und barbarisch werden. Hier ist ein entscheidender Ansatzpunkt für eine *wirkliche* Auseinandersetzung mit der Frage, wie es möglich sein konnte, daß ein Berufsstand – dessen Repräsentanten nicht müde wurden und werden, Ethik und höchste ideale Werte zu beschwören – eine „Medizin ohne Menschlichkeit" in einer menschenverachtenden Diktatur mitgetragen hat, aktiv oder stillschweigend, jedenfalls mehrheitlich ohne breiten Widerstand.

In diesem Sinne soll abschließend die eingangs zitierte Schlußformulierung des Kommentars „8. Mai 1945" im Deutschen Ärzteblatt 1985 wiederholt werden: „In diesen Tagen ist so viel von ‚Aufarbeitung der Vergangenheit' zu hören und zu lesen, auch die Erinnerung an die Medizin von 1933 bis 1945 gehört dazu. Jeder einzelne, jeder an seinem Platze möge an dieser Erinnerung messen, wo er selbst, wo die Medizin *heute* steht, vierzig Jahre nach dem 8. Mai 1945."

Anmerkungen

Einleitung: Warum dieses Buch?

1 A. Mitscherlich: Ein Leben für die Psychoanalyse. Anmerkungen zu meiner Zeit. Frankfurt 1980, S. 145.
2 A. Mitscherlich, F. Mielke: Medizin ohne Menschlichkeit. Dokumente des Nürnberger Ärzteprozesses. Frankfurt 1960, S. 14.
3 A. Mitscherlich, F. Mielke, a. a. O., S. 14.
4 Ebenda, S. 15.
5 mtv (Fernsehbeilage der Medical Tribune), Nr. 49, 1979.
6 Ebenda, Nr. 8, 1980.
7 A. Mitscherlich, a. a. O., S. 146.
8 Persönliche Mitteilung von Professor Herbert Begemann.
9 Brief der Mitarbeiter des Instituts für Theorie und Geschichte der Universität Münster, Mai 1987.
10 Brief der Medizinhistoriker der Bundesrepublik, September 1987.
11 F. Sauerbruch: Das war mein Leben. Bad Wörishofen 1951, S. 226.
12 Ebenda, S. 526f.
13 Ebenda, S. 276–277.

I. Wetterleuchten in der Weimarer Republik

1 V. Deneke: 100 Jahre Deutsches Ärzteblatt. Köln 1973, S. 24.
2 Ebenda, S. 32.
3 K. Frankenthal: Der dreifache Fluch: Jüdin, Intellektuelle, Sozialistin. Lebenserinnerungen einer Ärztin in Deutschland und im Exil. Frankfurt 1981, S. 104–105.
4 Projektgruppe Medizin München: 100 Jahre Standespolitik – 100 Jahre auf der Seite der Reaktion. München 1973, S. 10.
5 Ebenda.
6 G. Baader, U. Schultz (Hrsg): Medizin und Nationalsozialismus. Tabuisierte Vergangenheit – Ungebrochene Tradition? Berlin/West 1980, S. 78–80.
7 Projektgruppe Medizin München, a. a. O., S. 8.
8 Ebenda, S. 13.
9 H. Jäger: Stimmt etwas mit unserer Medizin nicht? Hartmannbund in Bayern, Nr. 5, 1986, S. 9.

10 E. Liek: Der Arzt und seine Sendung. München 1931, S. 81–82.
11 Ebenda, S. 200.
12 Projektgruppe Volk und Gesundheit: Volk und Gesundheit. Heilen und Vernichten im Nationalsozialismus. Tübingen 1982, S. 16.
13 R. Jäckle: Medizin im Nationalsozialismus und ihr Widerschein in der Gegenwart. Frankfurter Hefte 38 (1983), S. 31.
14 A. Grotjahn: Soziale Pathologie. Berlin 1923, 3. Auflage, S. 433.
15 H.-U. Deppe: Vorsicht vor Alfred Grotjahn! Sozialhygiene und Eugenik. Demokratisches Gesundheitswesen Nr. 5, 1983, S. 23.
16 H. Naujoks: Die temporäre Sterilisierung durch Röntgenstrahlen. Zeitschrift für Geburtshilfe und Gynäkologie 86 (1923), S. 638–653.
17 H. Naujoks: Zur Begriffsbestimmung in der gynäkologischen Röntgenologie, besonders im Hinblick auf die Frage der Nachkommenschädigung. Monatsschrift für Geburtshilfe und Gynäkologie 82 (1929), S. 429–437.
18 H. Naujoks: Die Entwicklung der Kinder, die nach temporärer Strahlensterilität der Mutter geboren wurden. Strahlentherapie 37 (1930), S. 572–583.
19 H. Naujoks: Die röntgenologische Indikation zur Schwangerschaftsunterbrechung: Zentralblatt für Gynäkologie 55 (1931), S. 2540–2547.

II. Das erste Halbjahr der „neuen Zeit" 1933

1 K. Frankenthal: Der dreifache Fluch. Jüdin, Intellektuelle, Sozialistin. Lebenserinnerungen einer Ärztin in Deutschland und im Exil. Frankfurt 1981.
2 G. Stempel: Exkurs: Ärzteschaft zu Krieg und Frieden. In: Die Überlebenden werden die Toten beneiden. Ärzte warnen vor dem Atomkrieg. Köln 1982, S. 185.
3 Völkischer Beobachter vom 22. 3. 1933.
4 F. Kudlien (Hrsg): Ärzte im Nationalsozialismus. Köln 1985, S. 67.
5 S. Leibfried, F. Tennstedt: Berufsverbote und Sozialpolitik 1933. Die Auswirkungen der nationalsozialistischen Machtergreifung auf die Krankenkassenverwaltung und die Kassenärzte. Universität Bremen, 1980, S. 82–88.
6 Ebenda, S. 229f.
7 Ebenda, S. 232.
8 Ebenda, S. 14–15.
9 Ebenda, S. 128f.
10 G. Baader: Politisch motivierte Emigration deutscher Ärzte. Berichte zur Wissenschaftsgeschichte 7 (1984), S. 67–84.
11 Verzeichnis der deutschen Ärzte und Heilanstalten. Reichs-Medizinal-Kalender für Deutschland Teil II. 58 (1937), S. V–VII.
12 S. Leibfried, F. Tennstedt, a. a. O., S. 301.

13 F. Kudlien, a. a. O., S. 62f.
14 S. Leibfried, F. Tennstadt, a. a. O., S. 103.
15 W. Wuttke-Groneberg: Medizin im Nationalsozialismus. Ein Arbeitsbuch. Wurmlingen 1982, S. 272.
16 Brief der Bundesärztekammer vom 19. 8. 1985 an den Bezirksvorsteher der Bezirksvertretung 3 und den Oberstadtdirektor der Stadt Köln.
17 Krankenversicherung bedrohte die Freiheit des Arztes schon immer. Status Nr. 33 1977, S. 20–28.

III. Praktisches Wirken und wissenschaftliche Forschung

1 Projektgruppe Volk und Gesundheit: Volk und Gesundheit. Heilen und Vernichten im Nationalsozialismus. Tübingen 1982, S. 27.
2 Ziel und Weg 6 (1936), S. 1.
3 K. Frankenthal: Ärzteschaft und Faschismus. Der sozialistische Arzt 8 (1932), S. 101–107.
4 J. Moses: Seltsame Ärzte. Arbeiterwohlfahrt 7 (1932), S. 664–667.
5 A. Thom, H. Spaar: Medizin im Faschismus. Symposium über das Schicksal der Medizin in der Zeit des Faschismus in Deutschland 1933 bis 1945. Protokoll. Berlin (Ost) 1985, S. 16.
6 B. Müller-Hill: Tödliche Wissenschaft. Die Aussonderung von Juden, Zigeunern und Geisteskranken 1933–1945. Reinbek 1984, S. 37–38.
7 A. Thom, H. Spaar, a. a. O., S. 19.
8 M. Hirsch: Vorwort. In: I. Müller: Furchtbare Juristen. Die unbewältigte Vergangenheit unserer Justiz. München 1987, S. 9.
9 A. Gütt, E. Rüdin, F. Ruttke: Gesetz zur Verhütung erbkranken Nachwuchses vom 14. Juli 1933. München 1934, S. 63f.
10 Ebenda, S. 217–218.
11 B. Müller-Hill, a. a. O., S. 34f.
12 S. Köbsell: Eingriffe. Zwangssterilisation geistig behinderter Frauen. München 1987, S. 25–27.
13 I. Müller, a. a. O., S. 128.
14 H. Naujoks: Zur Legalisierung der Schwangerschaftsunterbrechung aus eugenischer Indikation. Deutsche Medizinische Wochenschrift Nr. 15 (1934), S. 549–552.
15 H. Naujoks: Aufgaben des Frauenarztes bei den neuen bevölkerungspolitischen Bestrebungen. Ziel und Weg Nr. 12 (1934), S. 450.
16 H. Naujoks: Die Wandlung der deutschen Frau. Stuttgart 1935.
17 H. Naujoks: Zur Frage der Strahlenanwendung bei der Sterilisierung aus eugenischen Gründen. Monatsschrift für Geburtshilfe und Gynäkologie 101 (1935), S. 1–4.
18 H. Däubler-Gmelin, R. Faerber-Husemann: § 218. Der tägliche Kampf um die Reform. Bonn 1987, S. 64.
19 A. Thom, H. Spaar, a. a. O., S. 21.

20 G. Aly: Die wissenschaftliche Abstraktion des Menschen. Wege zum Menschen 36 (1984), S. 272–278.
21 A. Mitscherlich, F. Mielke: Medizin ohne Menschlichkeit. Dokumente des Nürnberger Ärzteprozesses. Frankfurt 1960, S. 193.
22 G. Aly (Hrsg): Aussonderung und Tod. Die klinische Hinrichtung der Unbrauchbaren. Beiträge zur nationalsozialistischen Gesundheits- und Sozialpolitik 1. Berlin, 1985, S. 9f.
23 J. Meister: Schicksale der „Zigeunerkinder" aus der St. Josefspflege in Mulfingen. Sonderdruck aus Württembergisch-Franken, Jahrbuch 1984. Sigmaringen 1985, S. 198.
24 Evangelische Akademie Bad Boll: Das Vermächtnis der Opfer des Nationalsozialismus. Tagung vom 18. bis 20. Mai 1984 in Bad Boll. Protokolldienst 32/84, S. 26.
25 J. Meister, a. a. O., S. 203.
26 B. Müller-Hill, a. a. O., S. 16.
27 Ebenda, S. 63.
28 Ebenda, S. 63.
29 A. Mitscherlich, F. Mielke, a. a. O., S. 241–242.
30 Ebenda, S. 242.
31 Ebenda, S. 244.
32 Ebenda, S. 237.
33 R. Jäckle: Medizin im Nationalsozialismus und ihr Widerschein in der Gegenwart, Frankfurter Hefte 38 (1983), S. 36.
34 H. Hanauske-Abel: Die Unfähigkeit zu trauern: Erziehungsziel für junge deutsche Ärzte? In: Rundbrief Ärzte warnen vor dem Atomkrieg, Berlin, Sondernummer November 1987, S. 27.
35 A. Mischerlich, F. Mielke, a. a. O., S. 151.
36 Ebenda, S. 153.
37 D. J. K. Peukert: Alltag und Barbarei. In: D. Diner (Hrsg): Ist der Nationalsozialismus Geschichte? Zu Historisierung und Historikerstreit. Frankfurt 1987, S. 56–57.
38 R. Giordano: Die zweite Schuld oder von der Last Deutscher zu sein. Hamburg 1987, S. 32–33.

IV. Nach allen Regeln der ärztlichen Kunst?

1 H. Naujoks: Kriegs- und Nachkriegsopfer der deutschen Frau. Deutsche Medizinische Wochenschrift Nr. 13 (1949), S. 393–398.
2 A. W. Schwenzer: Prof. Dr. H. Naujoks zum 65. Geburtstag. Die Medizinische, 1957 (ohne Seitenangabe).
3 H. Naujoks: Schwangerschaftsunterbrechung und Sterilisierung. Archiv für Gynäkologie Band 180 (1951), S. 304–319.
4 A. Mitscherlich, F. Mielke: Medizin ohne Menschlichkeit. Dokumente des Nürnberger Ärzteprozesses. Frankfurt 1960, S. 15.

5 K. Saller: Lehrbuch der Anthropologie. In systematischer Darstellung mit besonderer Berücksichtigung der Anthropologischen Methoden. Begründet von Rudolf Martin. Dritte, völlig umgearbeitete und erweiterte Auflage. Stuttgart 1966, S. 2818f.

6 Bayerisches Ärzteblatt 1 (1946), S. 1.

7 E. Klee: Was sie taten – Was sie wurden. Ärzte, Juristen und andere Beteiligte am Kranken- oder Judenmord. Frankfurt 1986, S. 139–143.

8 Ebenda, S. 129–130.

9 W. Beck, H.-U. Deppe, R. Jäckle, U. Schagen (Hrsg): Ärzteopposition. Neckarsulm und München 1987, S. 149.

10 Münchner Ärztliche Anzeigen Nr. 36, 1985, S. 13.

11 Ebenda.

12 Ärzte Zeitung vom 28. April 1987.

13 K. R. Eissler: Die Ermordung von wie vielen seiner Kinder muß ein Mensch symptomfrei ertragen können, um eine normale Konstitution zu haben? In: H.-M. Lohmann (Hrsg): Psychoanalyse und Nationalsozialismus. Beiträge zur Bearbeitung eines unbewältigten Traumas. Frankfurt 1984, S. 159ff.

14 Ebenda, S. 196–197.

15 I. Müller: Furchtbare Juristen. Die unbewältigte Vergangenheit unserer Justiz. München 1987, S. 264.

16 Stefan Romey: Eugenik und Volksgesundheit – Linien einer ungebrochenen Kontinuität in der Ausgrenzung NS-Verfolgter am Beispiel des Landes Hamburg. In: Vergessene Opfer. Wiedergutmachung für die Betroffenen der Zwangssterilisation und des nationalsozialistischen Euthanasie-Programmes. Protokolldienst 14/87. Bad Boll 1987, S. 14–15.

17 Ebenda, S. 15.

18 R. Jäckle: Gegen den Mythos ganzheitliche Medizin. Hamburg 1985, S. 128–129.

19 Bayerisches Ärzteblatt Nr. 6, 1986, S. 468.

20 Demokratisches Gesundheitswesen Nr. 11, 1986, S. 19–20.

Literaturauswahl

G. Baader, U. Schultz (Hrsg): Medizin und Nationalsozialismus. Tabuisierte Vergangenheit – Ungebrochene Tradition? Berlin (West) 1980.

W. Beck, H.-U. Deppe, R. Jäckle, U. Schagen (Hrsg): Ärzteopposition. Neckarsulm 1987.

J. Bleker, H.-P. Schmiedebach (Hrsg): Medizin und Krieg. Vom Dilemma der Heilberufe 1865–1985. Frankfurt 1987.

B. Bromberger, H. Mausbach, K.-D. Thomann (Hrsg): Medizin, Faschismus und Widerstand. Köln 1985.

H.-U. Deppe: Krankheit ist ohne Politik nicht heilbar. Frankfurt 1987.

K. Dörner (Hrsg): Gestern minderwertig – Heute gleichwertig? Folgen der Gütersloher Resolution. Band 1. Gütersloh 1985.

K. Dörner (Hrsg): Gestern minderwertig – Heute gleichwertig? Folgen der Gütersloher Resolution. Band 2. Gütersloh 1986.

Evangelische Akademie Bad Boll: Medizin im Nationalsozialismus. Tagung vom 30. April bis 2. Mai 1982 in Bad Boll. Protokolldienst 23/82.

Evangelische Akademie Bad Boll: Was ist der Mensch heute wert? Orientierung im Schatten des Nationalsozialismus. Tagung vom 29. April bis 1. Mai 1983 in Bad Boll. Protokolldienst 31/83.

Evangelische Akademie Bad Boll: Die Bundesrepublik Deutschland und die Opfer des Nationalsozialismus. Tagung vom 25. bis 27. November 1983 in Bad Boll. Protokolldienst 14/84.

Evangelische Akademie Bad Boll: Das Vermächtnis der Opfer des Nationalsozialismus. Tagung vom 18. bis 20. Mai 1984 in Bad Boll. Protokolldienst 32/84.

Evangelische Akademie Bad Boll: Vergessene Opfer. Wiedergutmachung für die Betroffenen der Zwangssterilisation und des nationalsozialistischen Euthanasie-Programms. Tagung vom 27. bis 29. März 1987 in Bad Boll. Protokolldienst 14/87.

K. Frankenthal: Der dreifache Fluch: Jüdin, Intellektuelle, Sozialistin. Lebenserinnerungen einer Ärztin in Deutschland und im Exil. Frankfurt 1981.

J. Friedrich: Die kalte Amnestie. NS-Täter in der Bundesrepublik. Frankfurt 1984.

R. Giordano: Die zweite Schuld oder Von der Last Deutscher zu sein. Hamburg 1987.

Herausgeberkollegium (Verantwortlicher Redakteur: Götz Aly): Beiträge zur nationalsozialistischen Gesundheits- und Sozialpolitik. Rotbuch, Berlin. Band 1: Aussonderung und Tod. Die klinische Hinrichtung der Unbrauchbaren. (1985). Band 2: Reform und Gewissen. „Euthanasie" im

Dienst des Fortschritts. (1985). Band 3: Herrenmensch und Arbeitsvölker. Ausländische Arbeiter und Deutsche 1939–1946. (1986). Band 4: Biedermann und Schreibtischtäter. Materialien zur deutschen Täter-Biographie. (1987)
R. Jogschies: betrifft: Ärzte gegen den Atomkrieg. München 1986.
E. Klee: „Euthanasie“ im NS-Staat. Die „Vernichtung lebensunwerten Lebens“. Frankfurt 1983.
E. Klee: Dokumente zur „Euthanasie“. Frankfurt 1985.
E. Klee: Was sie taten – Was sie wurden. Ärzte, Juristen und andere Beteiligte am Kranken- oder Judenmord. Frankfurt 1986.
S. Köbsell: Eingriffe. Zwangssterilisation geistig behinderter Frauen. München 1987.
F. Kudlien: Ärzte im Nationalsozialismus. Köln 1985.
C. Lanzmann: Shoah. Düsseldorf 1986.
S. Leibfried, F. Tennstedt: Berufsverbote und Sozialpolitik 1933. Die Auswirkungen der nationalsozialistischen Machtergreifung auf die Krankenkassenverwaltung und die Kassenärzte. Universität Bremen 1980.
H.-M. Lohmann (Hrsg): Psychoanalyse und Nationalsozialismus. Beiträge zur Bearbeitung eines unbewältigten Traumas. Frankfurt 1984.
H.-M. Lohmann: Alexander Mitscherlich. rororo bildmonographie. Reinbek 1987.
A. Mitscherlich, F. Mielke: Medizin ohne Menschlichkeit. Dokumente des Nürnberger Ärzteprozesses. Frankfurt 1960.
A. und M. Mitscherlich: Die Unfähigkeit zu trauern. München 1977.
A. Mitscherlich: Ein Leben für die Psychoanalyse. Anmerkungen zu meiner Zeit. Frankfurt 1980.
I. Müller: Furchtbare Juristen. Die unbewältigte Vergangenheit unserer Justiz. München 1987.
B. Müller-Hill: Tödliche Wissenschaft. Die Aussonderung von Juden, Zigeunern und Geisteskranken 1933–1945. Reinbek 1984.
Projektgruppe „Volk und Gesundheit“: Volk und Gesundheit. Heilen und Vernichten im Nationalsozialismus. Tübingen 1982.
C. Pross, R. Winau (Hrsg): nicht mißhandeln. Das Krankenhaus Moabit. 1920–1933 Ein Zentrum jüdischer Ärzte in Berlin. 1933–1945 Verfolgung, Widerstand, Zerstörung. Berlin 1984.
G. Schmidt: Selektion in der Heilanstalt 1939–1945. Frankfurt 1983.
U. Sierck, N. Radtke: Die Wohltäter-Mafia. Vom Erbgesundheitsgericht zur Humangenetischen Beratung. Hamburg 1984.
H. Spaar (Hrsg): Ärzte in der Entscheidung. Die medizinische Intelligenz in der BRD – Tradition, Realitäten, Perspektiven. Berlin (Ost) 1984.
A. Thom, H. Spaar: Medizin im Faschismus. Symposium über das Schicksal der Medizin in der Zeit des Faschismus in Deutschland 1933–1945. Berlin (Ost) 1985.
W. Wuttke-Groneberg: Medizin im Nationalsozialismus. Ein Arbeitsbuch. Wurmlingen 1982.

Buchanzeigen